Lutz Klapp

Die Natur vor unserer Haustür

Mit dem Naturfotografen unterwegs in Nordhessen

Wartberg Verlag

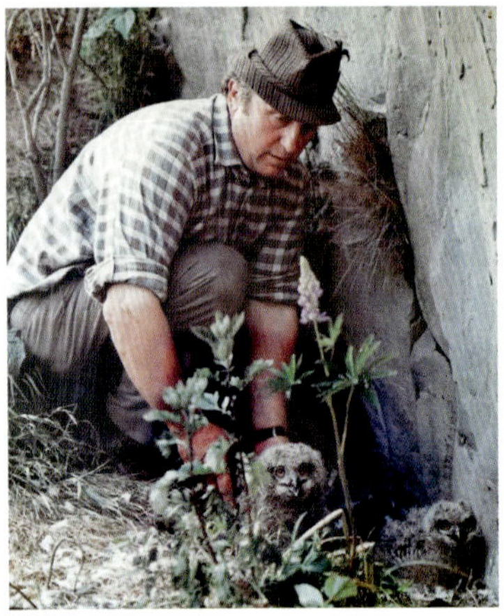

Widmung

Diesen Bildband widme ich meinem Naturfreund Heinrich Geisel (1934–2020) aus Obergrenzebach. Er hat sich fast sein ganzes Leben lang für unsere Greifvögel eingesetzt.

Bildnachweis
Alle Bilder stammen von Lutz Klapp.

Informationen über den Autor und viele weitere Bilder finden Sie unter:
www.lutz-klapp-photographie.de

1. Auflage 2021

Layout und Satz: Christiane Zay, Passau
Druck: Druck- und Verlagshaus Thiele & Schwarz GmbH, Kassel
Buchbinderische Verarbeitung: Buchbinderei S. R. Büge, Celle

34281 Gudensberg-Gleichen, Im Wiesental 1
Telefon: (0 56 03) 930 50
www.wartberg-verlag.de
ISBN 978-3-8313-3309-7

Inhalt

Grußwort

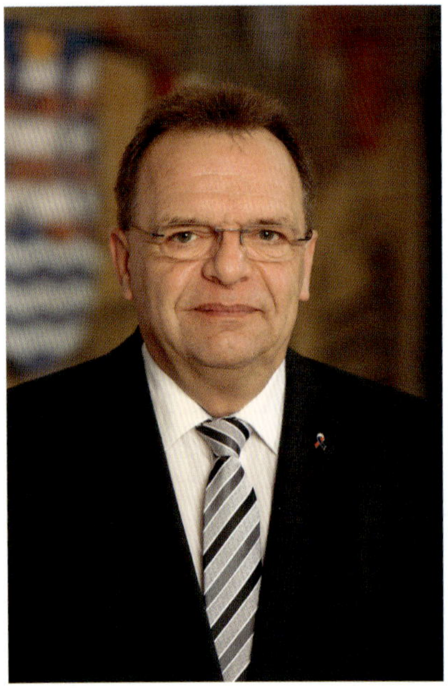

Der Schwalm-Eder-Kreis hat viel zu bieten. Das zeigen die Fotografien von Lutz Klapp in dem vorliegenden Band eindrücklich.

In Hessen ist er der Landkreis mit der zweitgrößten Fläche. In der Mitte Deutschlands gelegen, beherbergt der ländliche Schwalm-Eder-Kreis die waldreichen Mittelgebirge Habichtswald, Knüllgebirge und Kellerwald. In 27 Städten und Gemeinden gibt es zahlreiche Kulturdenkmäler, umrahmt von einer wunderschönen Naturlandschaft, zu entdecken.

Noch heute werden 86 Prozent der Fläche des Schwalm-Eder-Kreises land- und forstwirtschaftlich genutzt. Weite Wiesenflächen und märchenhafte Wälder prägen das Bild der Region. Man kann sich gut vorstellen, dass die Brüder Grimm hier viele Geschichten entdeckt und Inspiration für ihre Märchen gefunden haben.

Der vorliegende Band „Die Natur vor unserer Haustür" hält die Schönheit der Naturlandschaft in unserem Schwalm-Eder-Kreis fest und gibt einen Einblick in das, was Sie hier entdecken und genießen können.

Homberg (Efze), im April 2021

Winfried Becker
Landrat

Was mich antreibt

Die Liebe zur Natur ist meine Triebfeder. Jeder Gang durch unsere heimischen Felder, Wiesen und Wälder zeigt mir die unglaubliche Schönheit der Natur vor unserer eigenen Haustür.

Das bunte Tagpfauenauge, das in Nachbars Garten auf weißen Astern sitzt, der kleine Fuchs, dem ich einst am Waldrand begegnete, der mein Herz höher schlagen ließ und von dem ich heute noch schwärme, oder die Frösche im Schargraben, die in jedem Frühjahr aufs Neue ihr Liebesspiel zu Hunderten vollführen – das ist es, was mein Herz in Schwingungen versetzt.

Es ist noch gar nicht so lange her, da setzte ich mich zum ersten Male in meinem Leben in ein Flugzeug – meine Frau Anette und ich flogen nach Dubai. Wir wollten einmal sehen, was die Wüstensöhne aus der bis vor wenigen Jahren vorhandenen Wüste gemacht haben. Dort stand ich auf dem mit fast 830 Metern höchsten Gebäude der Welt, dem Burj Khalifa, und schaute auf eine Stadt, die in kurzer Zeit aus der Wüste gestampft worden war. Es war ein gigantischer Anblick, der mir den Größenwahn der Menschen vor Augen führte. Man ist im ersten Moment fasziniert. Wenn man aus einer dörflichen Welt stammt, kann man sich kaum vorstellen, dass so etwas möglich ist.

Aber all diese Erlebnisse, die meine Frau und ich in Dubai hatten, sind nichts im Vergleich zu den Naturerlebnissen in unserer Heimat. Früh morgens, wenn die Sonne aufgeht, der Nebel noch am Boden wabert und die Mohnblumen am Wegesrand sich sanft im Wind wiegen. Das sind die Naturfreuden, die am längsten in Erinnerung bleiben und aus denen man Hoffnung schöpft.

Was ist das Schönste, was man in der Natur erleben kann? Zum Beispiel die „Freundschaft“ eines Menschen mit einem Fuchs, wie Günther Schumann mit Feline – die ganze Welt kennt diese unglaubliche Geschichte. Da durfte ein Mensch eine Beziehung zu einer wilden Füchsin und ihrer ganzen Familie erfahren. Mir stockte der Atem, als ich dieses Buch las. Das kann man mit Fug und Recht als eines der höchsten Glücksgefühle nennen, das ein Mensch auf dieser Erde erleben kann. Dagegen ist ein Lottogewinn, zumindest für mich, gar nichts.

Nun, solch eine spektakuläre Geschichte habe ich nicht erlebt, kann aber von vielen kleineren Begebenheiten erzählen, die mein Herz nicht minder berührten.

Ja, es lohnt sich, die Natur vor unserer Haustür näher zu betrachten. Meine Bilder und Erlebnisse sollen dem Betrachter zeigen, wie wichtig es ist, sie zu erhalten, zu hegen und zu pflegen.

Ihr Autor und Fotograf
Lutz Klapp

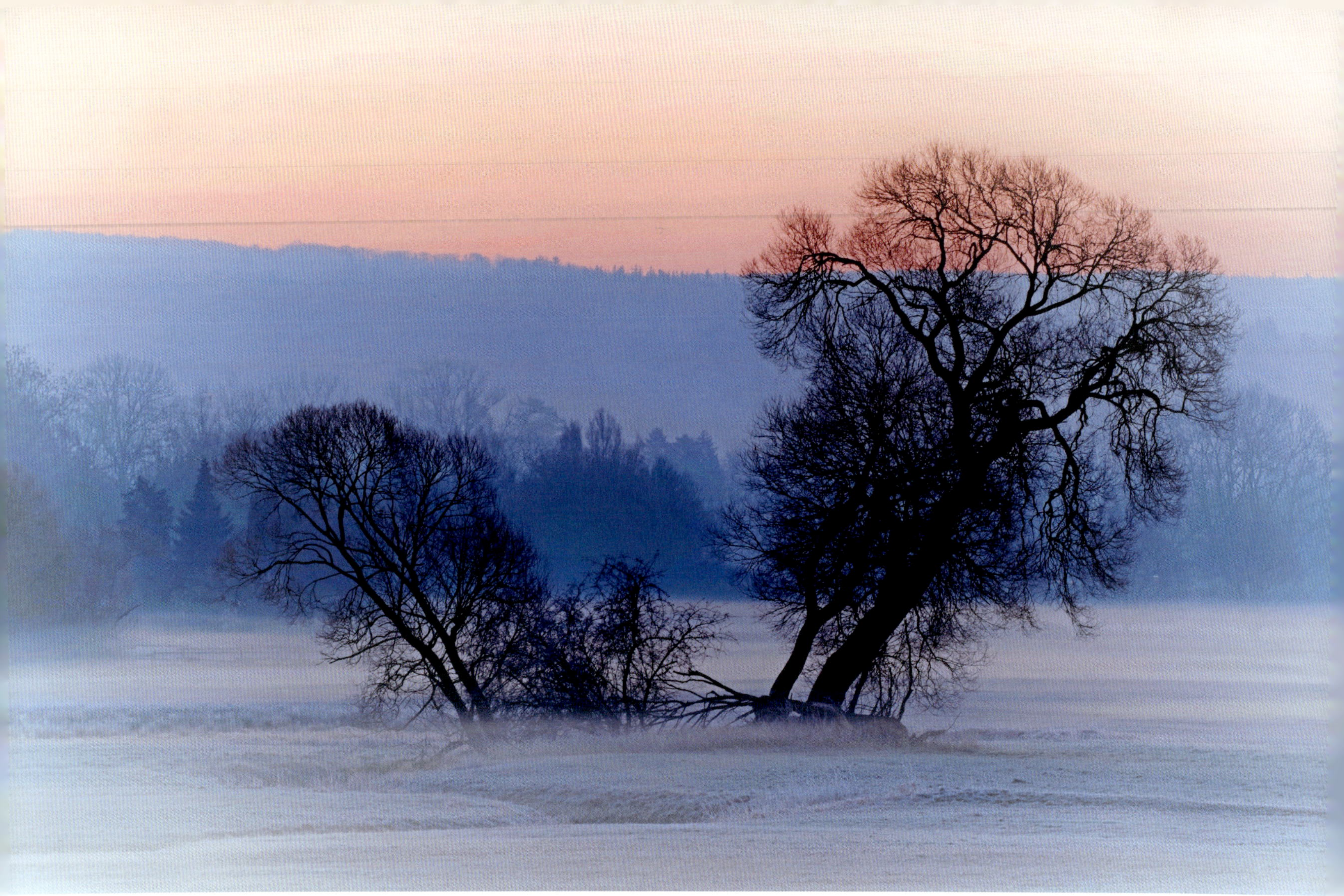

Wenn im Herbst die Nebelschwaden über die Schwalmwiesen ziehen: hier bei Ziegenhain am alten Schwimmbad.

Vor unserer Haustür

Traumhafter kann ein Tag nicht beginnen: Es wird Frühling, noch vor Sonnenaufgang sitzen die Amseln auf den Dächern um meinen Wohnort herum, auf Bäumen, auf erhöhten Sitzwarten und singen, dass man seine wahre Freude daran hat. Was für kräftige Stimmen so kleine Vögel doch entwickeln können! Man hört sie noch auf hunderte Meter Entfernung.

Jetzt, wo der Frühling Einzug hält, gibt es Bewegung in unserem Garten. Vögel, die im Herbst in den Süden geflogen sind, treffen nach und nach wieder ein – die Sonne wärmt jetzt von Tag zu Tag mehr. Nicht nur wir Menschen bekommen Frühlingsgefühle, auch die Tierwelt wird von der wärmeren Jahreszeit beflügelt. Jetzt wird fleißig an den Nestern gebaut. Man sieht die Vögel auf dem Rasen, unter der Hecke und unter Bäumen beim Sammeln von Nistmaterial zum Nestbau. Ein reger Betrieb, bevor sie Eier legen und zu brüten beginnen.

Wenn dann die Brutsaison angefangen hat, sieht man nicht mehr ganz so viele Singvögel im Garten. Schließlich muss in der Regel die Mutter das Brutgeschäft übernehmen. Der männliche Vogel kümmert sich um die Fütterung seiner brütenden Partnerin und schafft ständig Futter herbei - eine Aufgabenteilung in der Tierwelt, die bemerkenswert ist und den Vögeln alles abverlangt.

Füttern, aber richtig

Wir füttern die Vögel in unserem Garten das ganze Jahr über. Es kommt nicht selten vor, dass es im Frühjahr noch einmal sehr kalt wird, sogar noch einmal Schnee fällt oder es ein für paar Tage hintereinander regnet. Dann finden die Vögel kaum noch Insekten, Würmer oder andere Lebewesen, um ihre Partner zu versorgen.

Das ist die Zeit, in der wir Menschen den Tieren helfen können. Man sollte aber richtig zufüttern, nämlich fettreiche Nahrung, wie getrocknete Mehlwürmer oder ungesalzene, kleingehackte Erdnüsse. Körnerfresser freuen sich über Sonnenblumenkerne und Meisenknödel. Sehr wichtig ist, dass man die Futterstellen sauber hält.

Ein paar Wochen später ist es dann so weit: Der Nachwuchs ist geschlüpft. Die Kleinen werden nun von beiden Elternteilen gefüttert - ein Fulltime-Job. Sie sind von morgens bis abends unterwegs, um Futter herbeizuschaffen, denn die Kleinen sind unersättlich.

An einem Tag kam ein netter Nachbar vorbei und sagte, ich solle mal mit in seinen Garten kommen, er wolle mir etwas zeigen. Ich folgte ihm und was er mir dann zeigte, ließ mein Herz höherschlagen. Ein Hausrotschwanz-Pärchen hatte gebrütet und die Kleinen waren geschlüpft. Durch das Gebrüll der Brut hatte er sie entdeckt.

Nun weiß ich, dass man die Brut und die fütternden Eltern auf gar keinen Fall stören darf. Ich überlegte, wie ich die Fütterung dokumentieren könnte, ohne die Vögel zu beunruhigen? Das Nest befand sich unter dem Schrägdach einer Gartenhütte. Es war viel Gerümpel

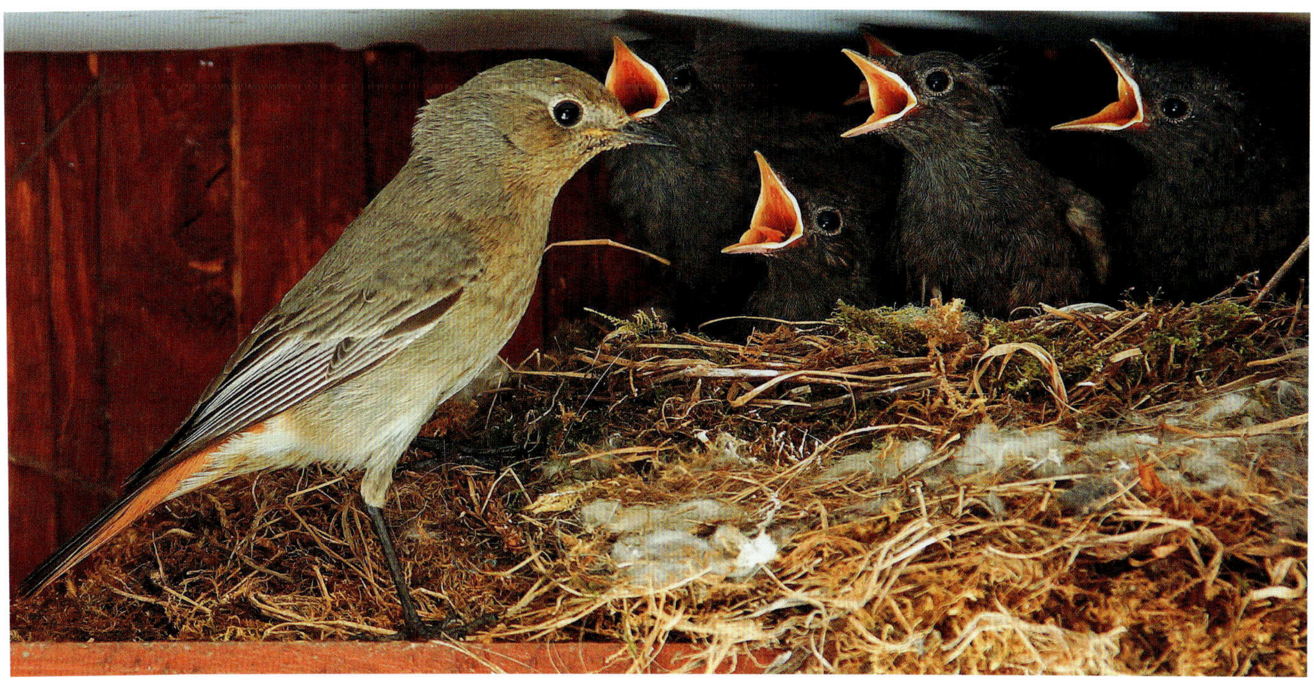

„Was soll ich bloß mit euch euch machen", scheint die Rotschwänzchen-Mama über ihren nimmersatten Nachwuchs zu denken.

davor platziert, hinter dem ich mich gut verstecken konnte. Wenn die Elternvögel merken, dass am Nest irgendetwas nicht stimmt, fliegen sie es nicht mehr an. Eine längere Störung kann fatale Folgen für die Brut haben. Bei mir kamen nun ein Stativ und ein langes Auslösekabel zum Einsatz. Von meinem Versteck aus konnte ich beobachten, wie die Elternvögel zum Nest flogen. Wichtig zu erwähnen ist auch, dass ich generell kein Blitzlicht für alle meine Vogelaufnahmen verwende. Auch das wäre eine Störung, die nicht zu akzeptieren ist.

Als nun der Altvogel kam, um den Kleinen ihr Futter zu bringen, löste ich aus meinem Versteck mit der Serienfunktion aus, die Kamera macht zehn Bilder pro Sekunde. So konnte ich Aufnahme der bettelnden Brut mit ihrer Mutter machen.

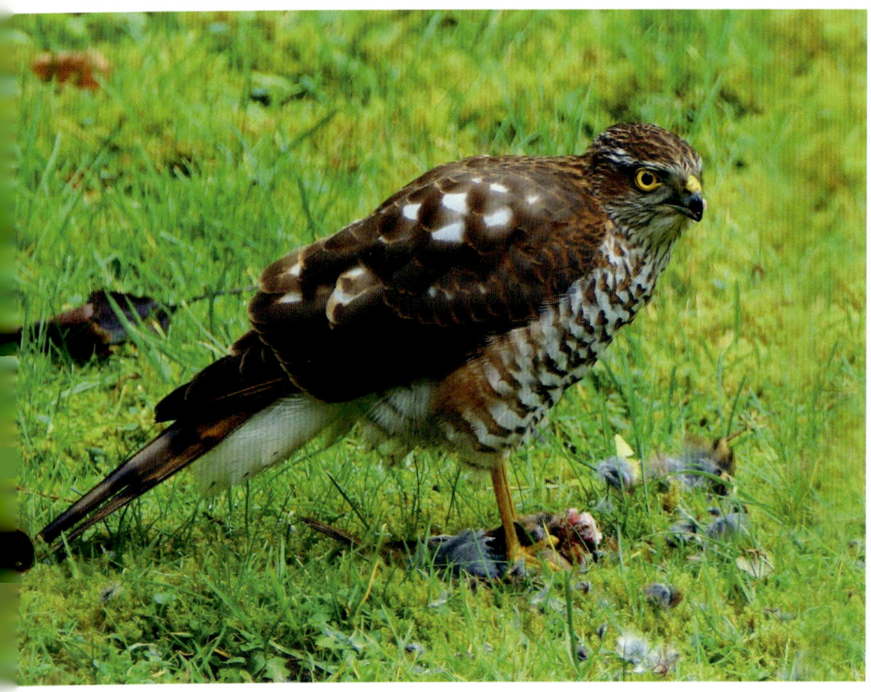

Ein Sperbermännchen war erfolgreich bei der Jagd und verspeist seine Beute, was nicht so häufig vorkommt, denn von zehn Jagdversuchen gelingen nur ein bis zwei.

Naturfreunde möchte ich bitten, nicht um jeden Preis eine Aufnahme vom Nest zu machen. Das Rotschwanz-Paar jedenfalls hat die Brut erfolgreich zu Ende gebracht. Die Kleinen sind quicklebendig und haben, als die flügge wurden, in Nachbars Garten und in unserem ihre ersten Flugversuche unternommen.

So verging die Zeit des Frühlings wie im Flug. Die eine oder andere Vogelart konnte dann noch eine zweite oder sogar dritte Brut hinter sich bringen.

Wenn meine Frau und ich dann morgens die Vögel füttern und alle kommen, ist Leben in der Bude! Wir können uns gar nicht daran satt sehen. Die Stare kommen in Scharen herbei und zanken sich, was das Zeug hält. Sie verjagen ihre Kontrahenten. Nicht selten sieht man, wie sie zusammen gegeneinander in die Luft gehen und wahnsinnige Flugmanöver vollführen, um den Widersachern zu zeigen, wer der Herr im Haus ist.

Das ein oder andere Mal gibt es aber auch traurige Erlebnisse im Garten. Eines Tages stand ich in unserer Küche am Fenster und beobachtete den Garten. Wir haben einen Garten, der durch eine große Buchenhecke vom Nachbargarten getrennt wird.

Plötzlich raste etwas von links in unsere Buchenhecke. Das ging so schnell, dass ich nicht sehen konnte was es war. Kurze Zeit später habe ich den Grund erfahren. Ein Sperber hatte eine Spatzendame erwischt und kam auf der anderen Seite der Hecke wieder zum Vorschein, um sie auf dem Rasen zu zerpflücken und seine Mahlzeit genüsslich zu verspeisen. Auch diese Erlebnisse gehören zur Natur – fressen und gefressen werden.

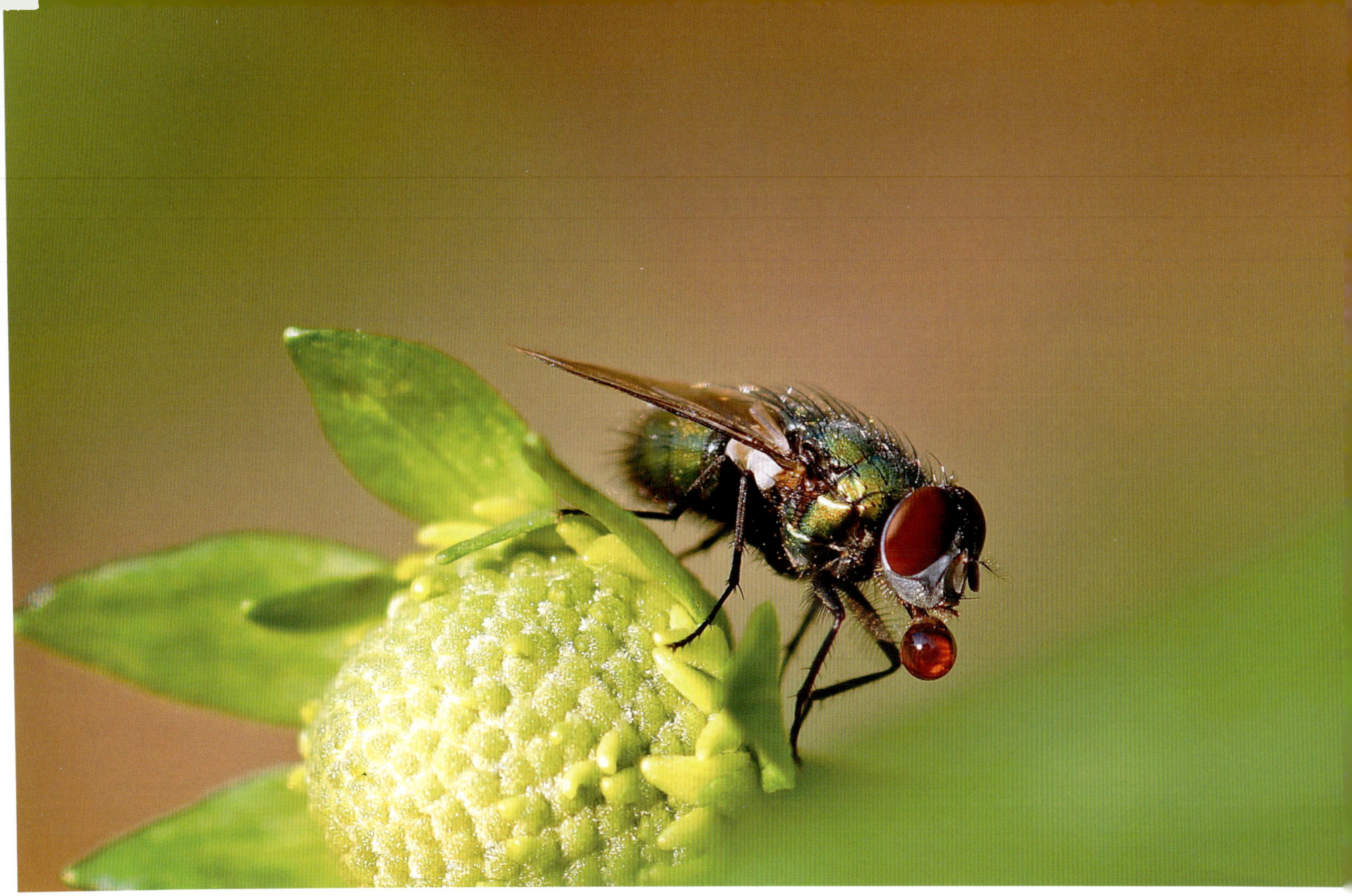

Die Grüne Schmeißfliege bei der Verdauung: Sie ist eines der wenigen Lebewesen, das außerhalb des Körpers verdaut.

Noch im letztem Jahr, es war im Sommer 2020, musste ich einen kleinen Vogel vor einem schlimmen Schicksal bewahren. Es war die zweite Brut einer Amsel-Familie. Ich hörte von meinem Arbeitszimmer aus das laute Gezwitscher einer Amsel. Wenn ein Vogel so einen Krach vor meinem Fenster macht, werde ich hellhörig und muss nachschauen. Als ich in den Garten kam, ist die Amselmutter, die den Krach veranstaltet hatte, in die Hecke geflogen. Nun schaute ich genauer nach. Unter unserem Fenster befindet sich eine große Rosenhecke. Dort hörte ich ein leises Piepsen, konnte aber nichts sehen. Ich legte mich auf den Boden und robbte bis an die Hauswand unter der Rosenhecke. Was musste ich dort sehen? Eine kleine Amsel, fast noch eine Brut, hatte sich mit ihrem eigenen Bein aufgehängt. Kopfüber konnte sich das kleine Wesen nicht selbst befreien. Auch die Mutter, die so herzzerreißend und laut zwitscherte, konnte ihrem Nachwuchs nicht helfen. Behutsam nahm ich das Vögelchen in die Hand und befreite es aus seiner misslichen Lage. Noch heute, wenn ich eine Amsel in unserem Garten sehe, frage ich mich, ob es diejenige ist, der ich helfen konnte?

Da meine Frau Anette unseren Garten mit einem sehr erfolgreichen Händchen hegt und pflegt und wir Hecken, Bäume und viele Pflanzen besitzen, kommen bei uns auch viele verschiedene Tierarten vor: Fliegen, Schmetterlinge, Libellen, Bienen, Hummeln, Käfer und etliche mehr. Im Sommer beobachtete ich eine Grüne Schmeißfliege, wie sie auf einer Blüte saß und sich von mir gar nicht stören ließ. Später, als ich sie mit einem Makroobjektiv mit Stativ fotografiert hatte, konnte ich in Erfahrung bringen, dass diese Schmeißfliege eines der wenigen Lebewesen auf dieser Erde ist, das außerhalb des Körpers verdaut.

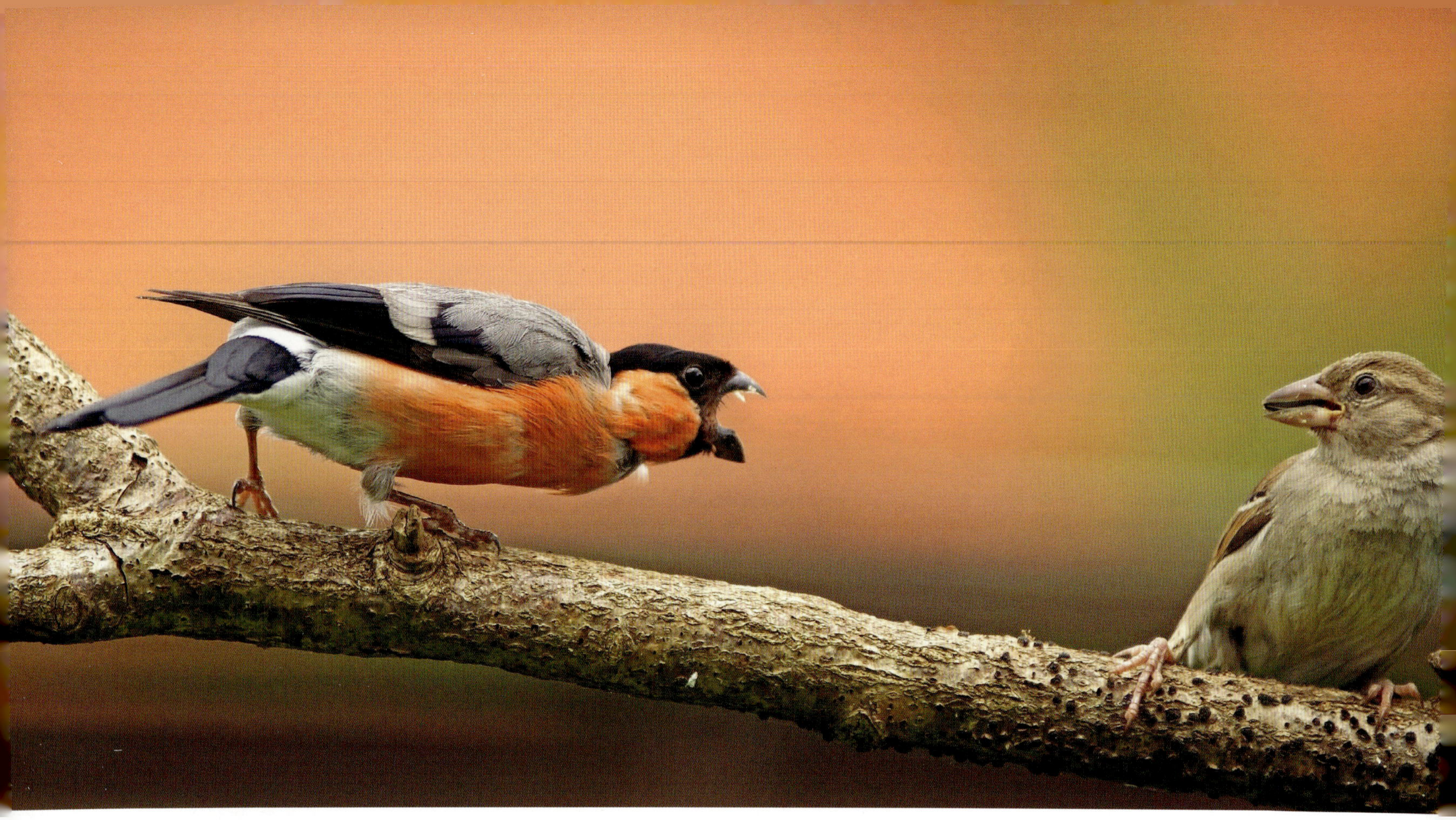

Gimpel schimpft mit Sperling. Weil der Sperling ihm keinen Platz zur Futterstelle hin macht, wird der Gimpel sehr wütend.

Was mich an der Fotografie auch fasziniert ist, dass man unglaublich viel an und von der Natur lernt. Das hätte ich vor zehn Jahren, als ich ernsthaft mit dem Fotografieren begonnen habe, gar nicht für möglich gehalten.

Bei einem großen und bekannten Fotoforum-Award in Deutschland belegte ich einen zweiten Platz. Noch stolzer als die Platzierung machte mich das Statement eines Jury-Mitgliedes: „In dieser Runde sind mir vor allem viele Aufnahmen aus der Tierwelt im Gedächtnis haften geblieben. Dass man für ein herausragendes Naturfoto nicht um die Welt reisen muss, beweist Lutz Klapp mit seinen Vogelbeobachtungen im heimischen Garten in besonders eindrucksvoller Weise."

Es ist in der Tat so, dass die heimische Natur unendlich viel zu bieten hat, wie zum Beispiel das Bild vom Gimpel, der mit einem Sperling schimpft, eindrucksvoll zeigt. Dieses Foto ist bei einer Fütterung der Singvögel in unserem Garten entstanden. Ich legte ein paar Sonnenblumenkerne auf einen Ast, und es dauerte nicht lange, bis sich ein weiblicher Sperling an den Sonnenblumenkernen zu schaffen machte. Kurze Zeit später traf ein Gimpel ein, der sich auf die andere Seite des Astes setzte und es auch auf die Kerne abgesehen hatte. Nun wartete der männliche Dompfaff, wie er auch genannt wird, und hoffte, dass der Spatz endlich verschwinden möge. Doch diesen Gefallen tat er ihm nicht. Das machte den Gimpel so wütend, dass er den Sperling mit Schrei-Attacken bedachte.

Wenn man von der Natur in Siedlungen, Dörfern oder Städten erzählt, darf man ein Tier nicht vergessen. Es ist der Weißstorch, auch Klapperstorch genannt, der sich seine Nester in der Nähe von Menschen baut. Hier kann man gut erkennen, dass die Symbiose von Mensch und Tier durchaus gelingen kann. Es ist immer ein Erlebnis, wenn man diesen großen und eleganten Vogel beobachten kann, wenn er aus dem Süden zurückkommt und gleich mit dem Nestbau beginnt, ein vorhandenes Nest ausbaut oder wenn er fürsorglich seinen Nachwuchs füttert und unermüdlich für die Kleinen da ist. Hier in Nordhessen gibt es drei Gemeinden, wo er sich besonders wohlfühlt. Da ist einmal Wabern zu nennen mit den meisten Ansammlungen von Störchen im Schwalm-Eder-Kreis. Auch in Loshausen fühlt er sich schon seit langem wieder heimisch. Zu guter Letzt bekommen auch die Ziegenhainer regelmäßig Besuch von den Weißstörchen und freuen sich jedes Jahr aufs Neue, wenn sie wohlbehalten aus ihren Winterquartieren zurückkehren.

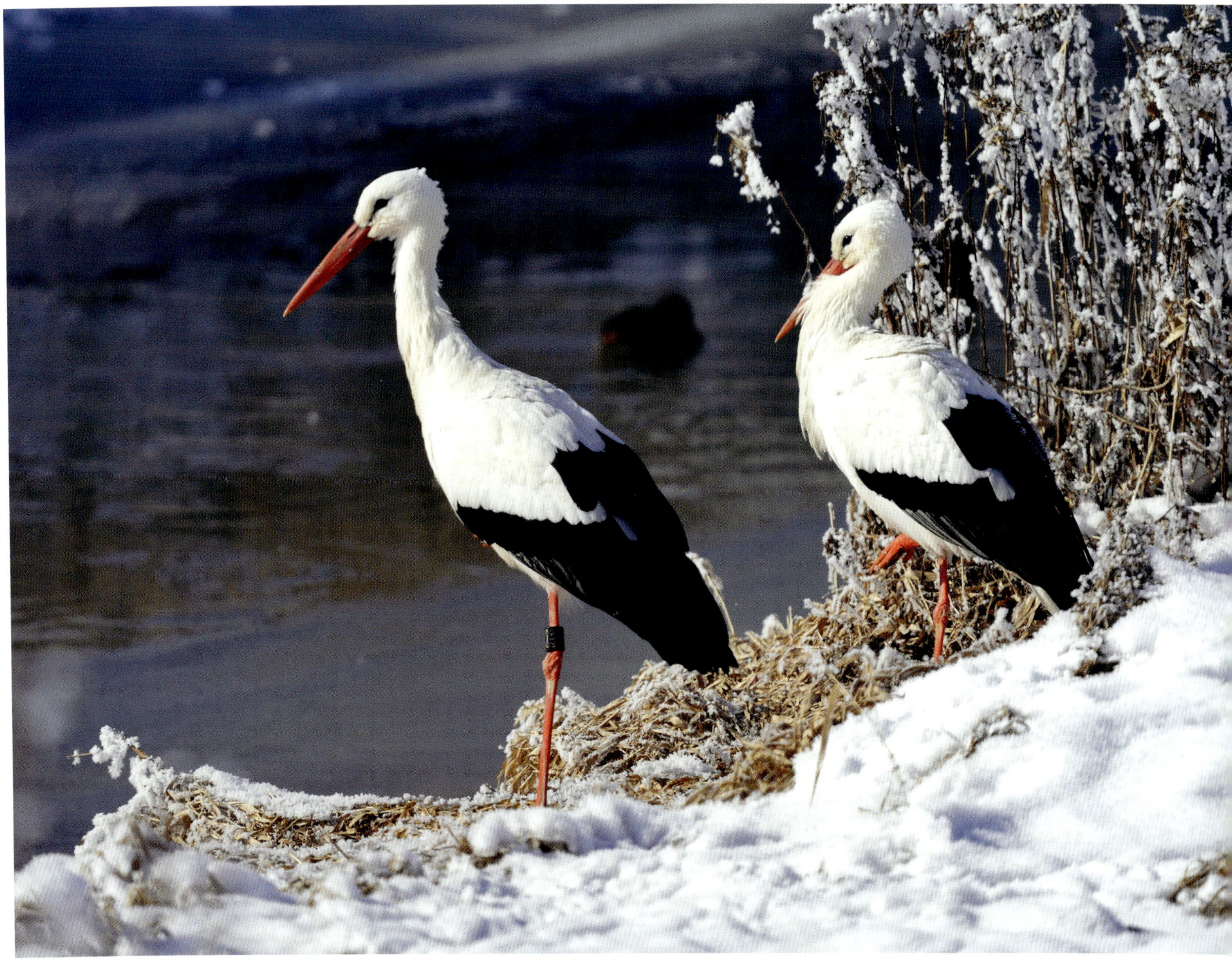

Zwei Störche halten sich an der eiskalten Schwalm bei Ziegenhain auf. Bis zu - 20 °C mussten sie an diesen Tagen aushalten.

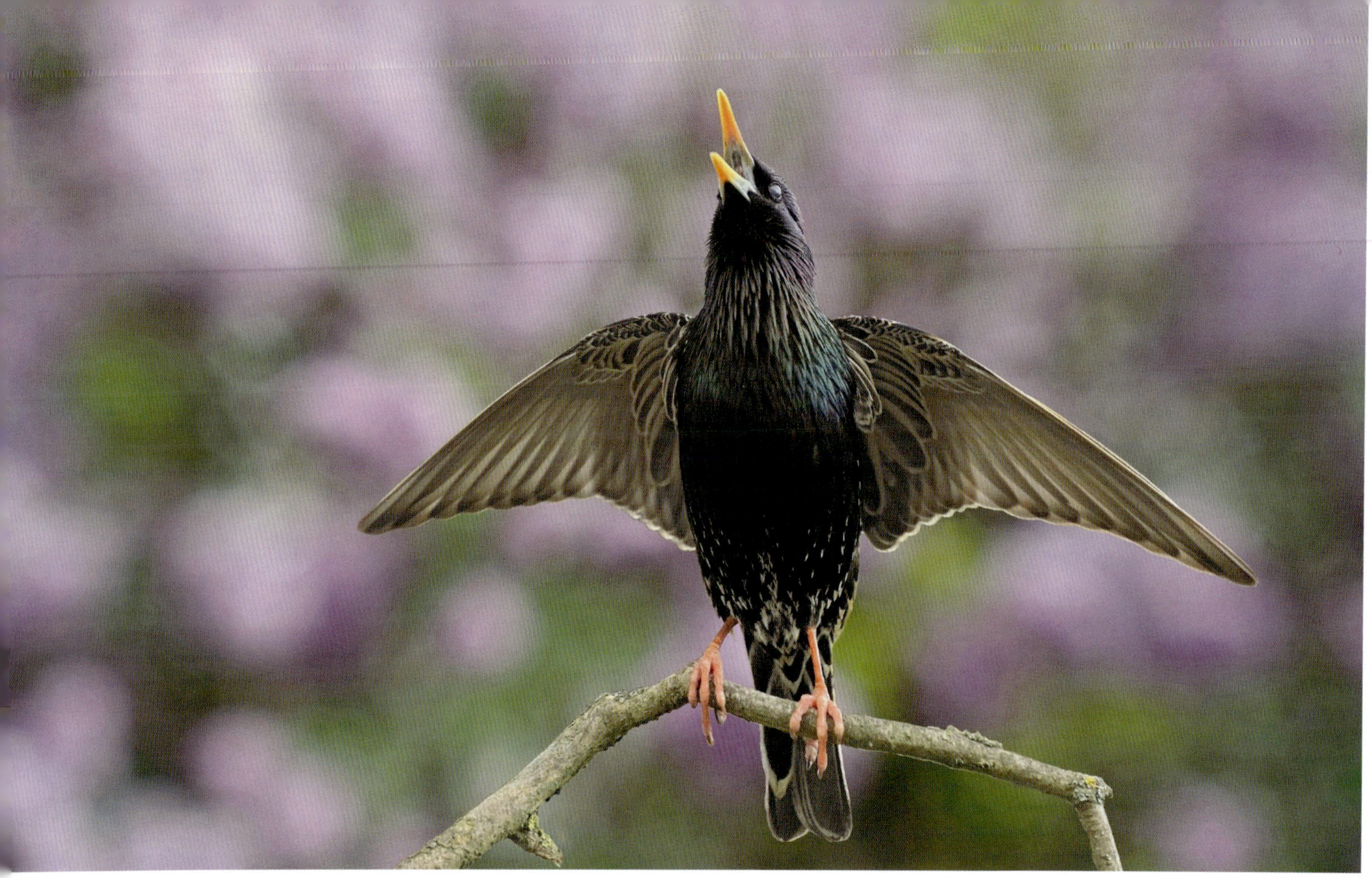

Männlicher Star im Prachtkleid bei seinem Reviergesang.

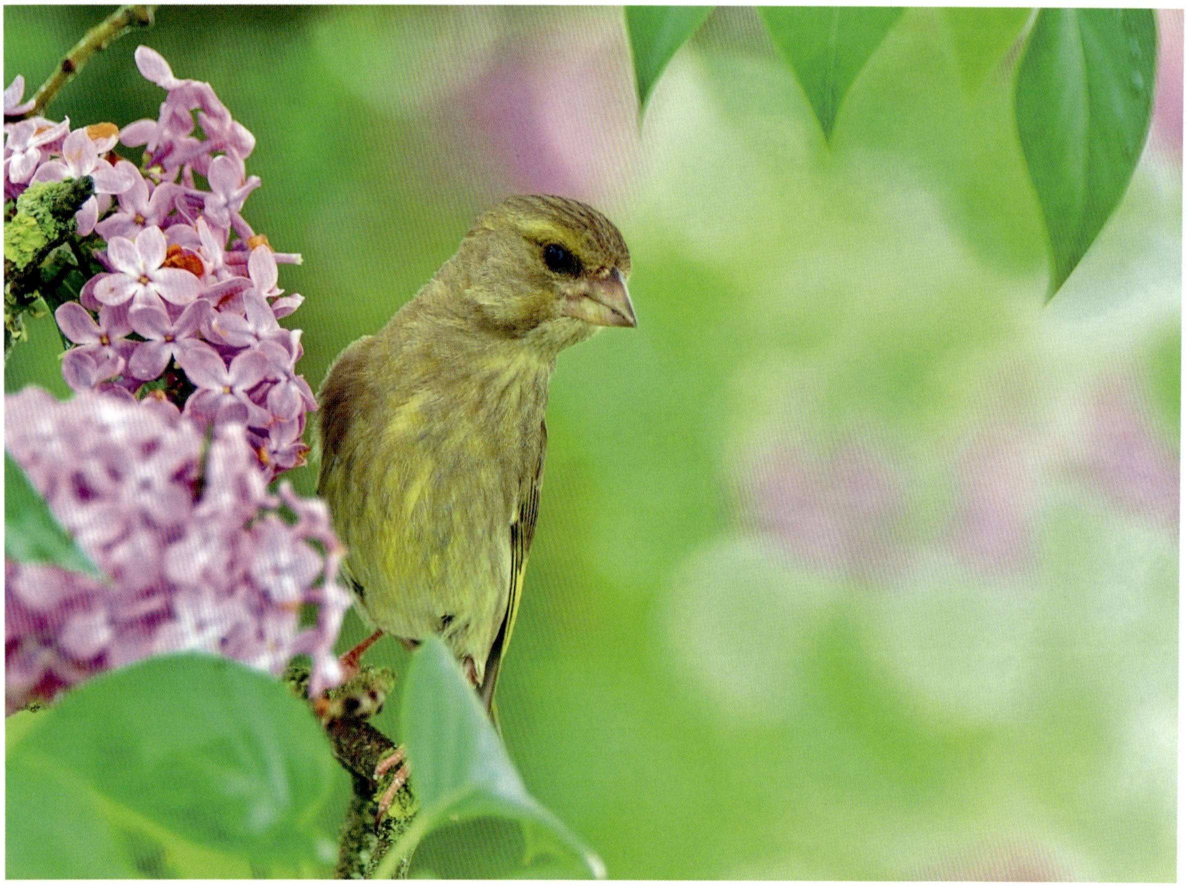

Der leider immer seltener werdende Grünfink.

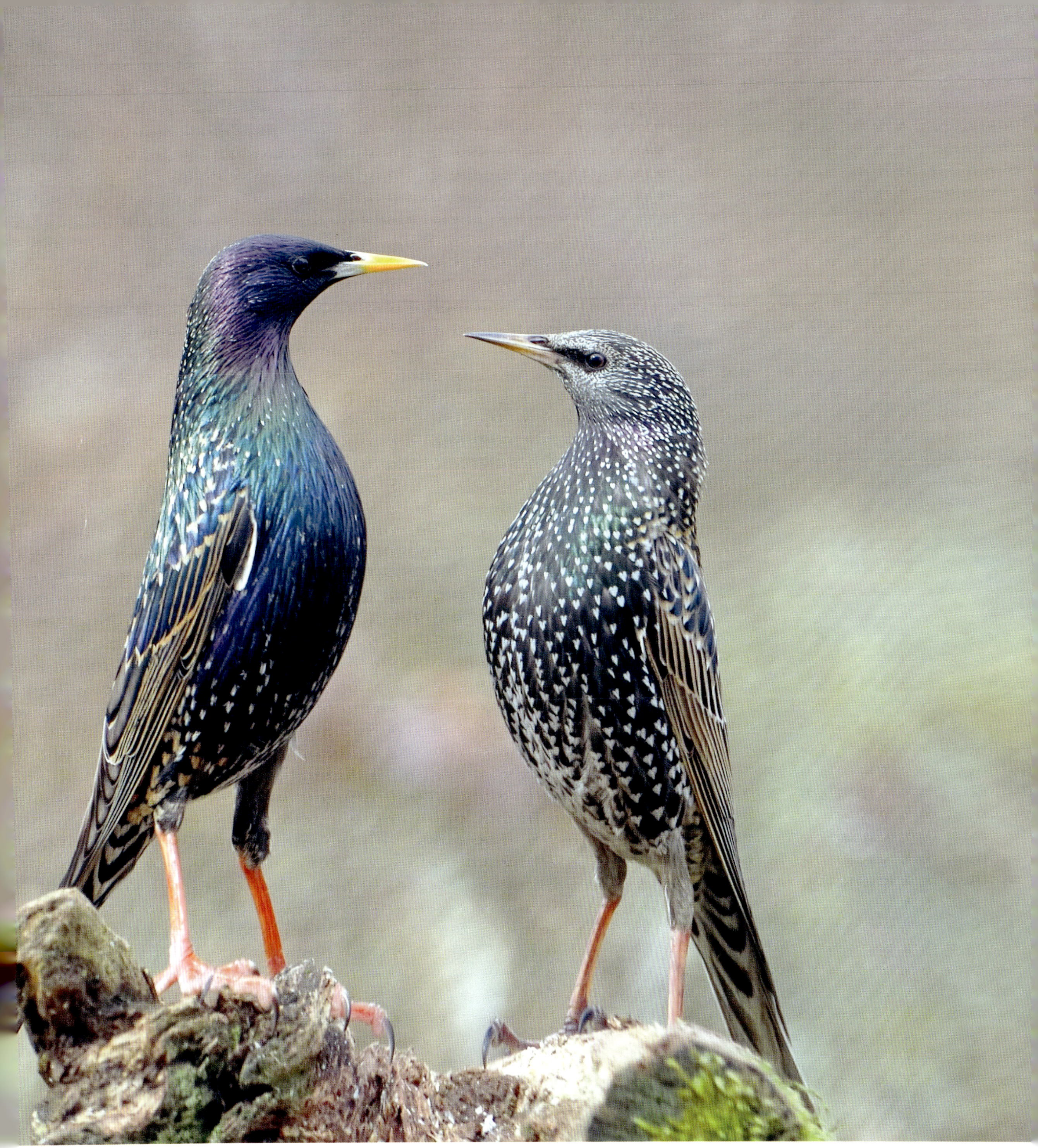

Ein männlicher Star in seinem Prachtkleid (links) und ein noch junges Starenweibchen stehen sich kerzengerade gegenüber.

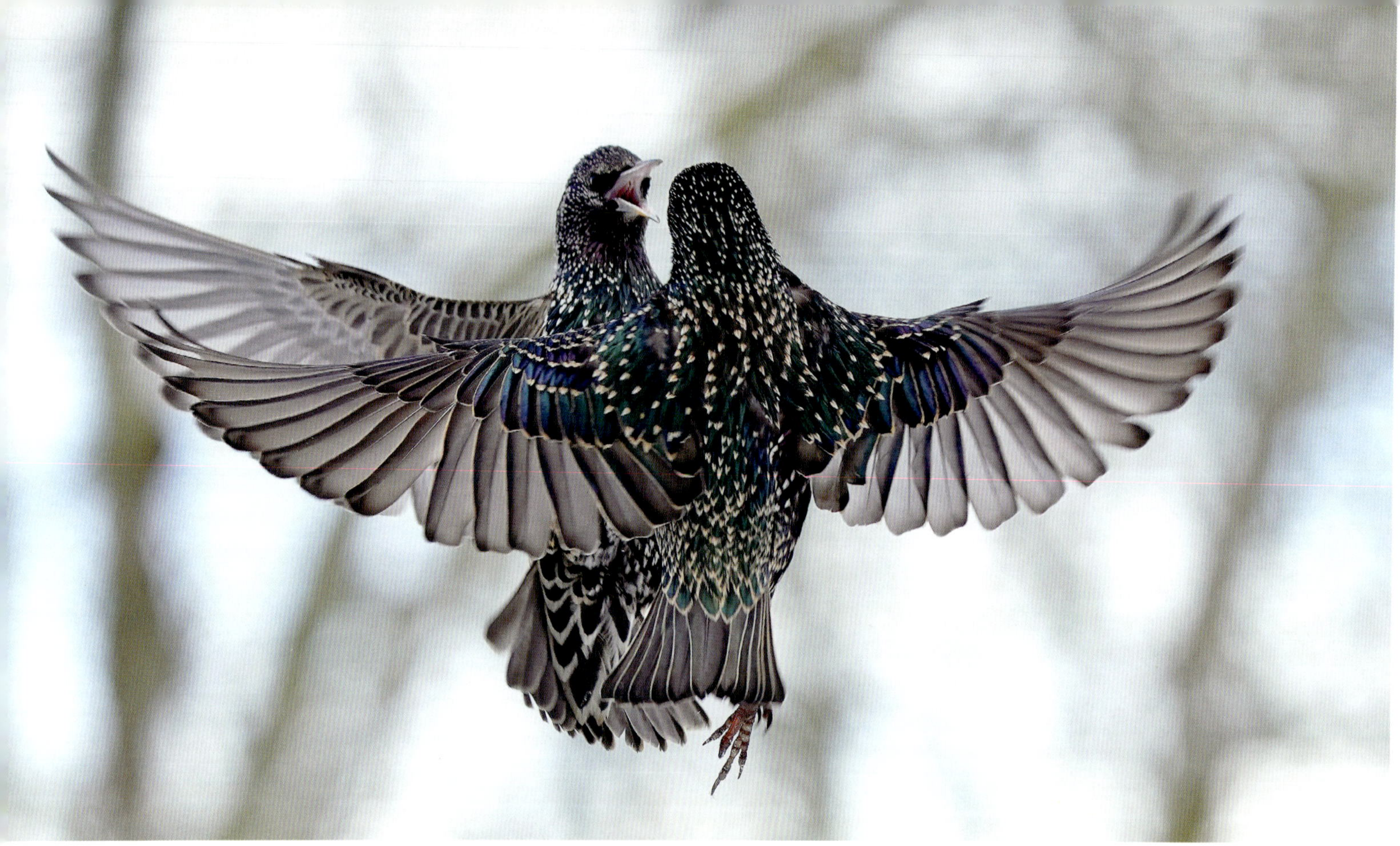

Spieglein, Spieglein an der Wand... – zwei männliche Stare stehen sich in der Luft gegenüber. Sie haben schon im Februar ihr Prachtkleid an.

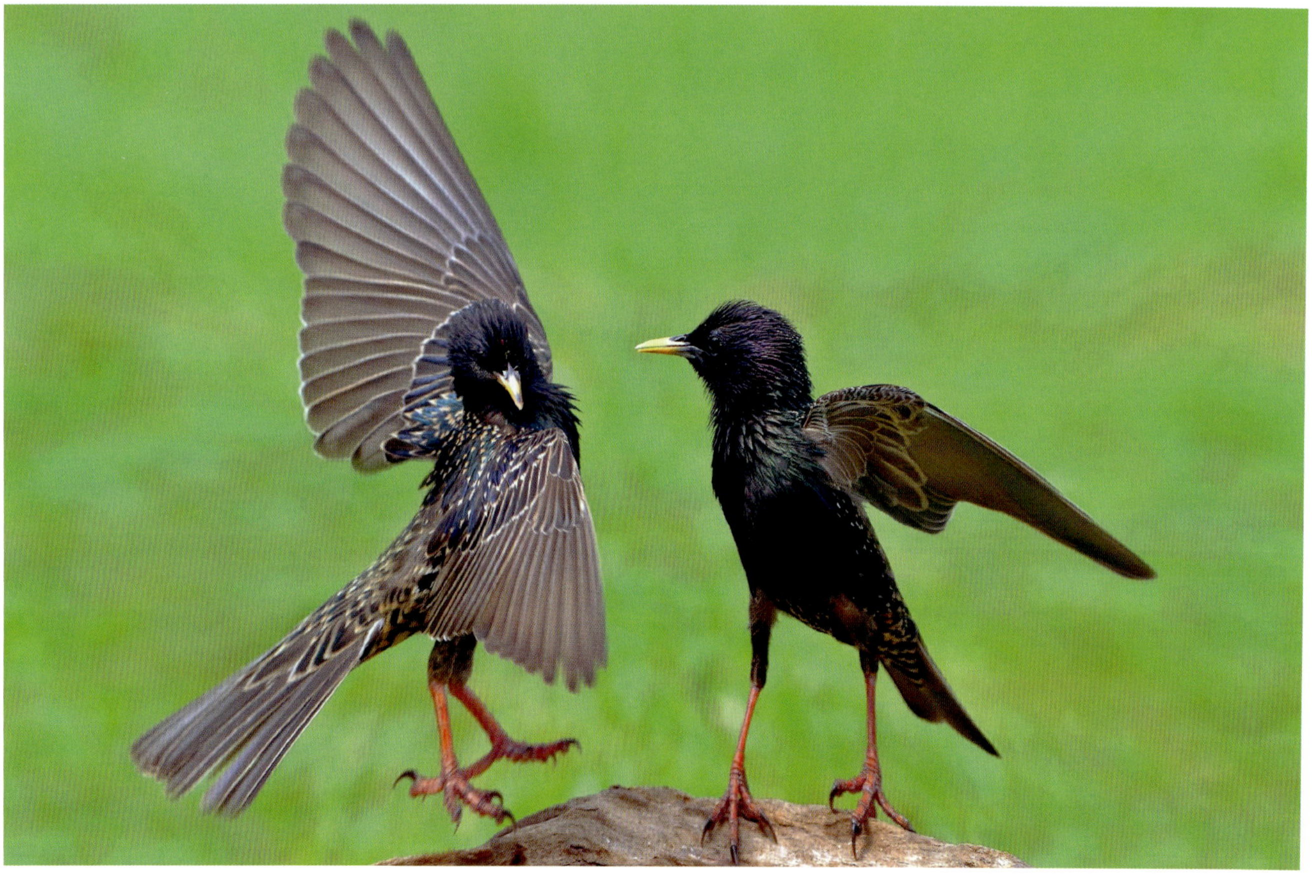

„Paso doble“ der Stare: Beim Streit um Futter gibt es oft die außergewöhnlichsten Begegnungen.

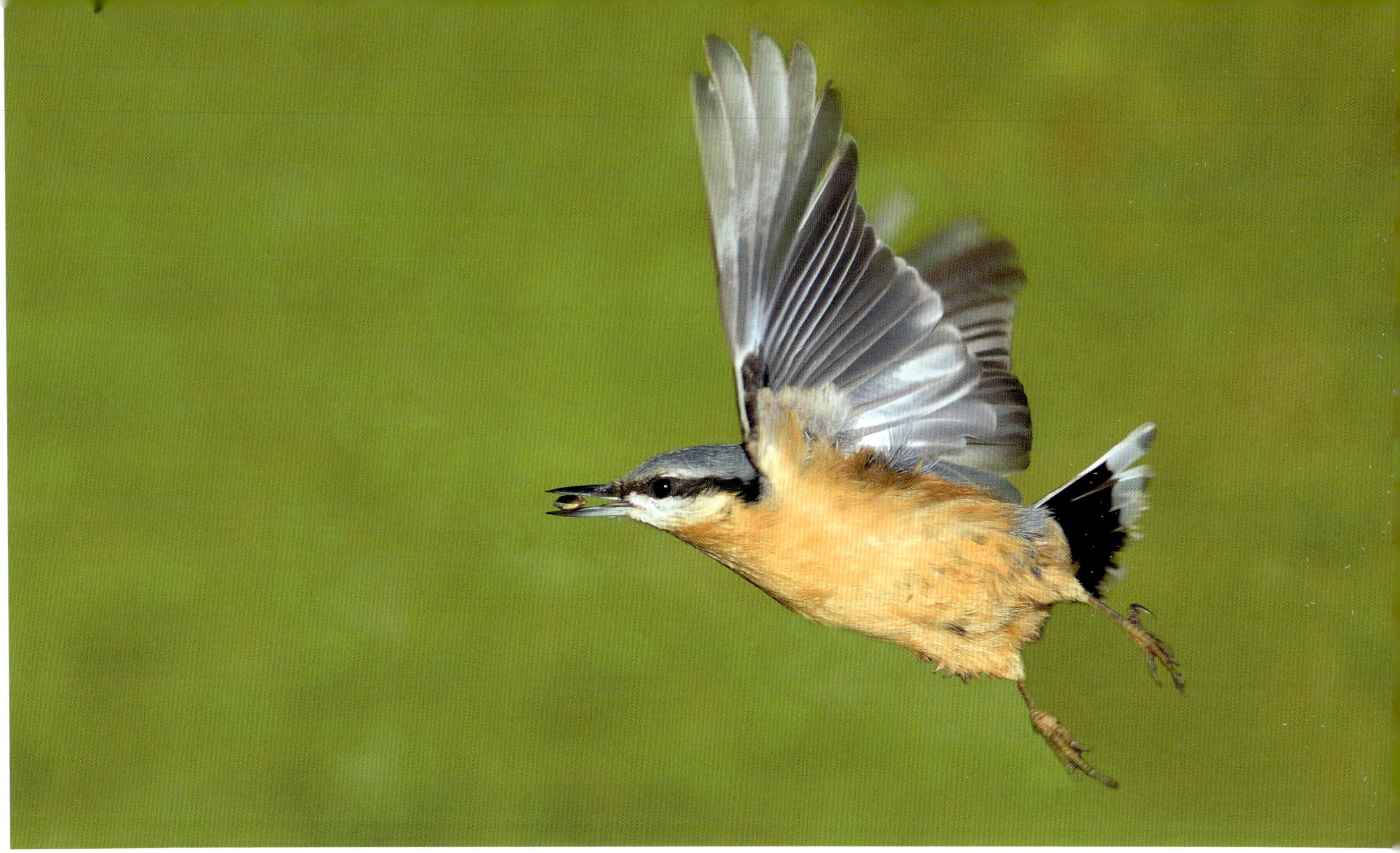

Haltet den Dieb! Ein Kleiber holt sich Sonnenblumenkerne.

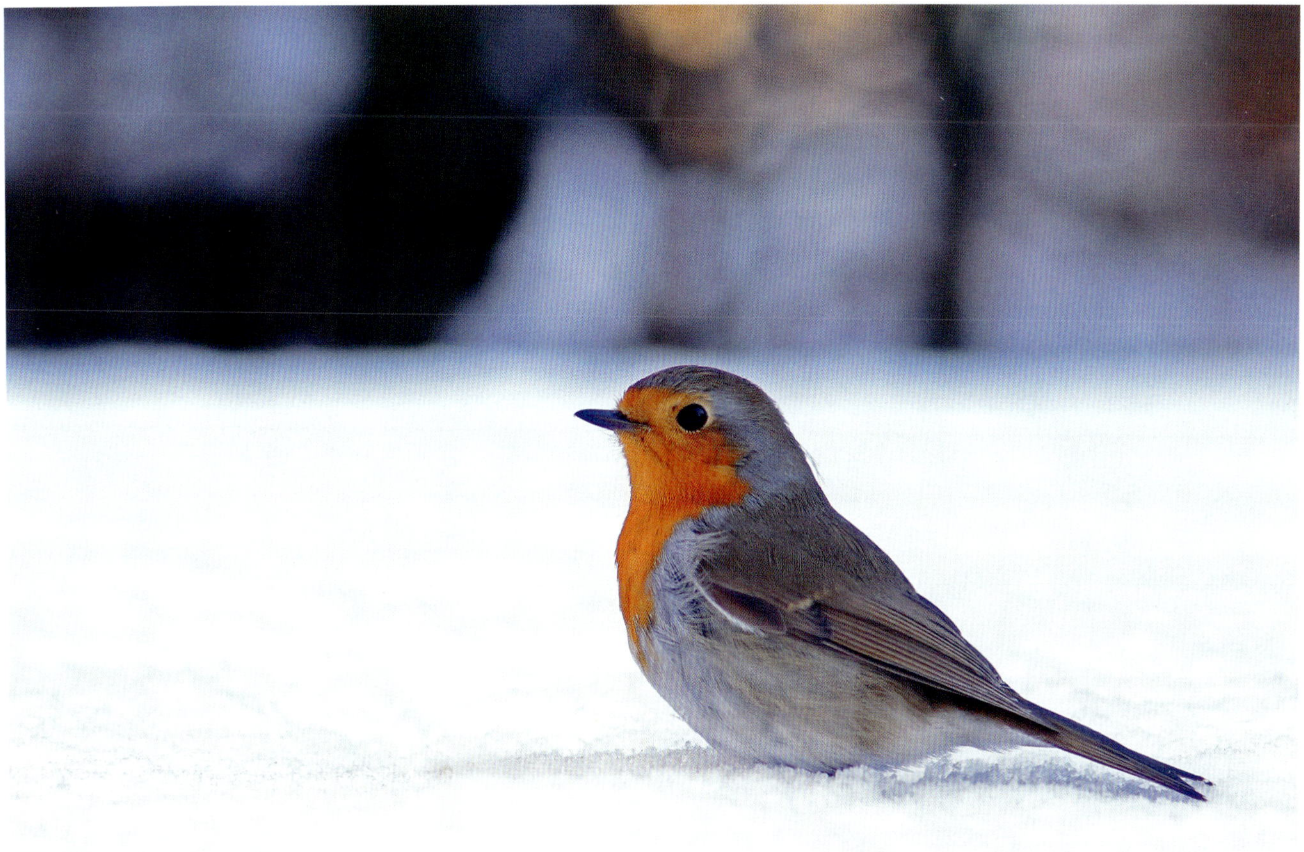

Rotkehlchen im Schnee.

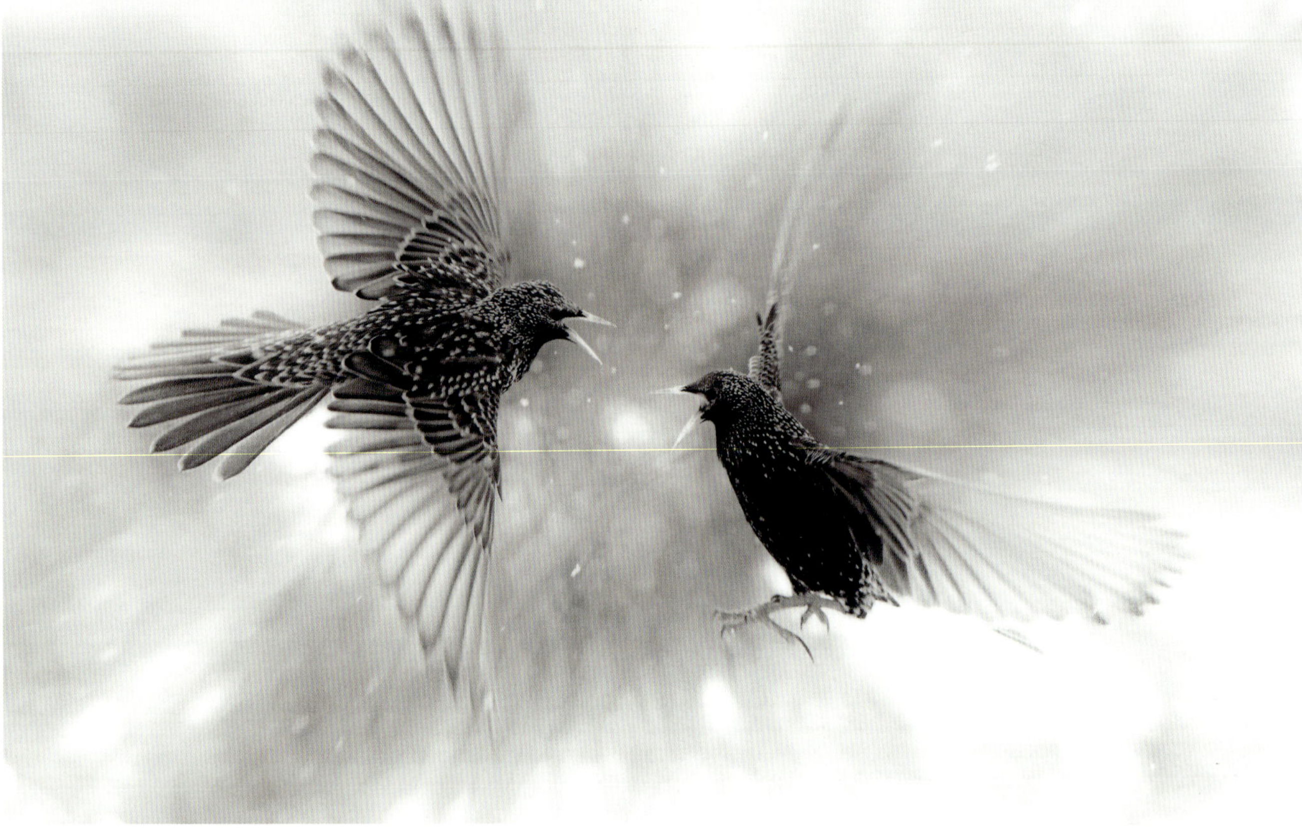

Zwei Stare im heftigen Schneetreiben versuchen sich gegenseitig von der Futterstelle zu vertreiben.

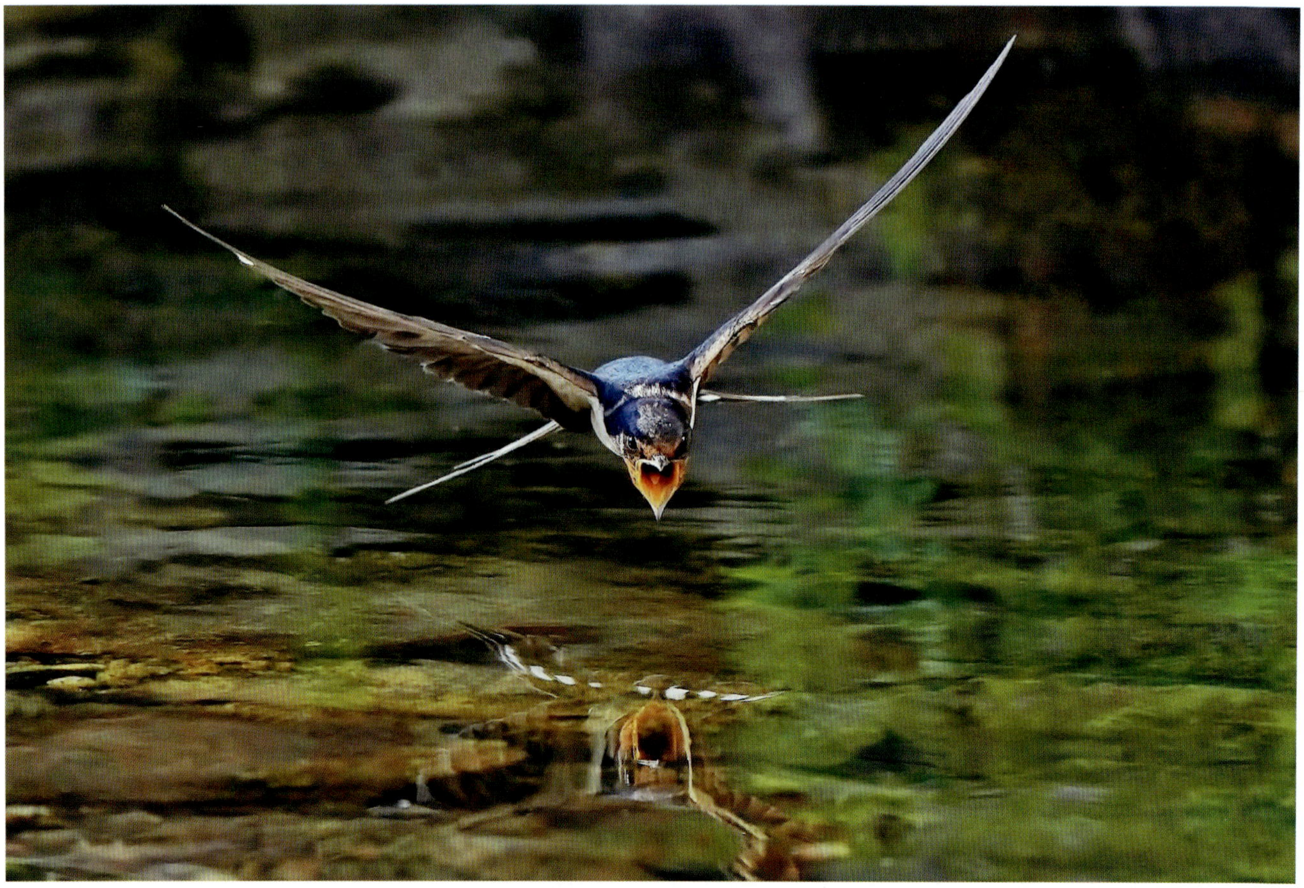

Fliegende Rauchschwalbe über dem Wasser. Gleich nimmt sie den verdienten Schluck Wasser in der Hitze des Sommers, um dann weiter nach Insekten zu jagen.

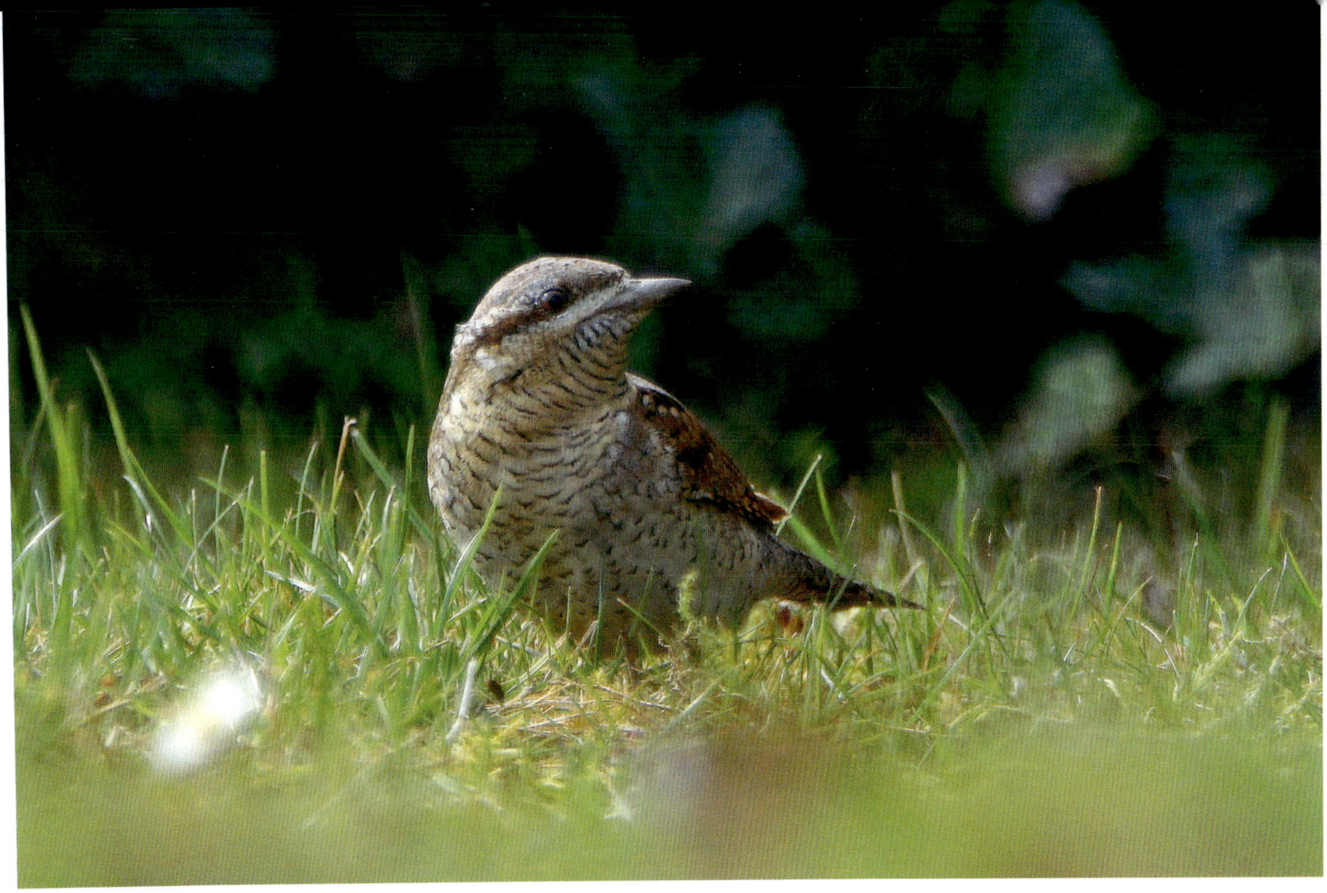

Das erste Mal bei uns in der Schwalm entdeckt: der Wendehals, der im Gras nach Ameisen sucht.

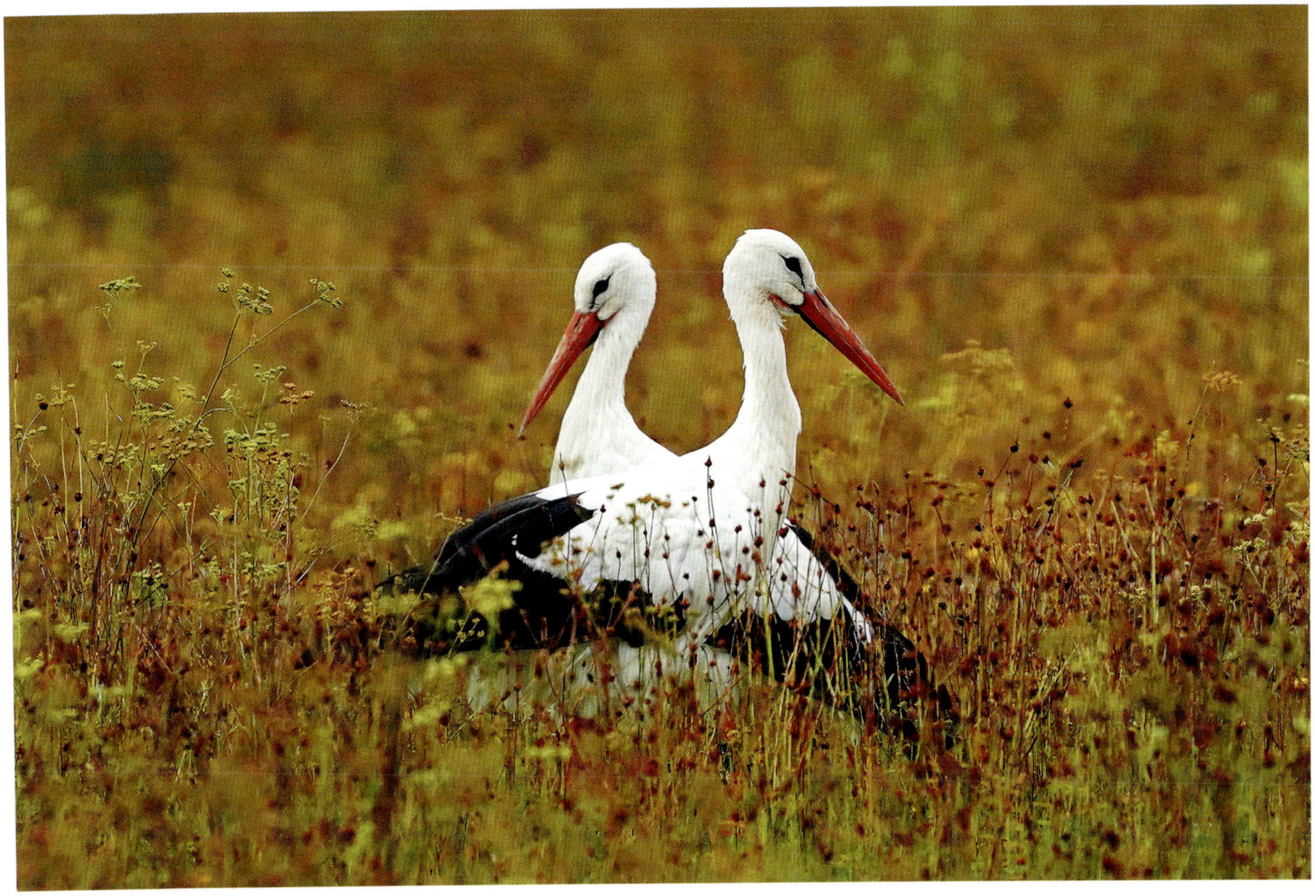

Störche in den Schwalmwiesen.

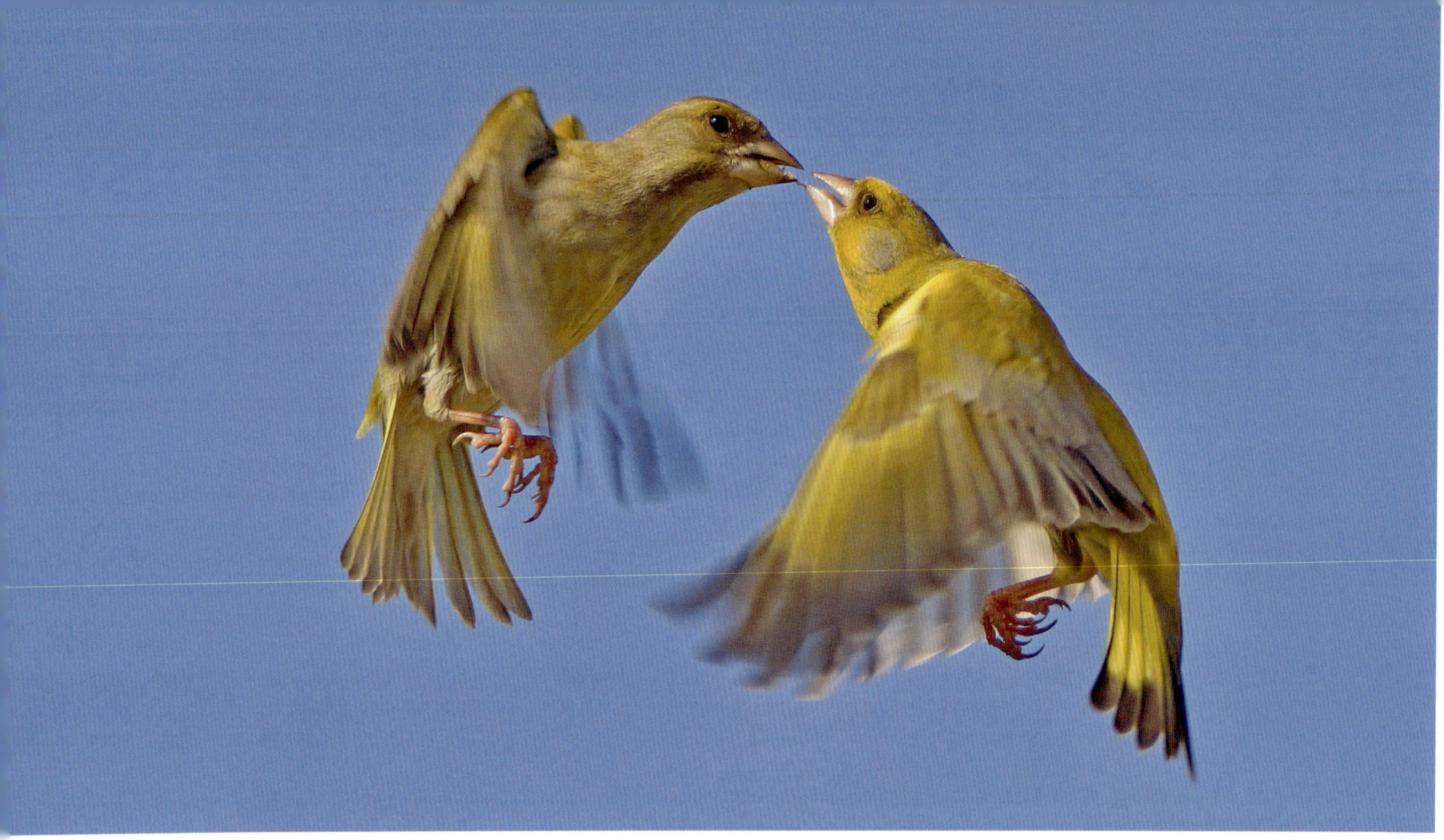

Sie machen in der Luft vor dem blauen Himmel eine gute Figur, diese beiden Grünfinken.

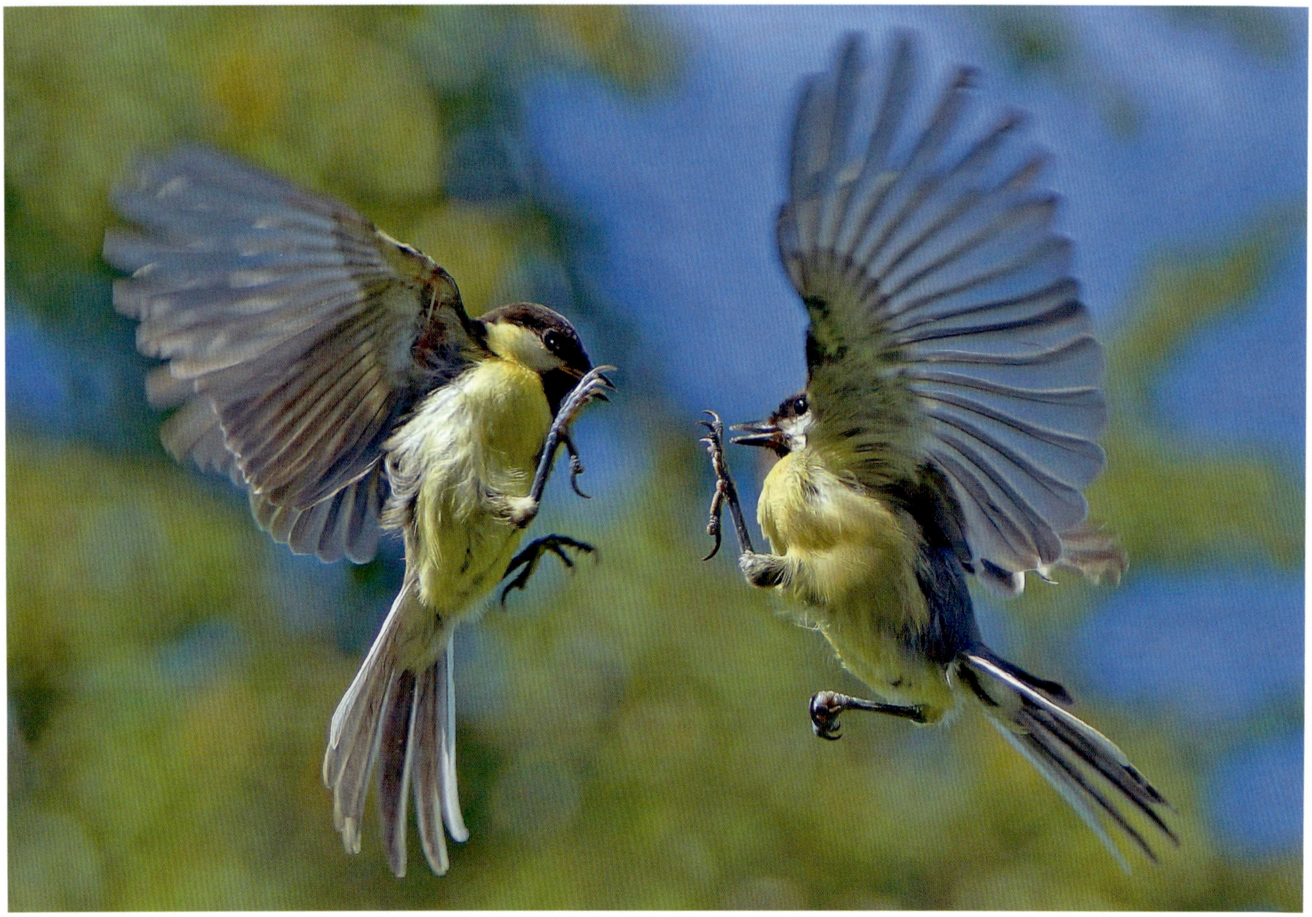

Die beiden Kohlmeisen scheinen in der Luft einen Kampf zu zelebrieren.

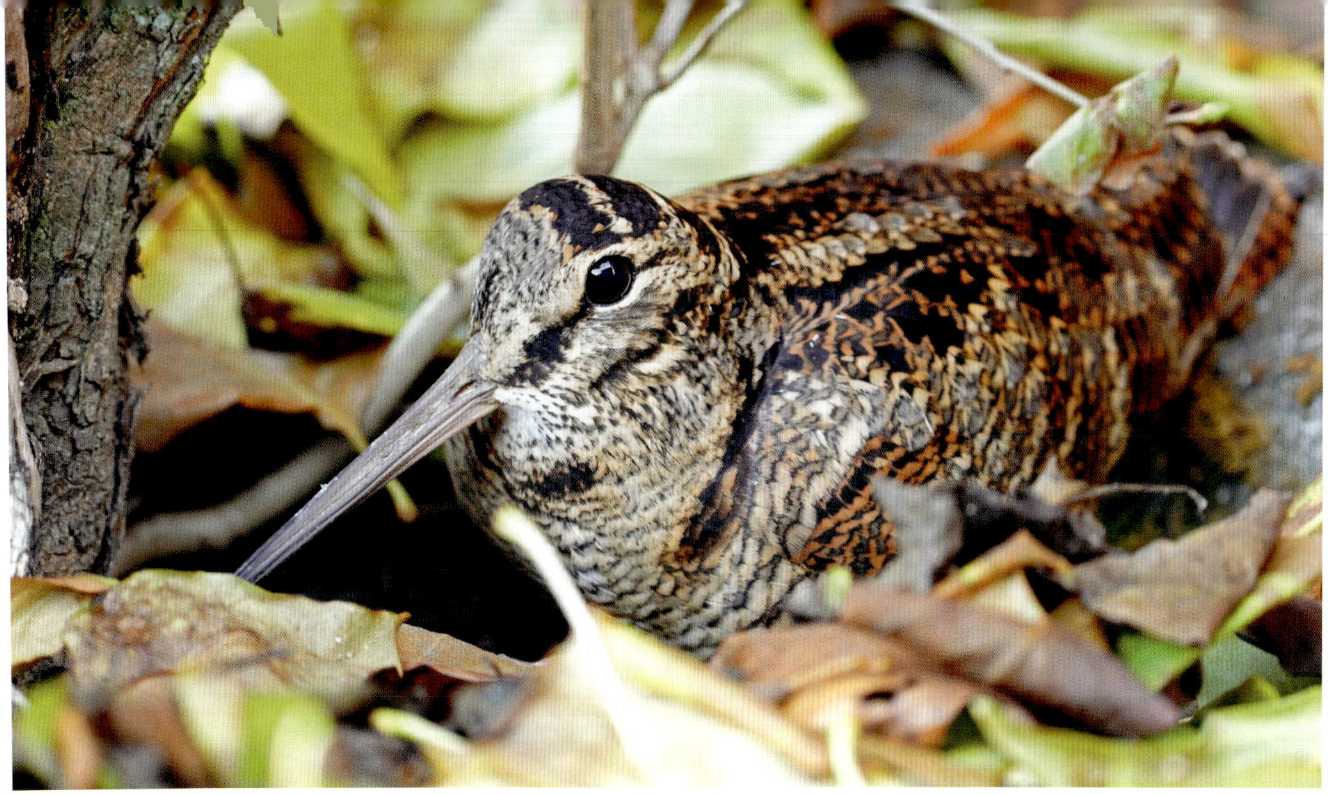

Ein seltener Gast in meinem Garten: Eine Waldschnepfe suchte sich diesen Platz, um erschöpft von der langen Reise einen Tag lang zu verweilen. Eigentlich ist sie nur im Wald anzutreffen.

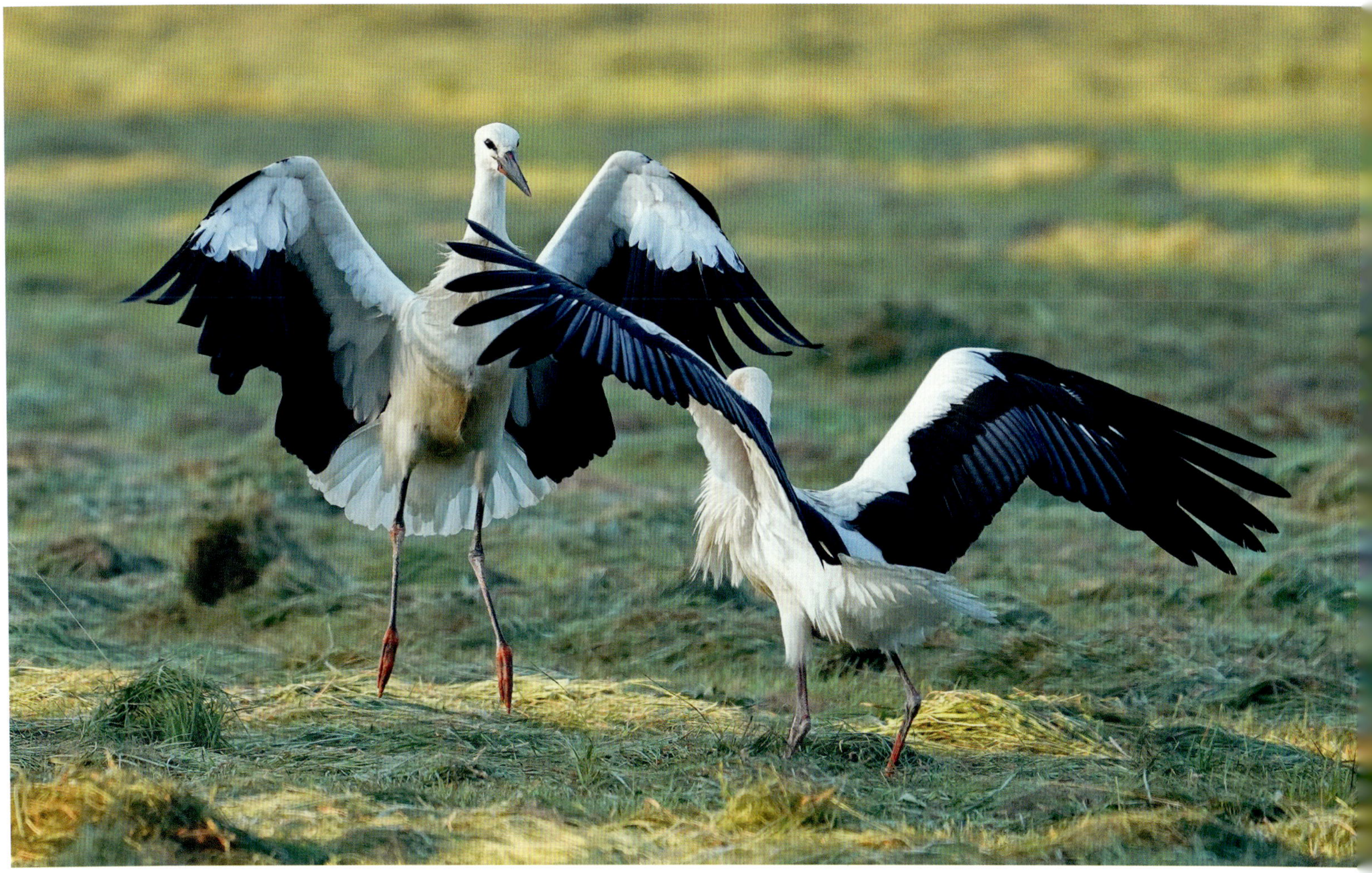

„Storchen-Tanz“ auf der frisch gemähten Wiese: Jetzt ist hier für die Störche der Tisch reichlich gedeckt.

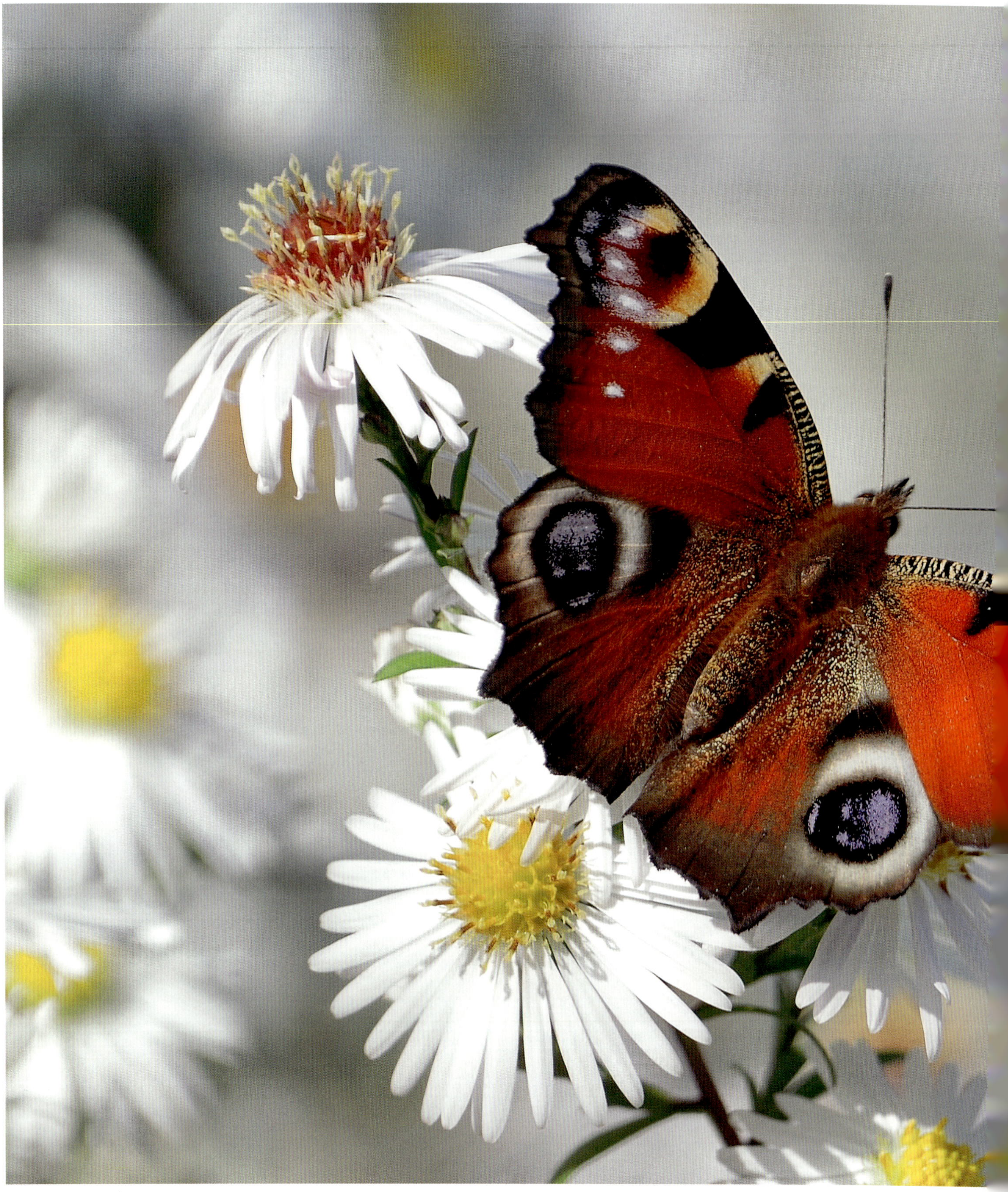

Das Tagpfauenauge auf weißen Astern.

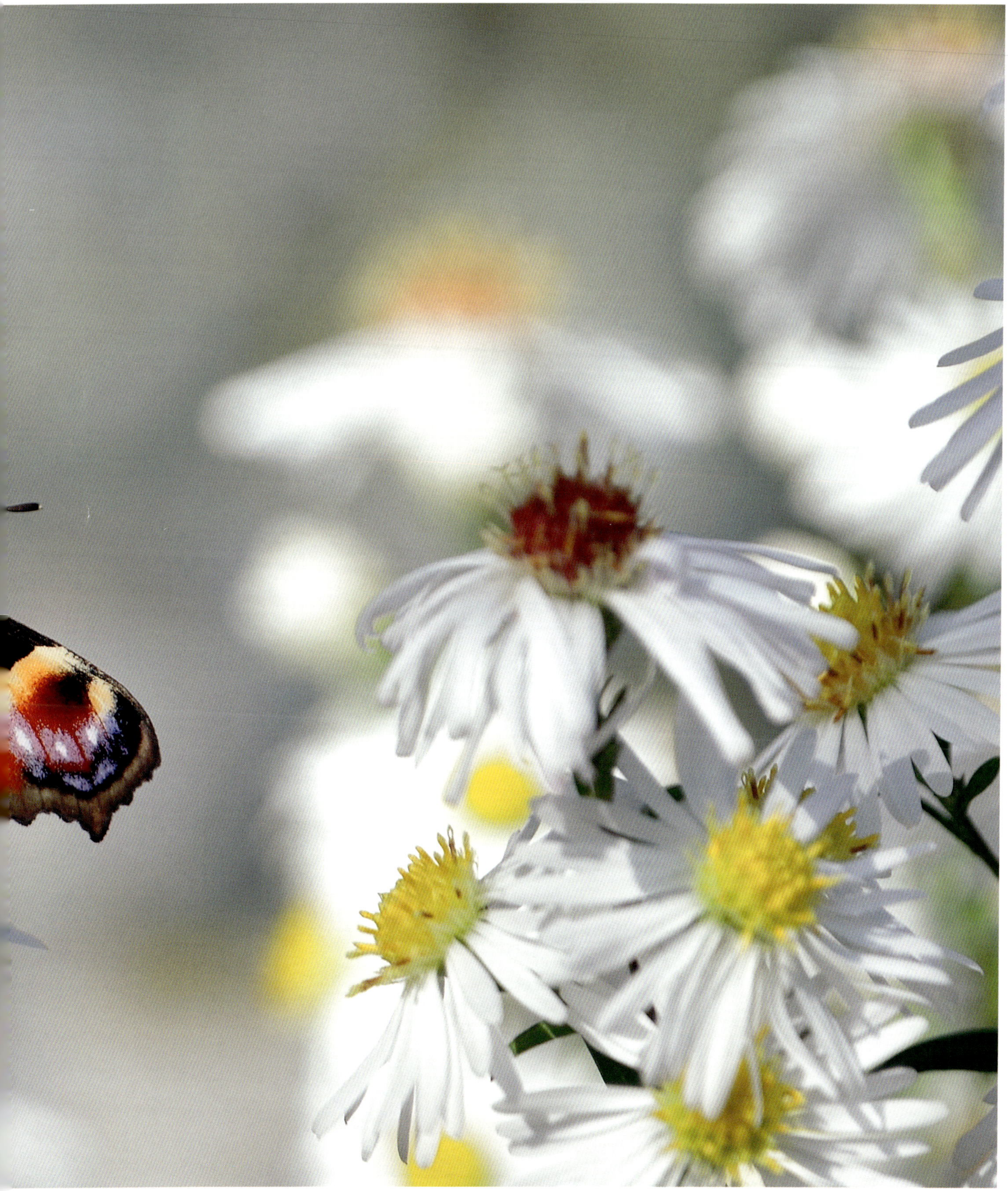

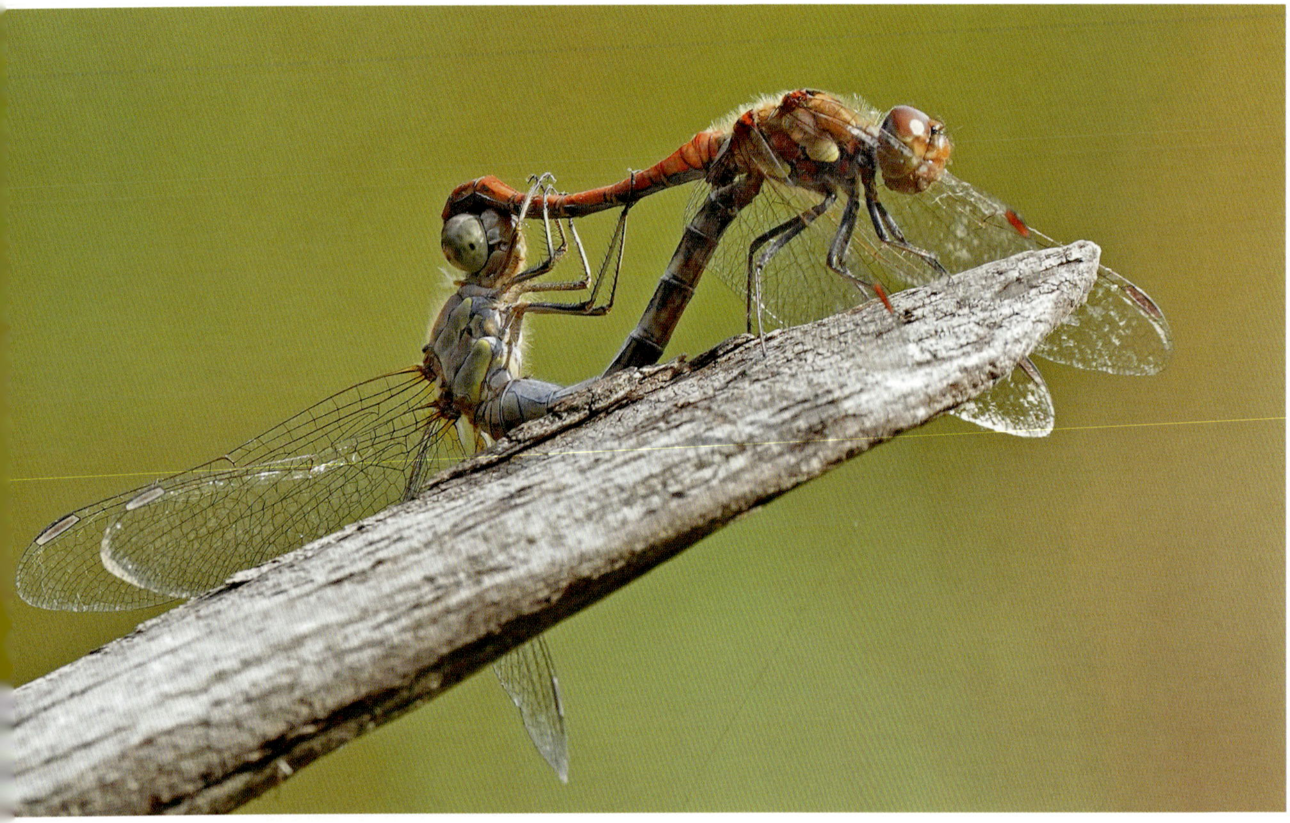

Das Paar der Großen Heidelibelle beim „Liebesrad“: Jetzt wird der Nachwuchs gezeugt, wie oft an Teichen in unseren Gärten zu sehen.

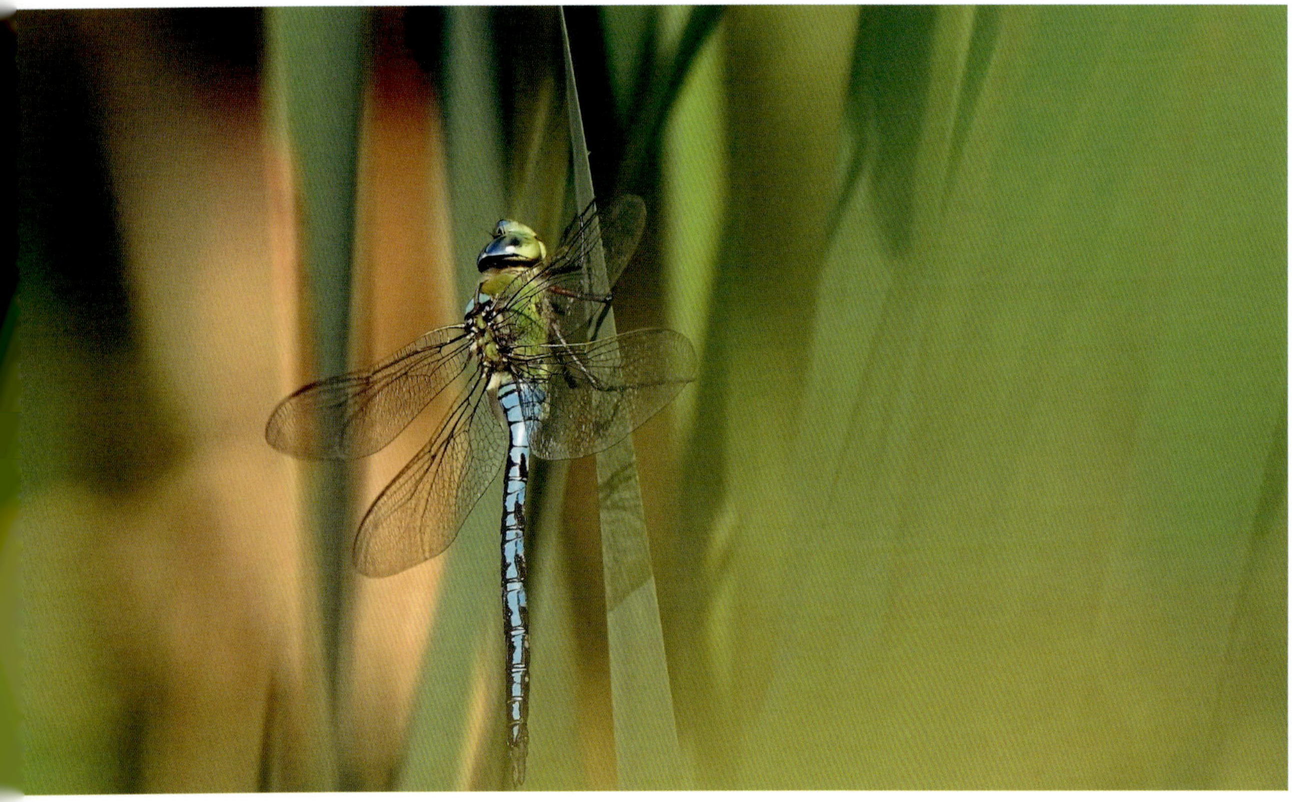

Die große Königslibelle: Sie patrouilliert sehr ausdauernd in Ufernähe, um sich hin und wieder einmal niederzulassen.

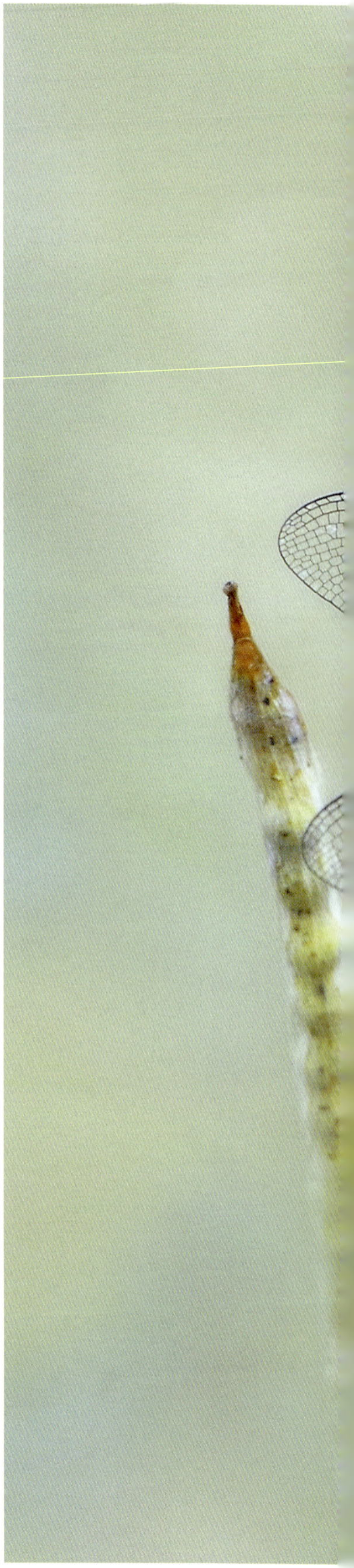

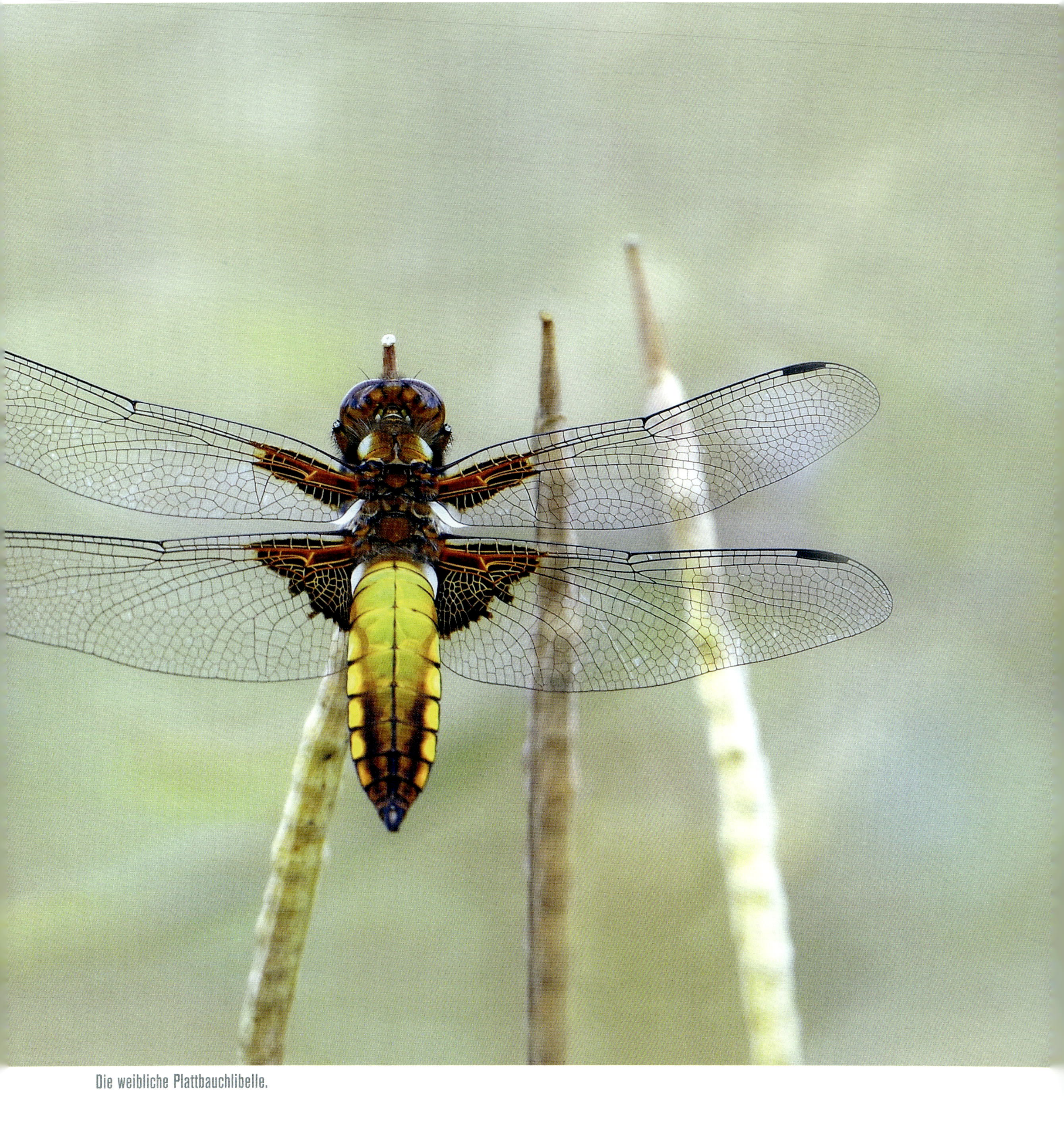

Die weibliche Plattbauchlibelle.

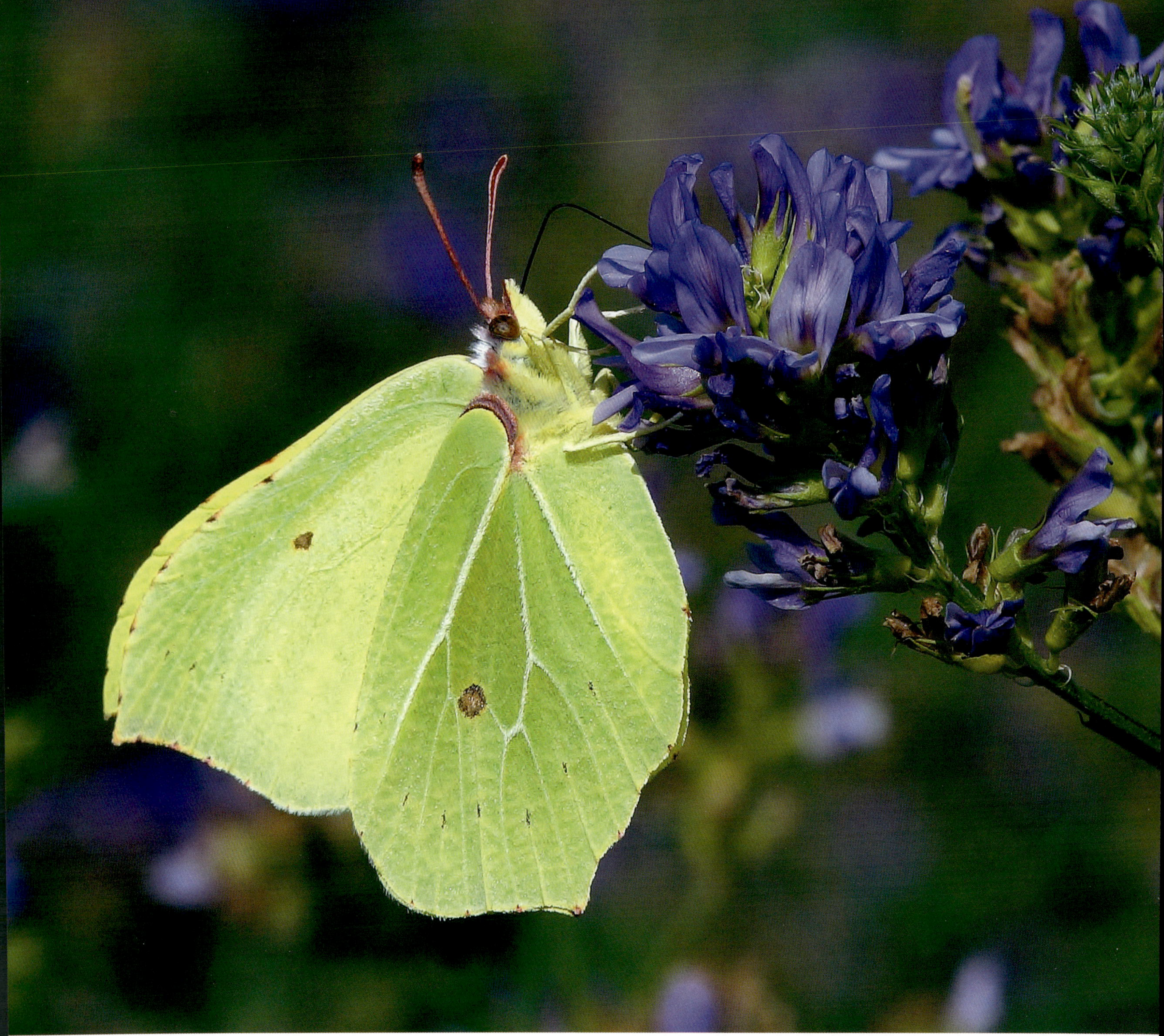

Einer der ersten Schmetterlinge, der schon vom Übergang vom Winter zum Frühling zu beobachten ist: der Zitronenfalter.

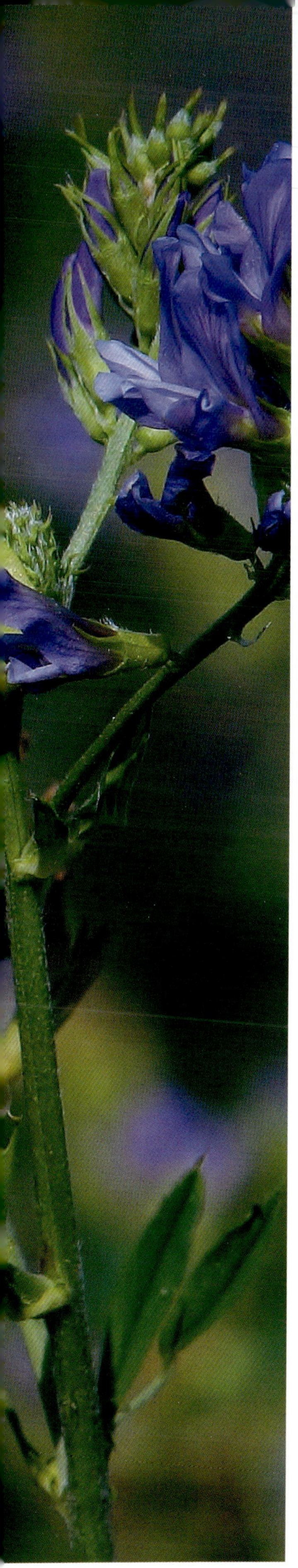

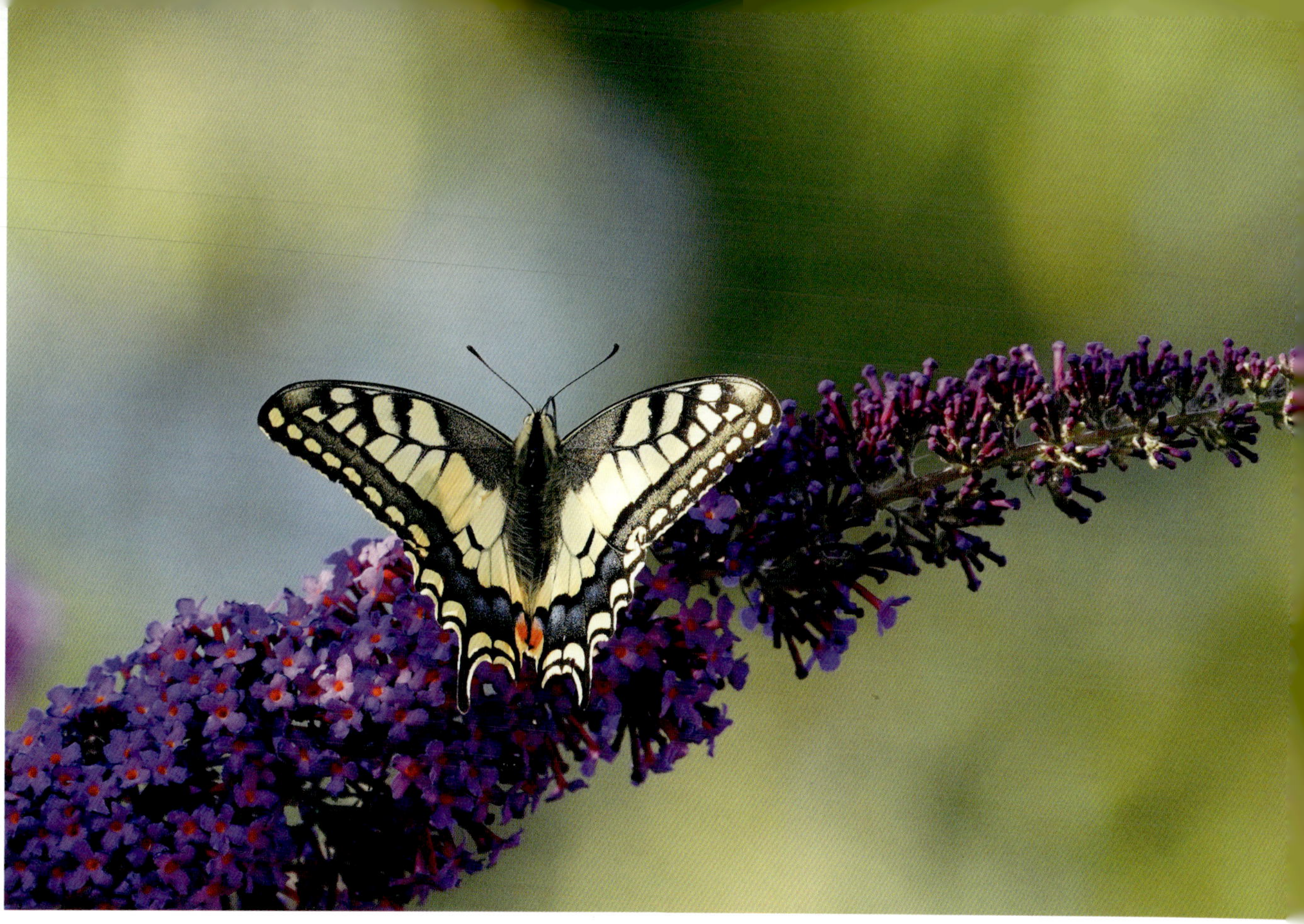

Einer der größten und schönsten Falter in Mitteleuropa: der Schwalbenschwanz, sehr oft am Flieder anzutreffen.

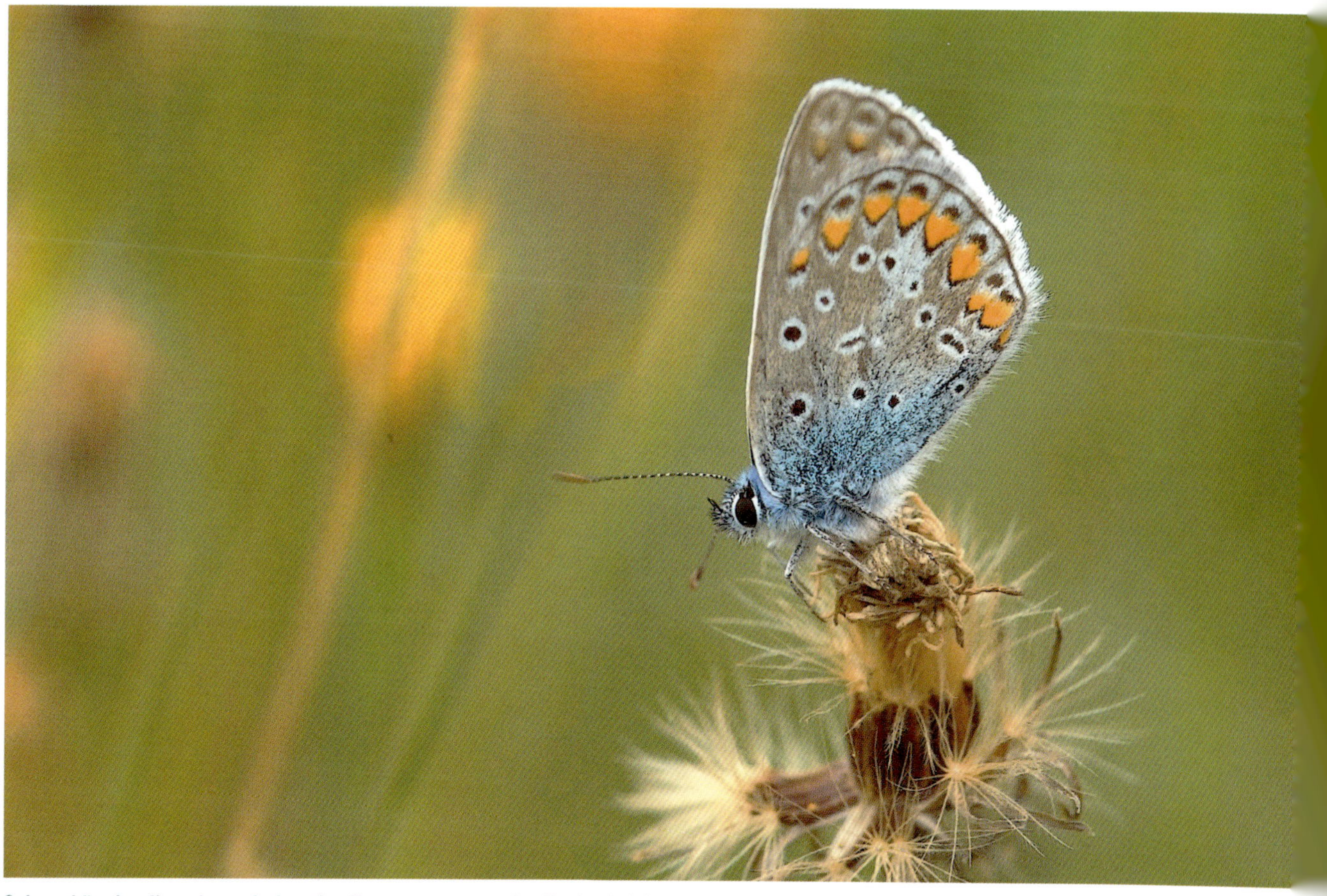

Sehr schön den Umgebungsfarben der Natur angepasst: der Hauhechel-Bläuling.

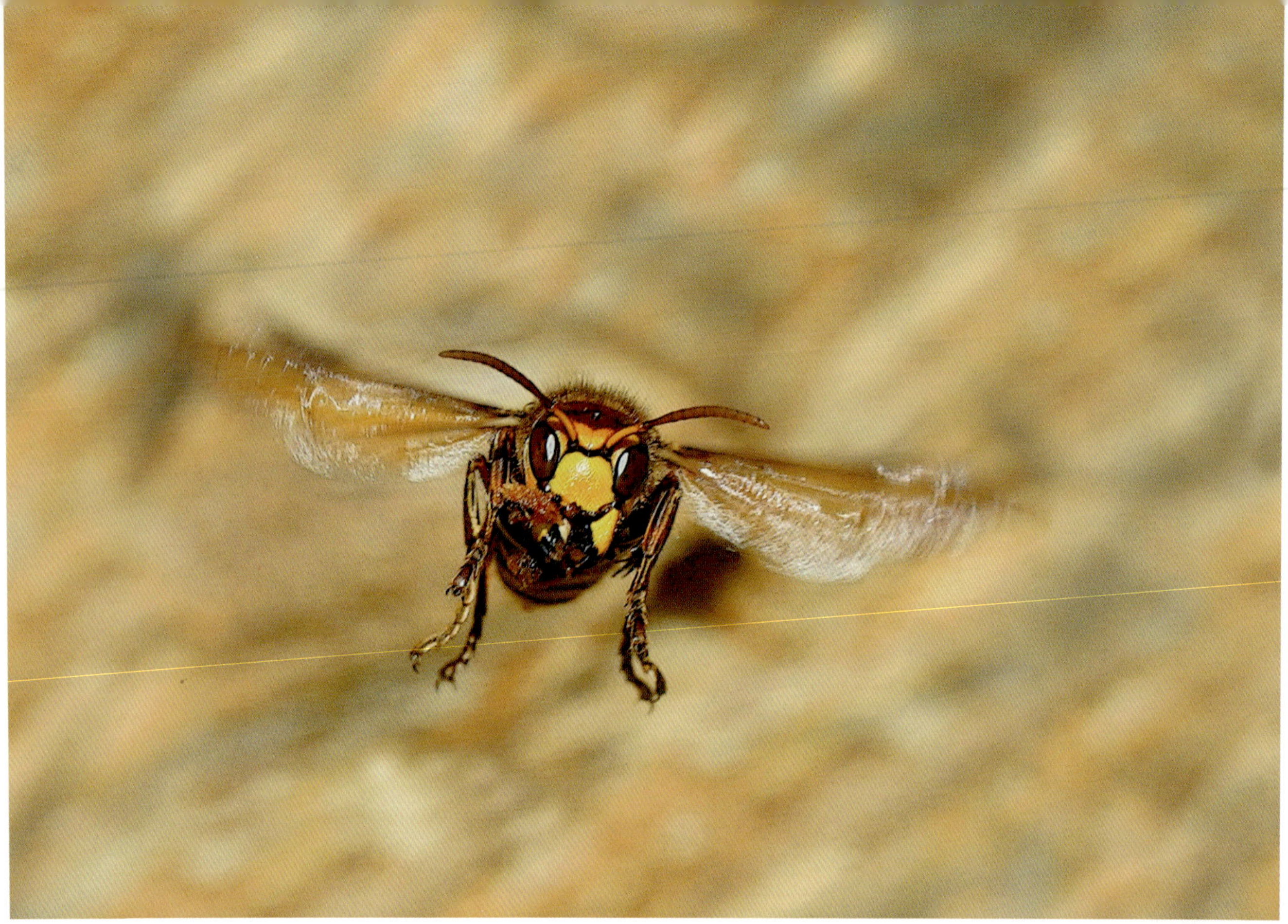

Die Hornissen haben sich an einem alten Holzpolder in der Nähe von Obergrenzebach ein Nest gebaut.

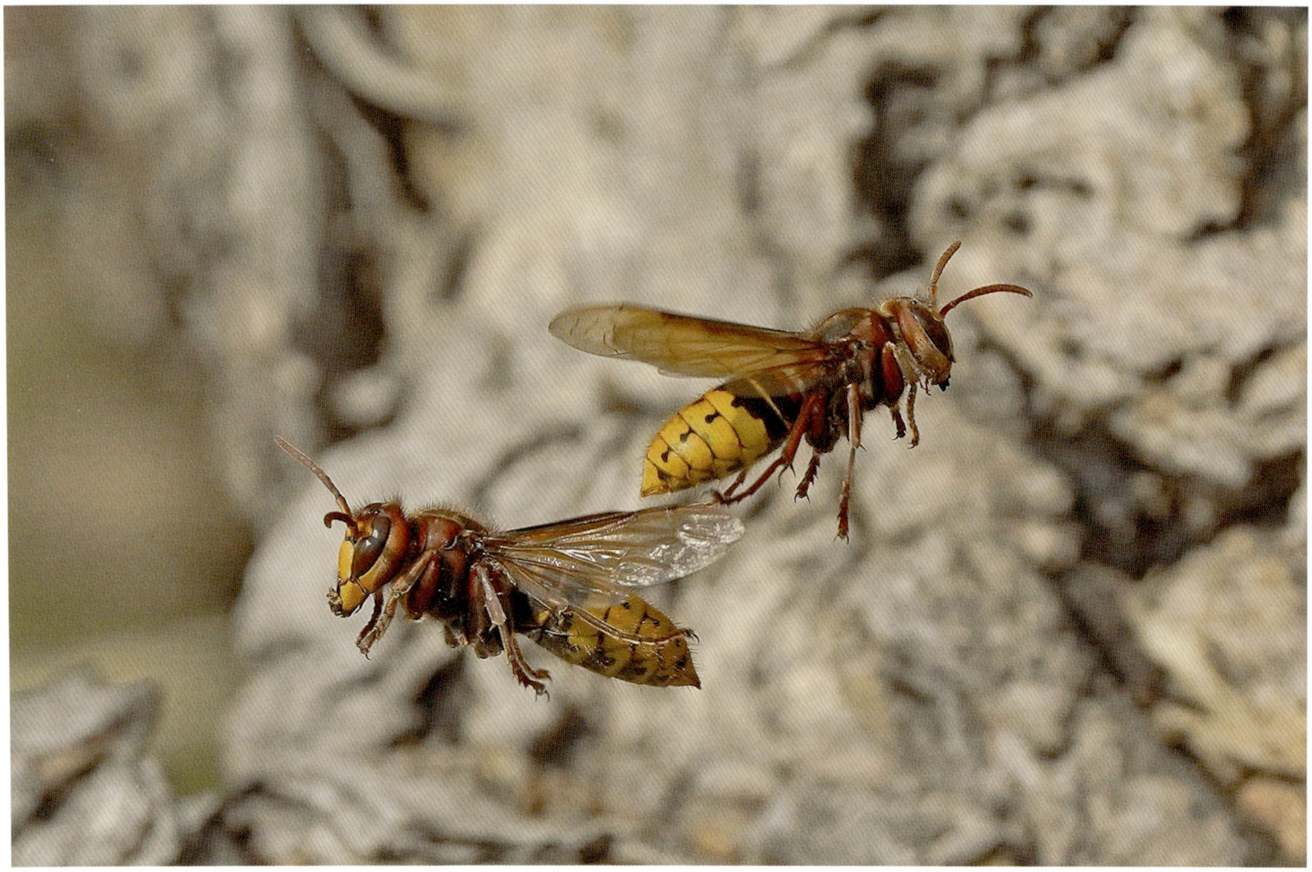

Zwei Hornissen im Gegenverkehr: Die eine kommt aus dem Bau, die andere will in den Bau.

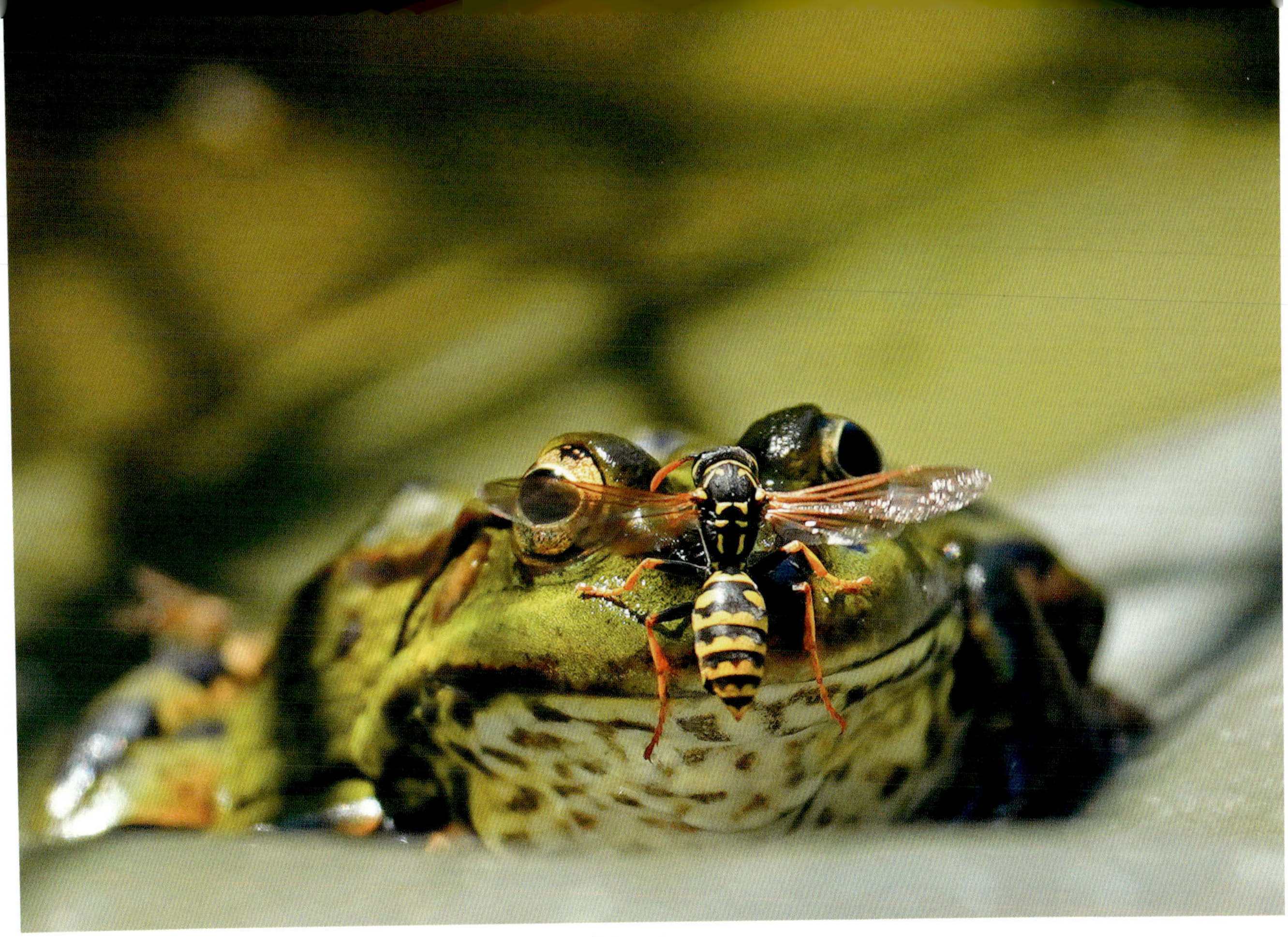

Rendezvous mit dem Teichfrosch: Die Gallische Feldwespe traut sich was!

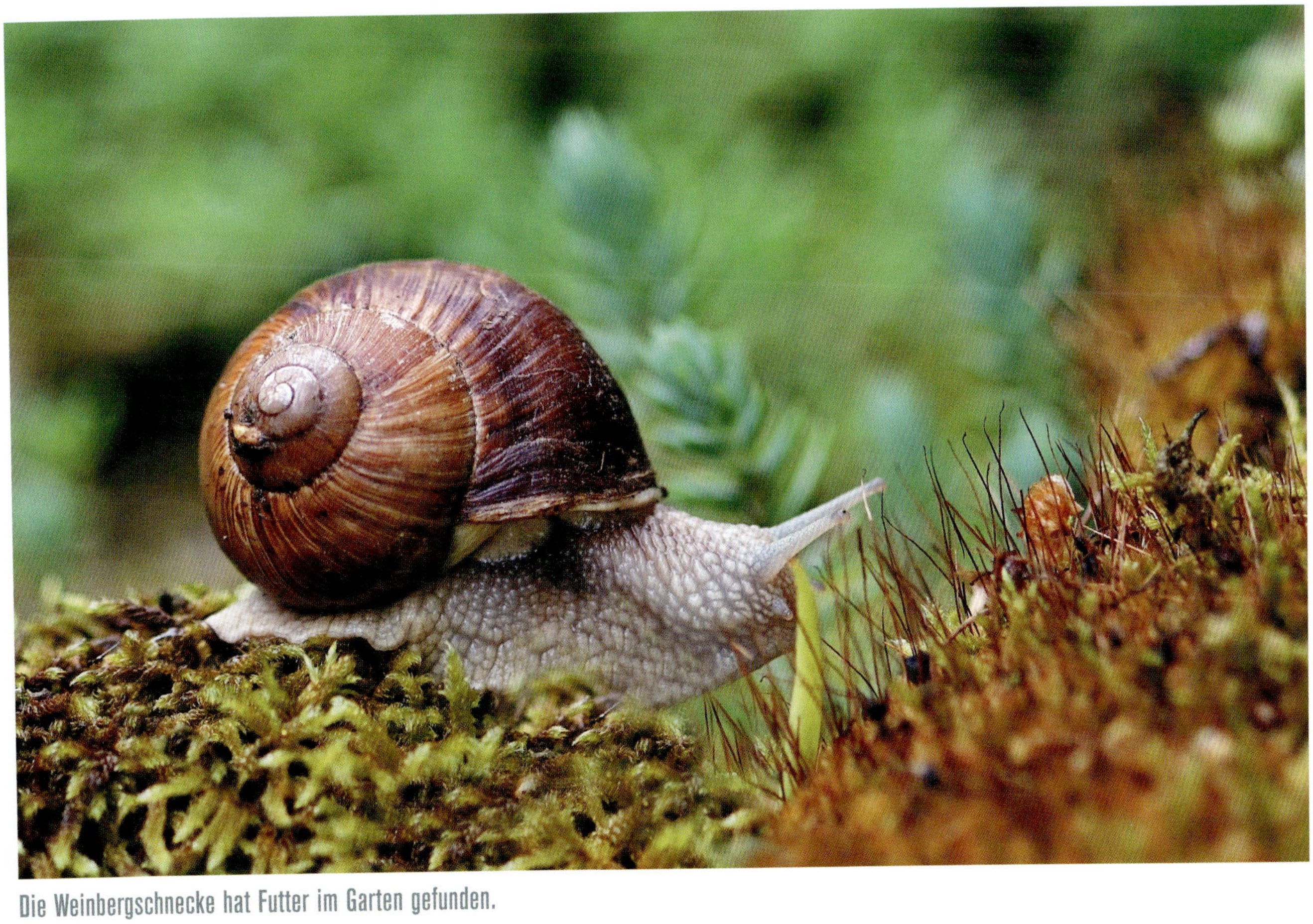

Die Weinbergschnecke hat Futter im Garten gefunden.

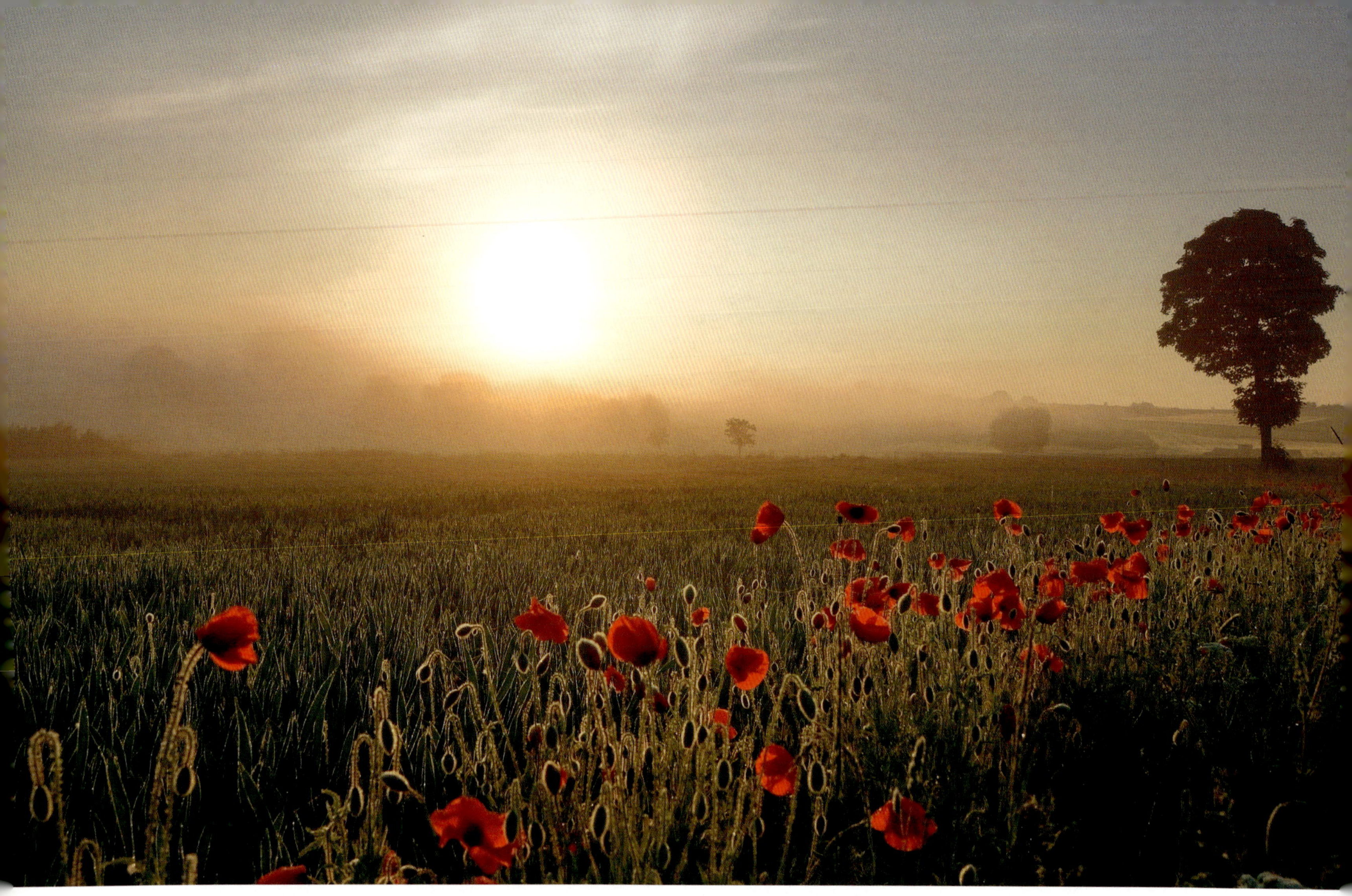

Wie verzaubert ist am frühen Morgen die Schwälmer Landschaft zwischen Niedergrenzebach und Obergrenzebach: roter Klatschmohn im Gegenlicht.

Äcker, Felder und Wiesen

Ich bin als Kind und Jugendlicher in den 1960er- und 1970er-Jahren in einem Heim in Nordhessen aufgewachsen. Ich war sehr einsam dort. Wann immer ich die Möglichkeit hatte, hinaus in die Natur zu gehen, habe ich es getan. Das Heim war am Rande von Äckern, Feldern und Wiesen. Wenn ich mich dort aufhielt, war ich glücklich. Der Wind, die Sonne und Tiere wie Vögel, Insekten, Schmetterlinge, Libellen und Fliegen oder Feldhasen und Füchse. Wenn ich ihnen hinterherjagte, befand ich mich in einer anderen Welt.

Später, als ich erwachsen war, habe ich einen Einblick in meine Heim-Akte erhalten. Dort stand: „Lutz fiel besonders dadurch auf, dass er sehr starken Verbrauch an Schuhen und Bekleidung hatte." Wenn wir männlichen Kinder und Jugendlichen nicht die robuste, kurze Lederhose und im Winter die lederne Kniebundhose gehabt hätten, die damals als Einheitsbekleidung galten, wäre der Verschleiß um einiges höher gewesen. Denn diese Bekleidung war nicht kaputtzukriegen und für die Wanderungen in die Natur bestens geeignet.

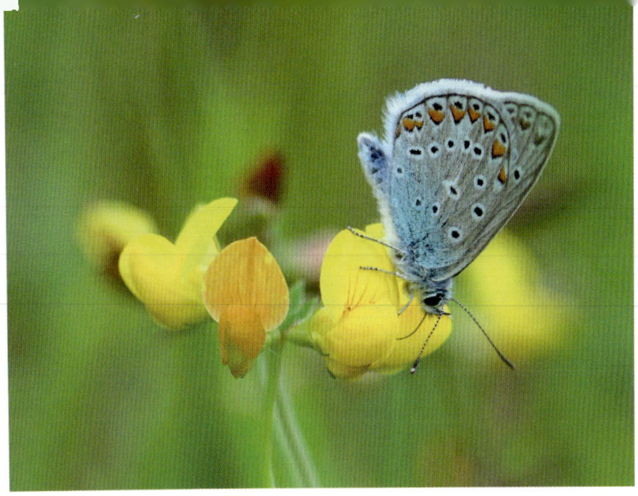

Hauhechel-Bläuling auf Gewöhnlichem Hornklee.

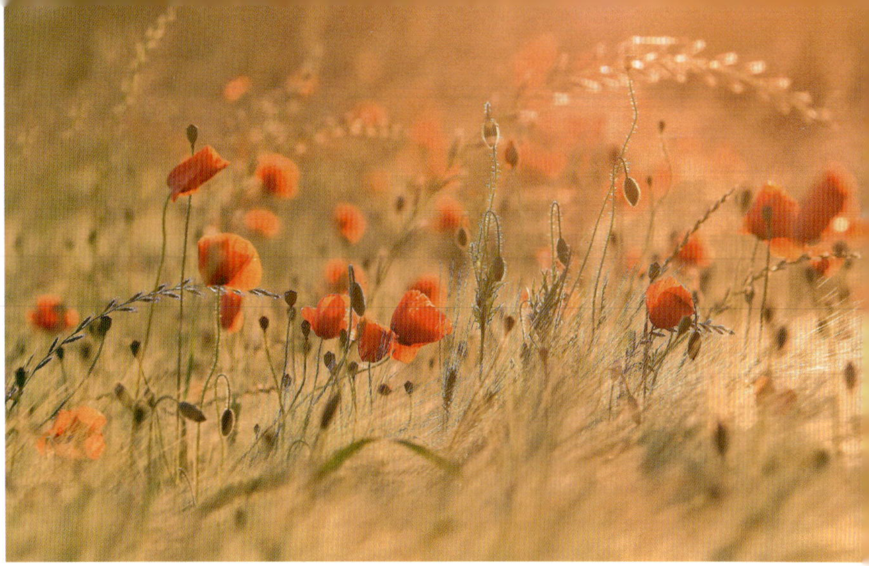

Zauberhafter Mohn, der leider immer weniger zu sehen ist, weil zu viel Gift gespritzt wird.

Diese Liebe zur Natur ist bis heute geblieben, ja sie hat sich sogar noch verstärkt. Wenn ich jetzt durch unsere Äcker, Felder und Wiesen wandere, habe ich immer meine Kamera dabei. Die Natur ist so schön, dass es sich lohnt, sie festzuhalten. Leider zerstören wir immer mehr davon, sodass Tiere, Pflanzen und Wälder zugrunde gehen, weil wir Menschen zu wenig Respekt vor der Schönheit, die uns umgibt, haben.

Mittlerweile habe ich den Anspruch, die Natur nicht nur dokumentarisch zu erfassen, sondern auch auf künstlerische Art und Weise zu fotografieren. Solche Bilder haben die Kraft, die Aufmerksamkeit der Menschen zu erregen, auf dass sie die Natur lieben lernen und ihr Handeln überdenken mögen.

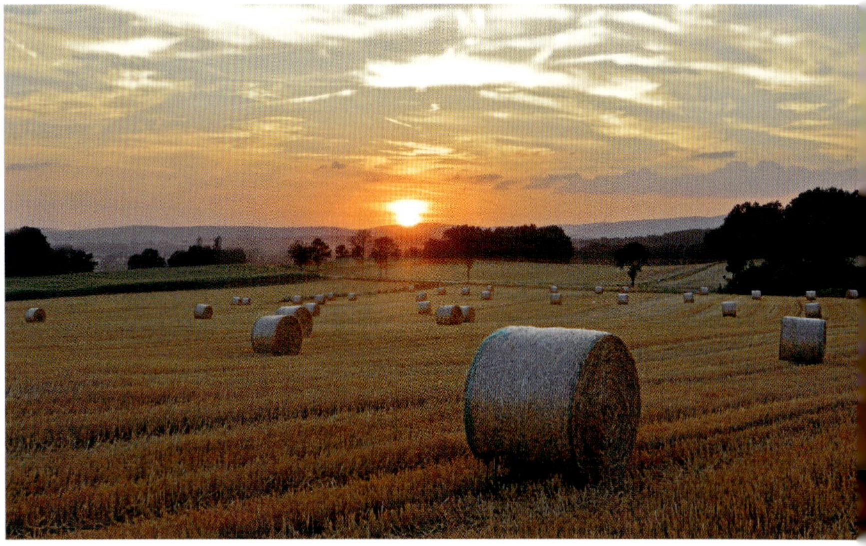

Getreideernte bei Obergrenzebach.

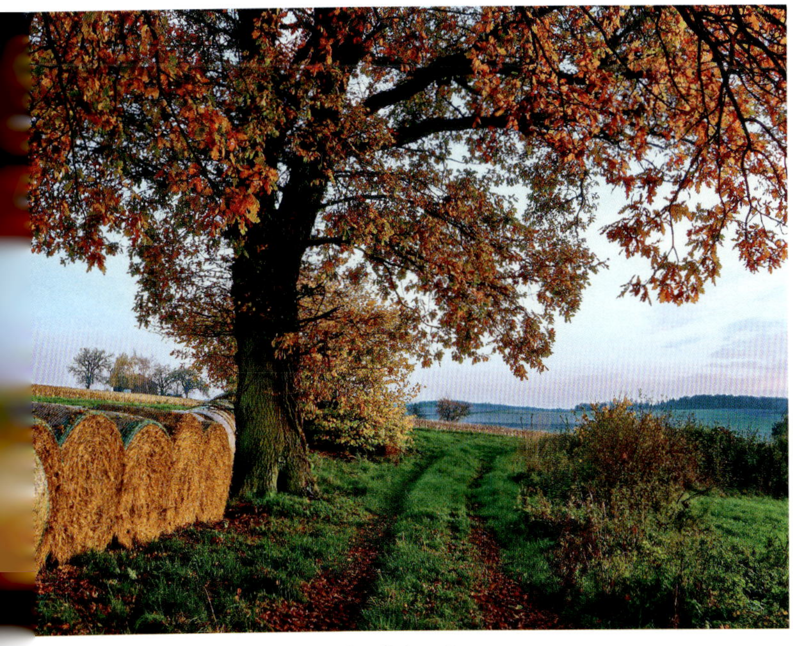

Herbstfarben in der Schwalm.

Hierzu würde ich den Lesern gerne einen Tipp mit auf den Weg geben: Der frühe Morgen oder der späte Abend sind die beste Zeit für Landschaftsaufnahmen. Am besten ist es, noch vor Sonnenaufgang dorthin zu gehen, wo man eine Landschaft beobachten oder fotografieren möchte. Dann kann man viele Tiere sehen, weil sie noch nicht der prallen Sonne ausgesetzt sind und weil auch noch nicht so viele Menschen unterwegs sind. Außerdem zeichnet die Natur frühmorgens ihr bestes Bild: weiches Licht, manchmal Nebel und die aufgehende Sonne mit all ihren Gelb- und Rottönen, die uns zu verzaubern vermag. Diese Naturerlebnisse wird der Mensch lange in Erinnerung behalten und davon zehren.

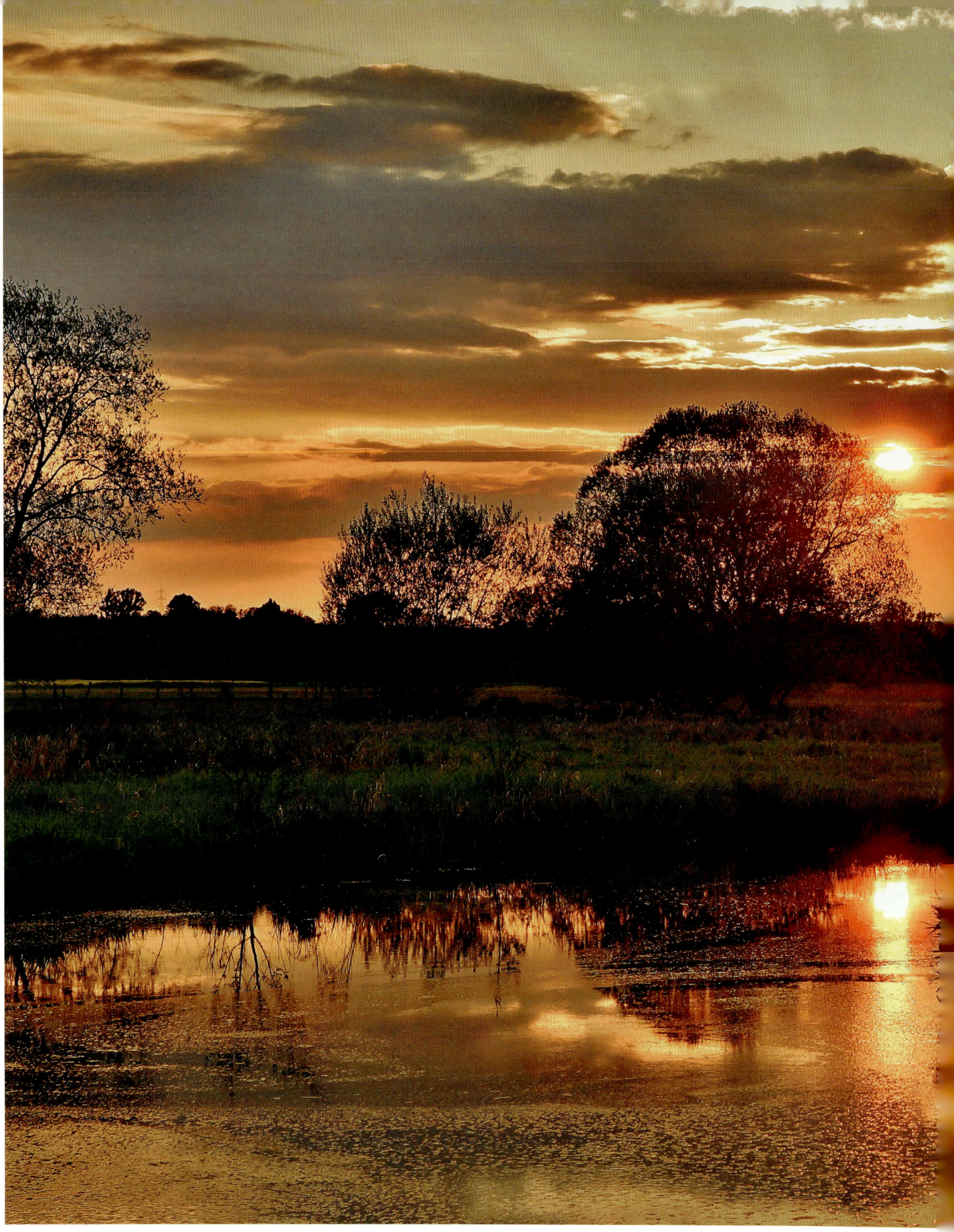

Sonnenuntergang über der Schwalm bei Loshausen.

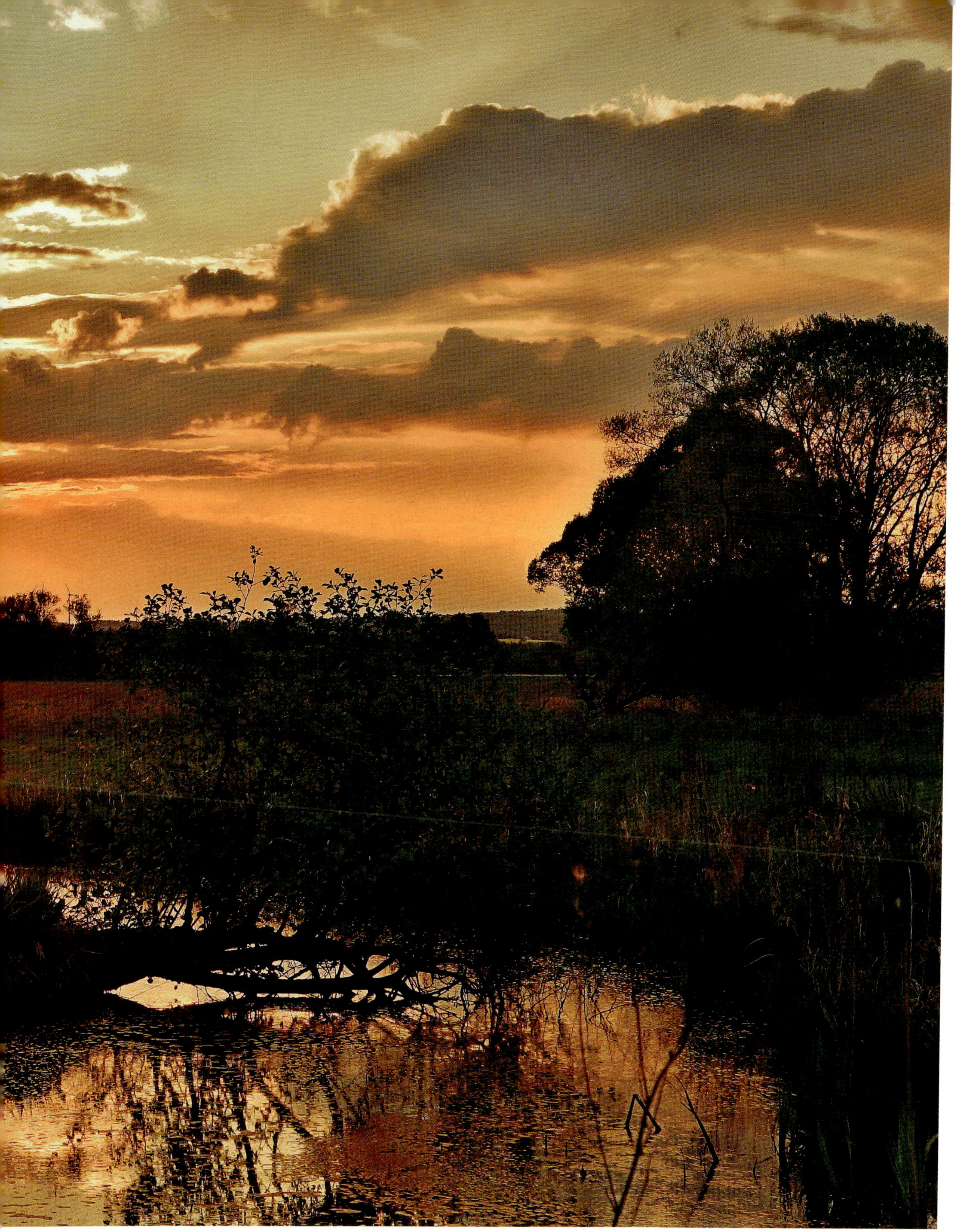

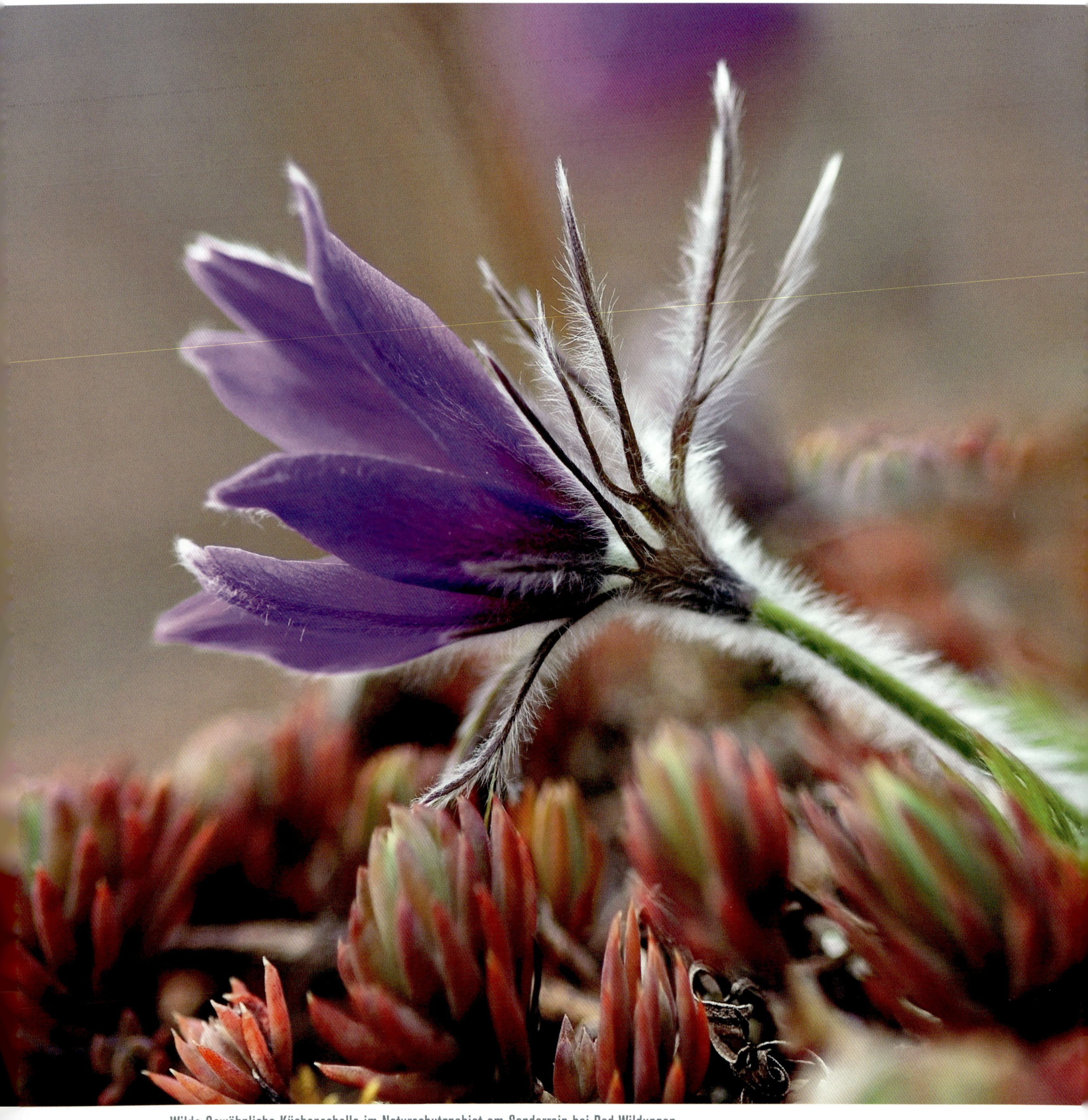

Wilde Gewöhnliche Küchenschelle im Naturschutzgebiet am Sonderrain bei Bad Wildungen.

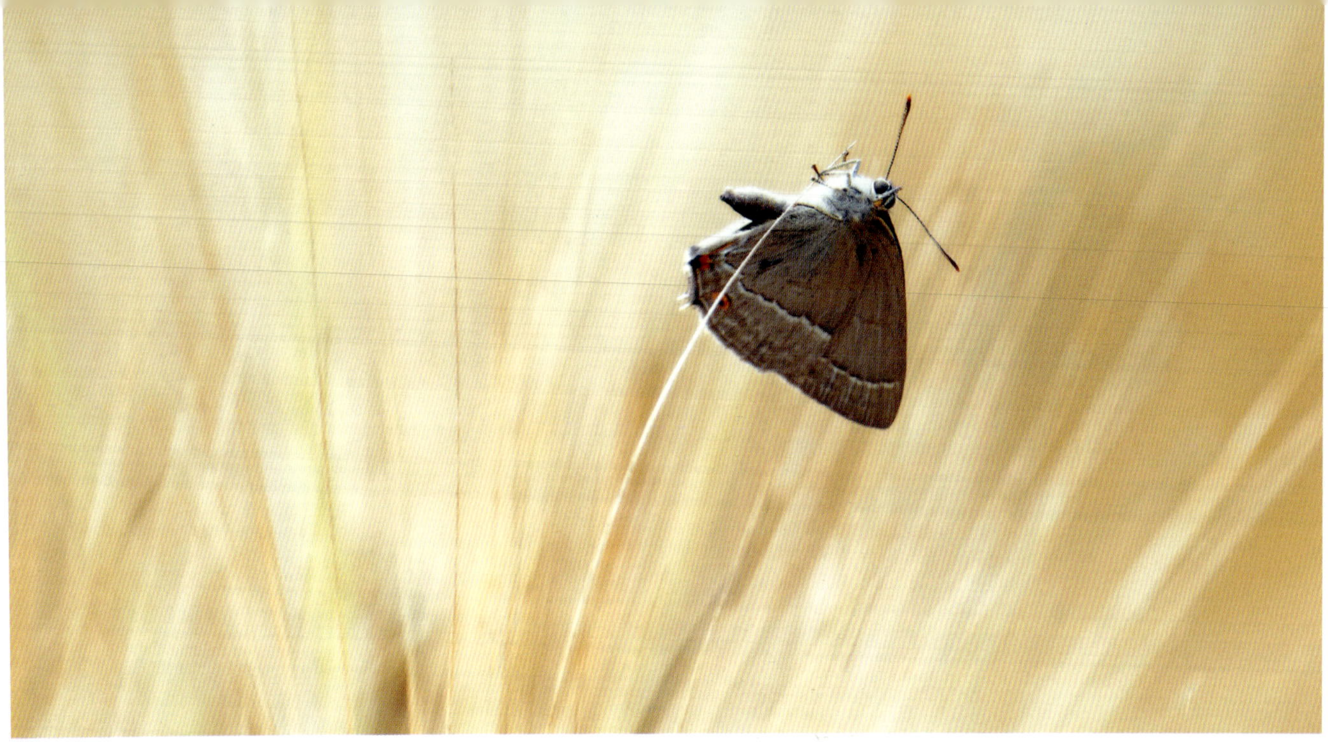

„Stabhochsprung“ des Eichenzipfelfalters. Er bewegt sich in der Regel auf Baumkronen, kommt nur zur Nahrungsaufnahme auf den Boden.

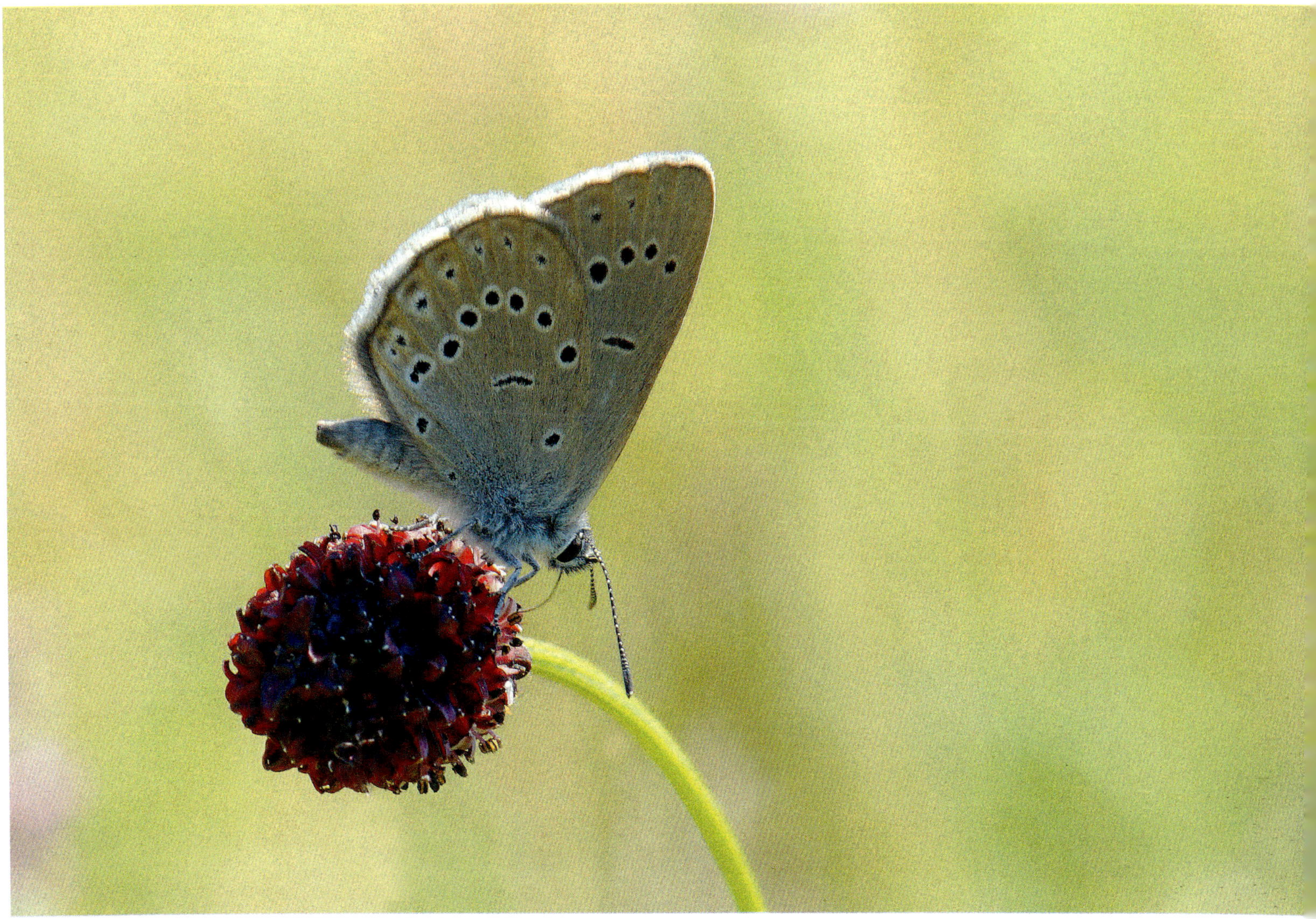

Der sehr seltene Helle Wiesenknopf-Ameisenbläuling.

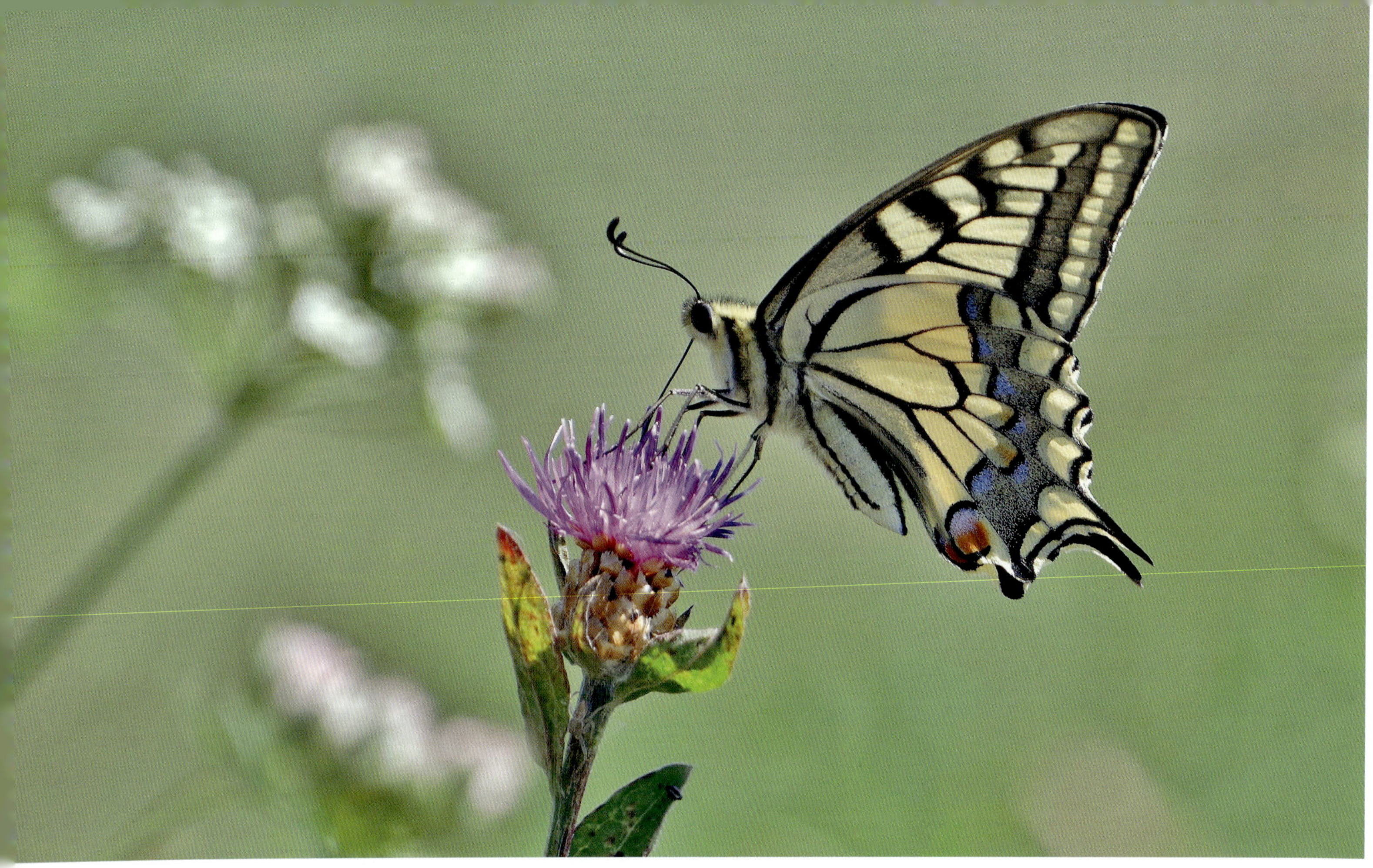

Er gehört zu den Edelfaltern: der Schwalbenschwanz, hier auf einer Flockenblume.

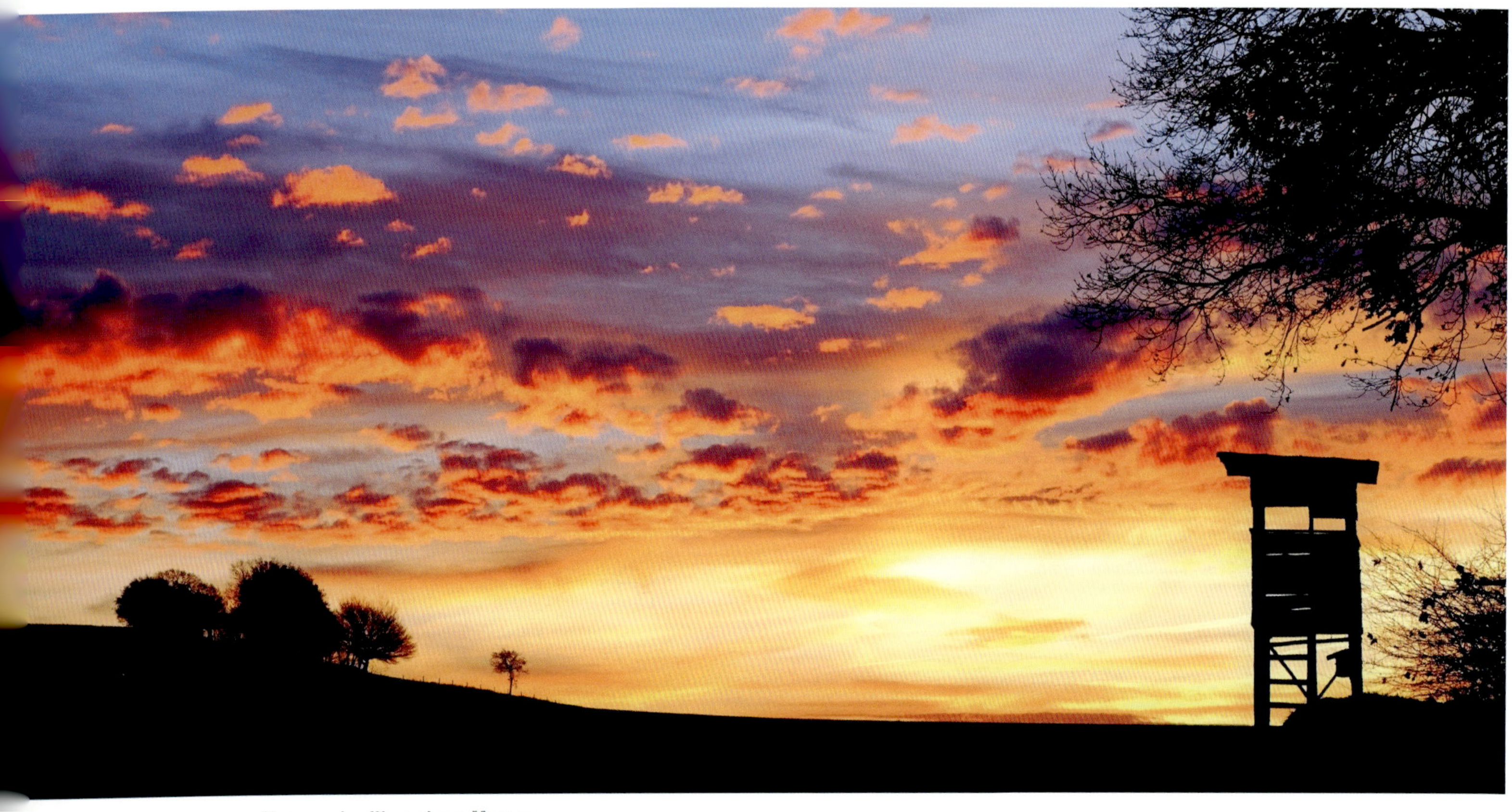

Flammender Himmel am Morgen.

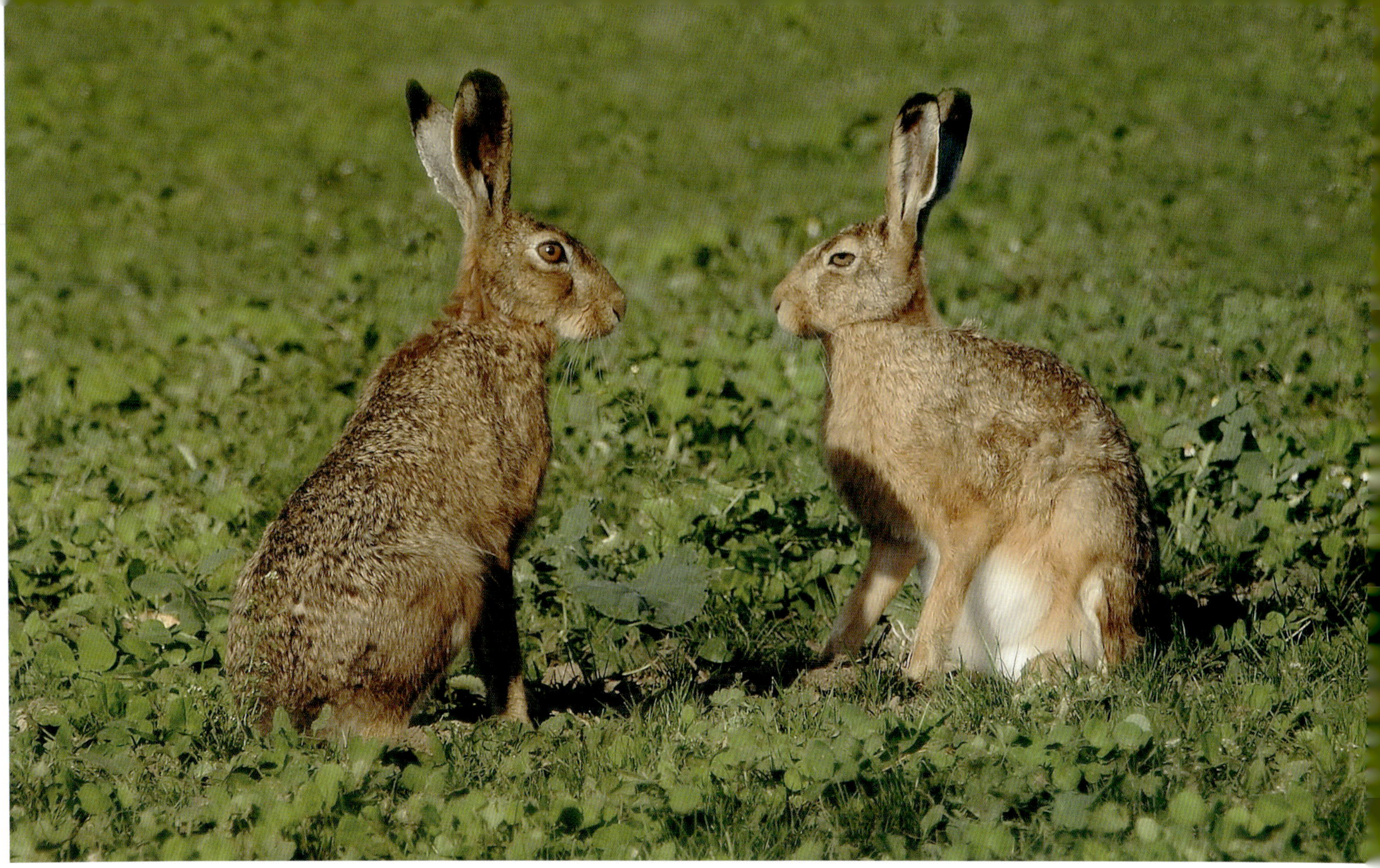

„Lass dich einmal genau anschauen, ob du auch mein Typ bist?“, möchte man den beiden Feldhasen hier in den Mund legen.

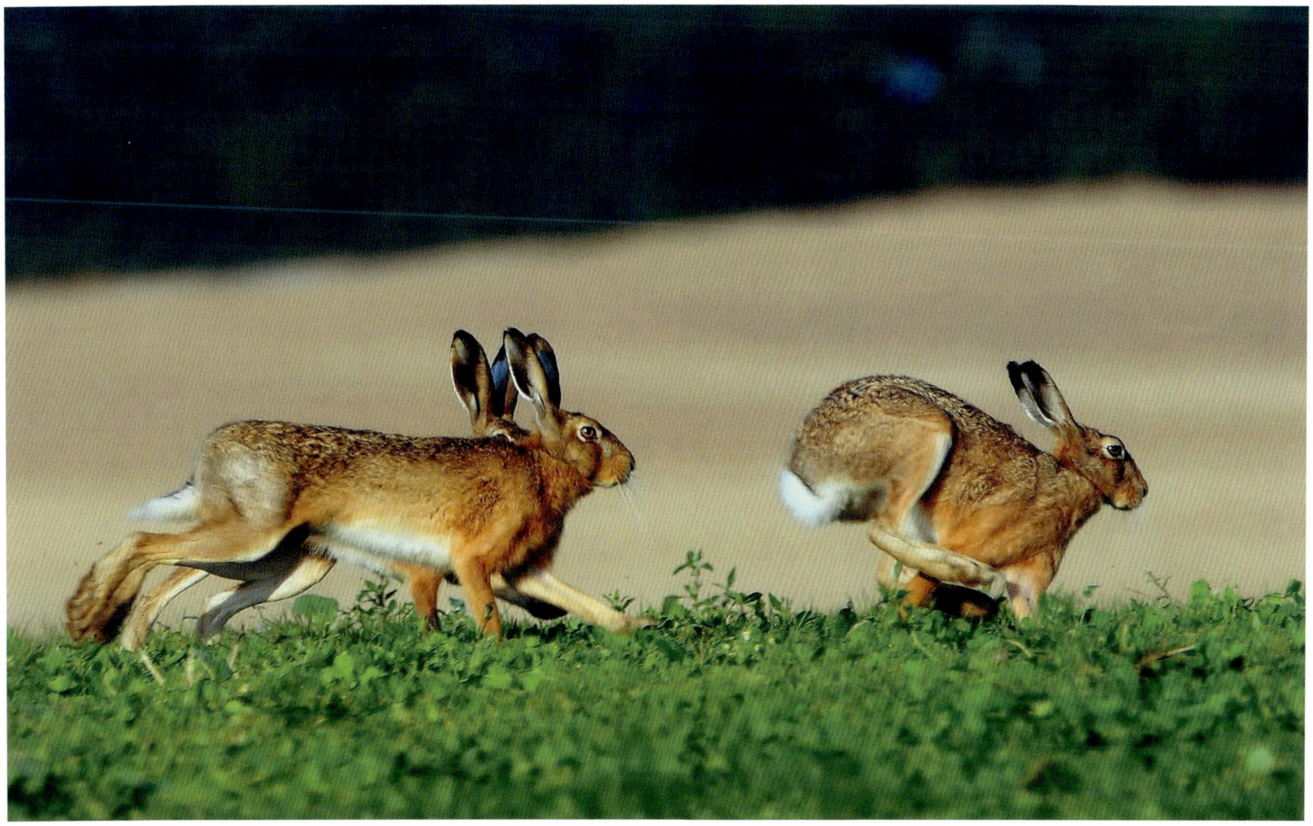

Laufspiele der liebestollen Feldhasen.

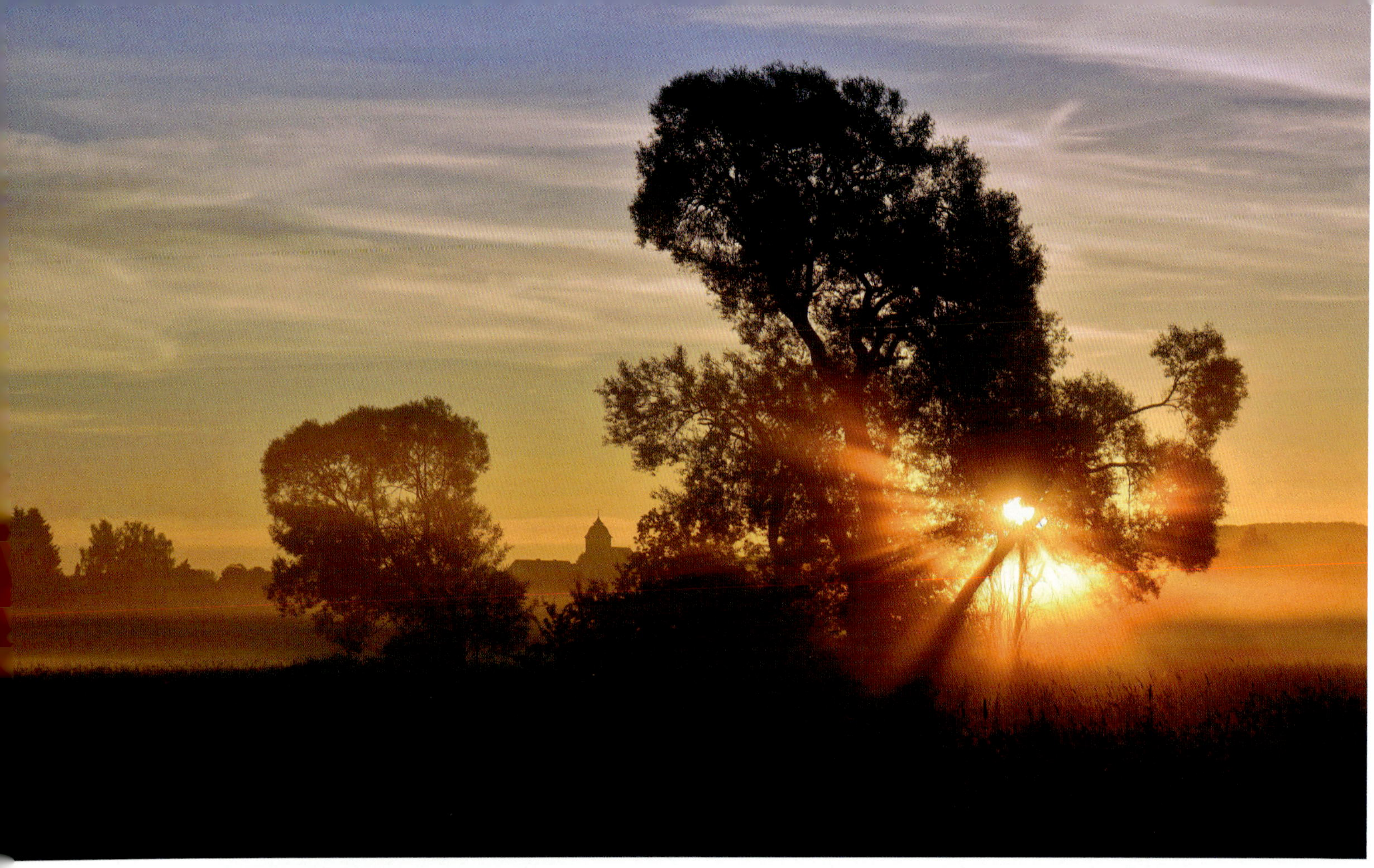

Am frühen Morgen über Niedergrenzebach.

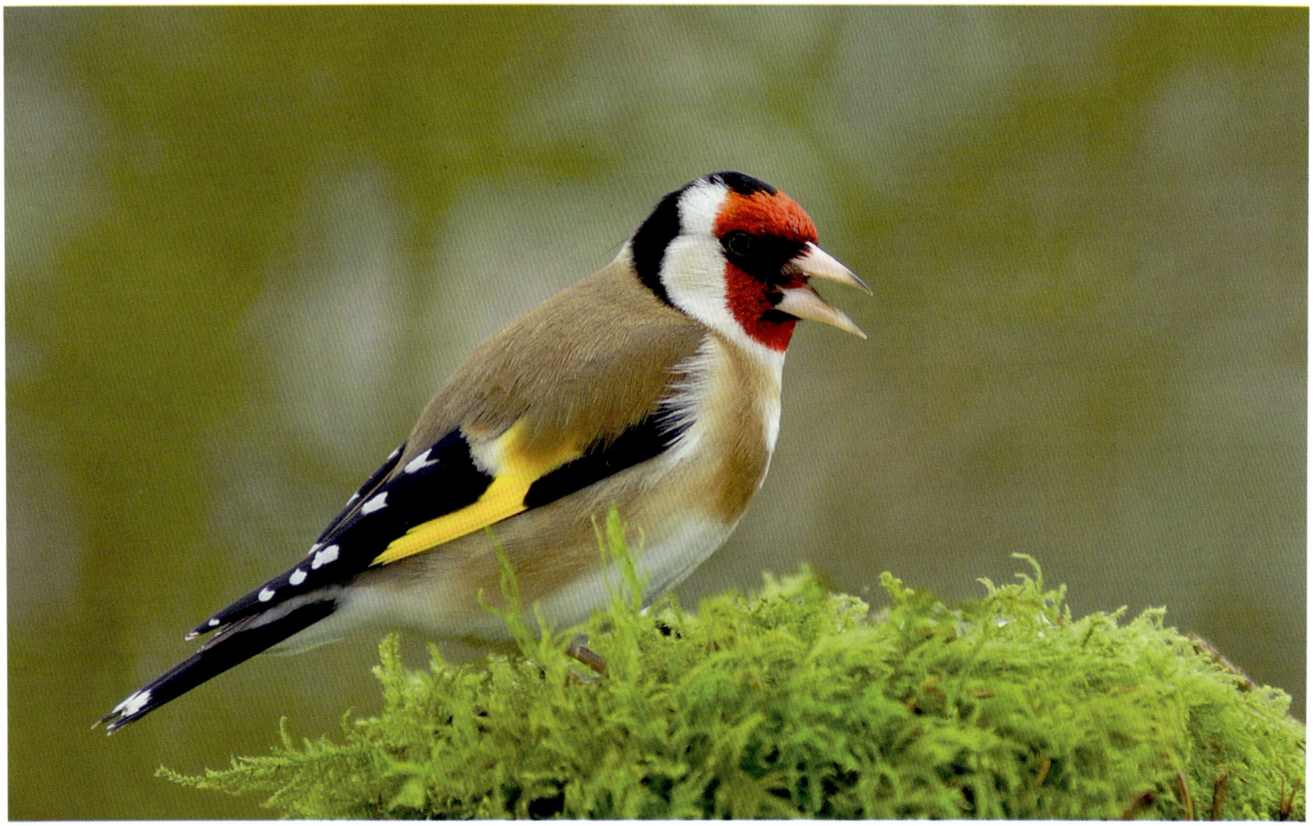

Einer der schönsten Singvögel die wir haben: der Stieglitz, auch Distelfink genannt.

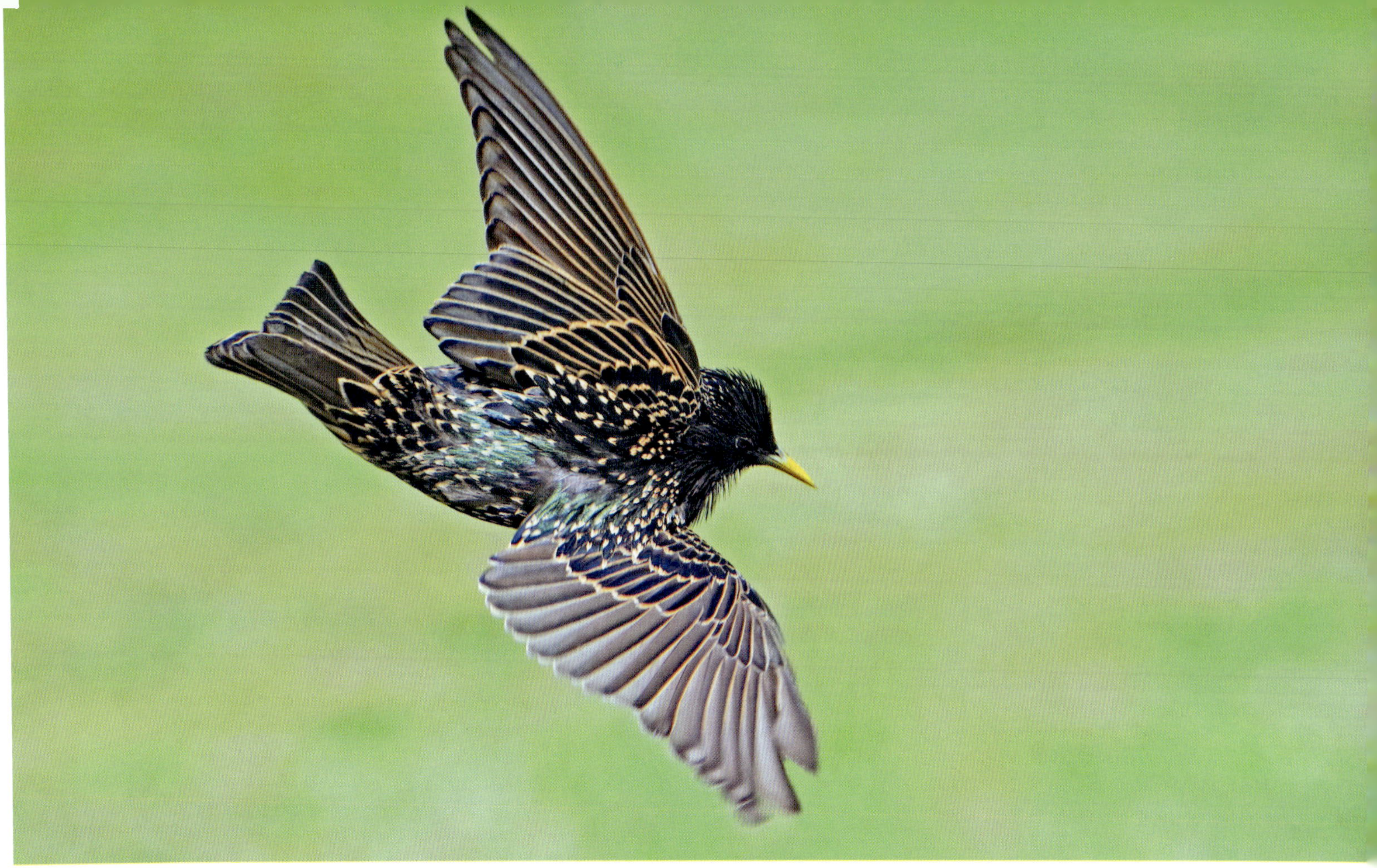

Männlicher Star bei einer Flugeinlage.

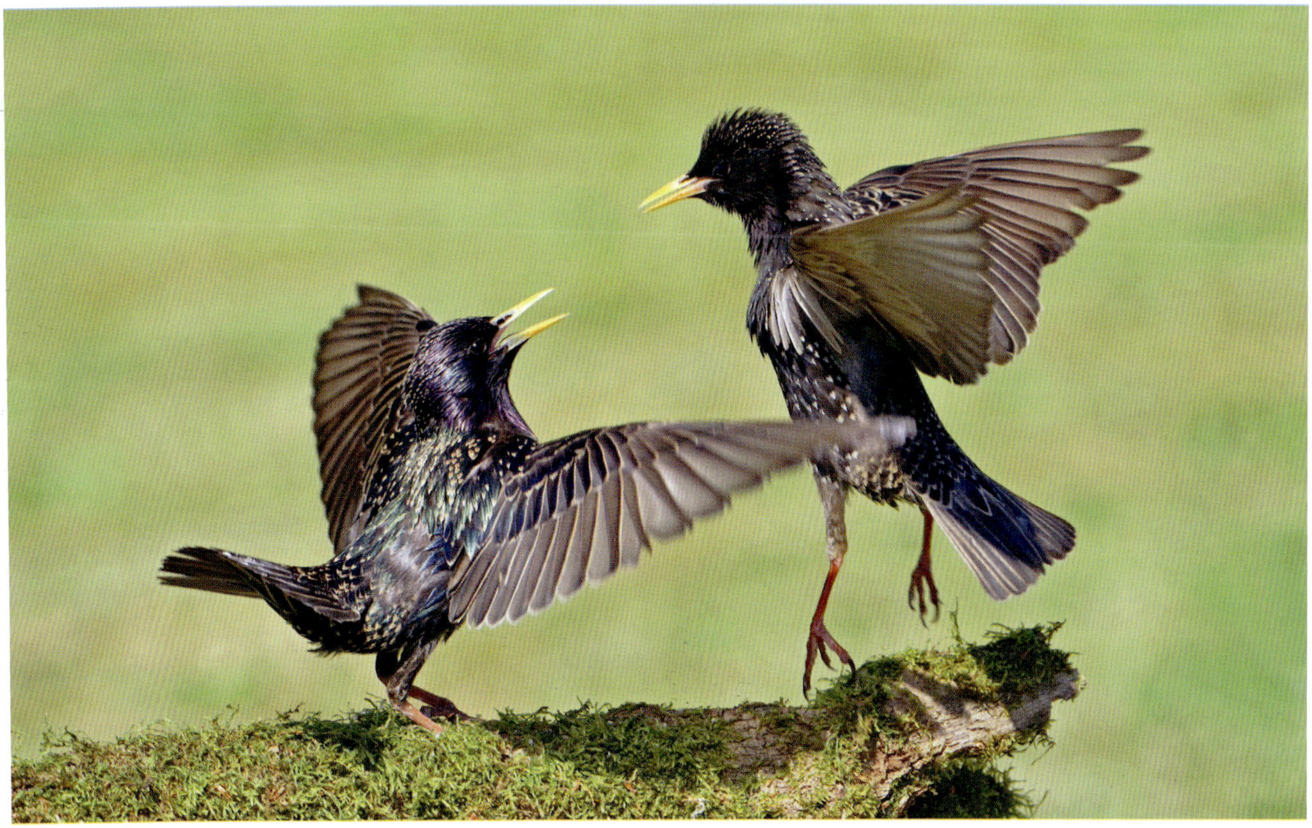

Tanz der Stare.

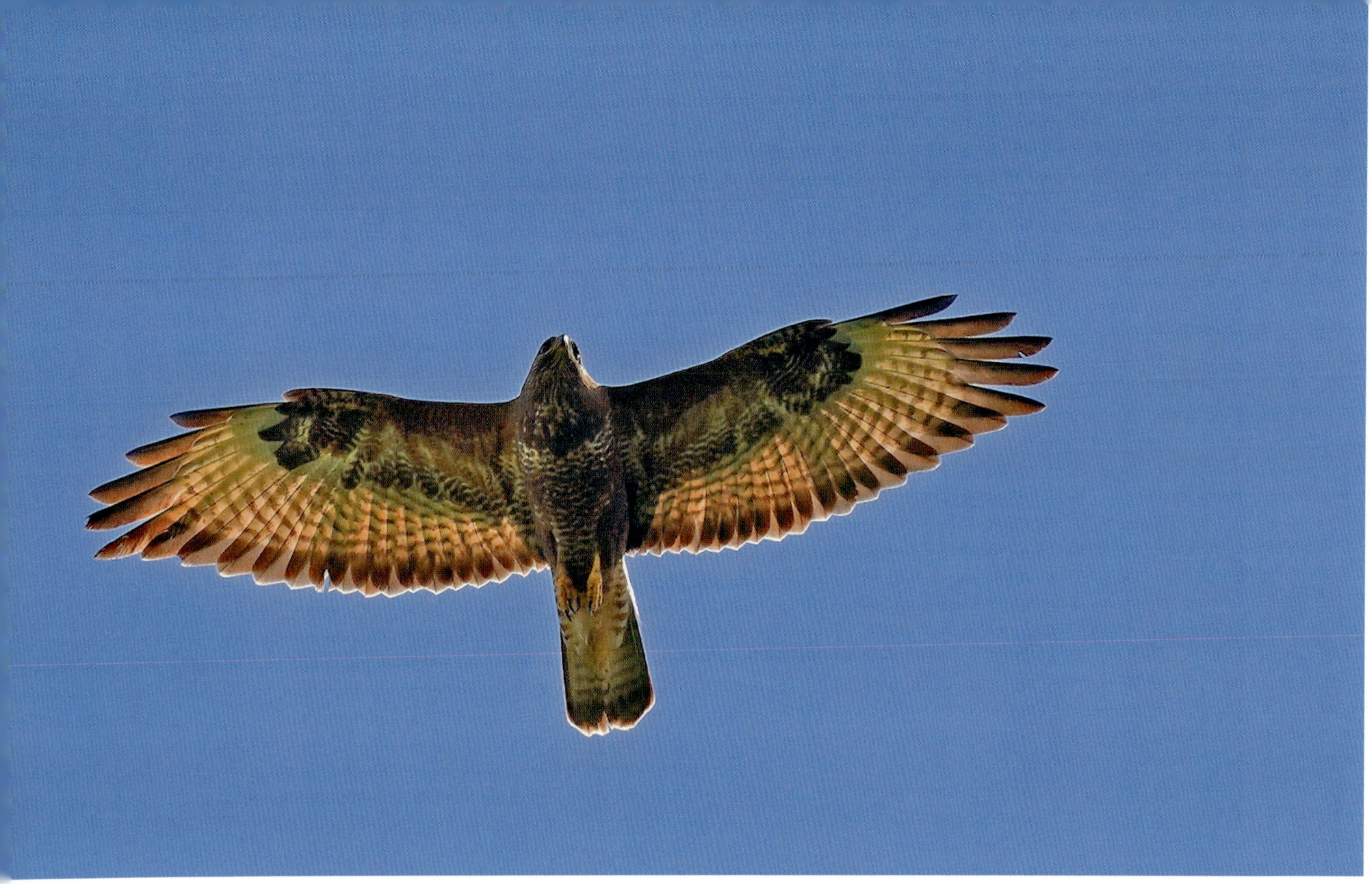

Erhaben seine Schwingen: Der Mäusebussard kreist über meinem Kopf.

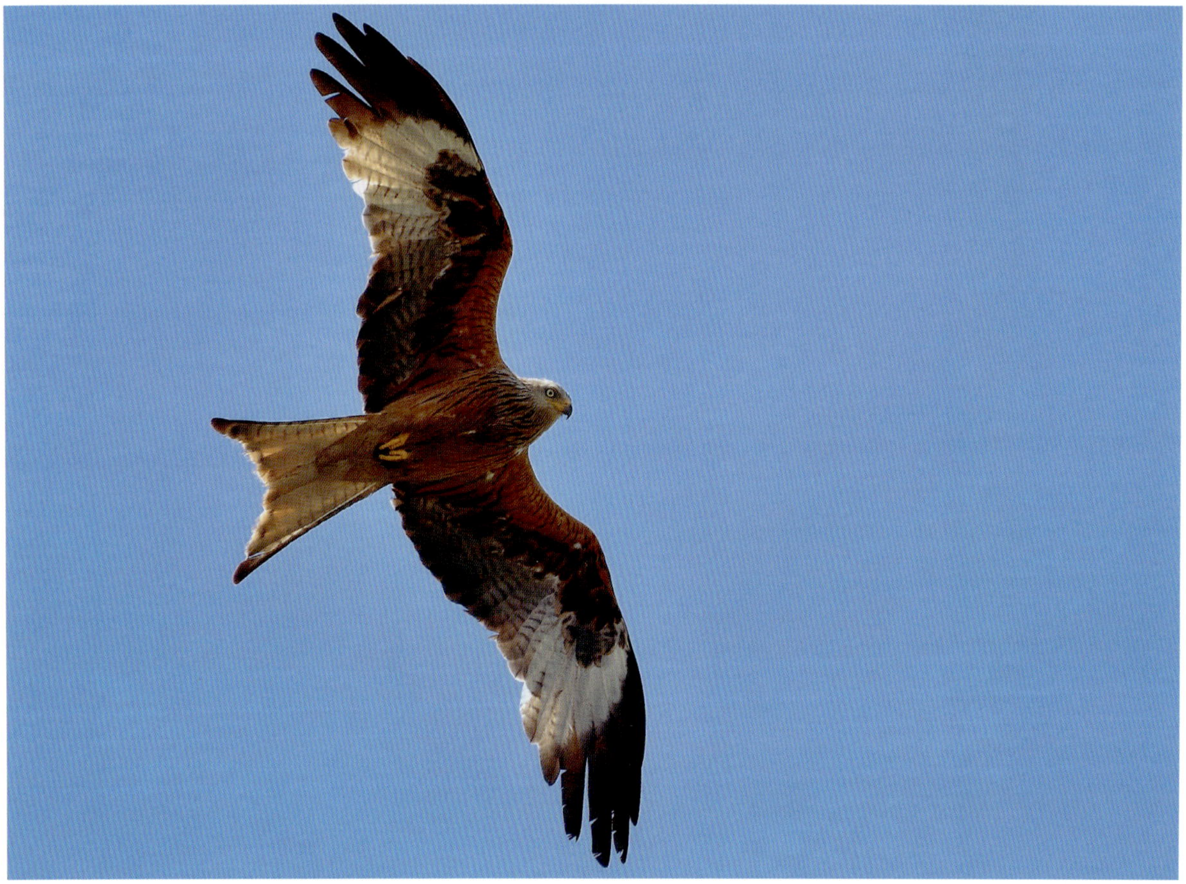

Auf Beutezug: der Rotmilan am Himmel.

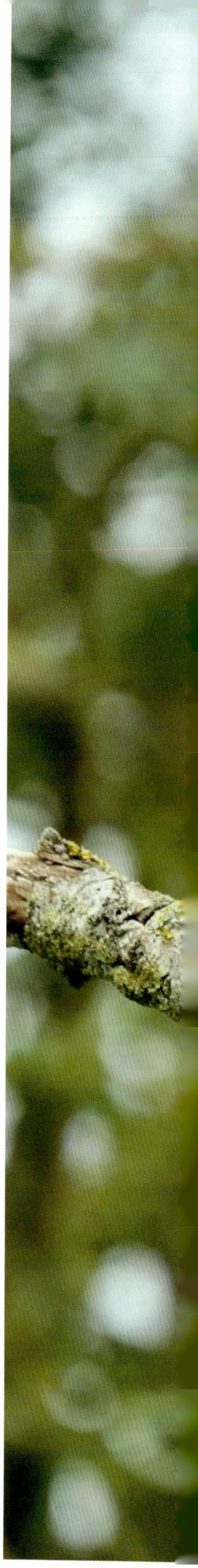

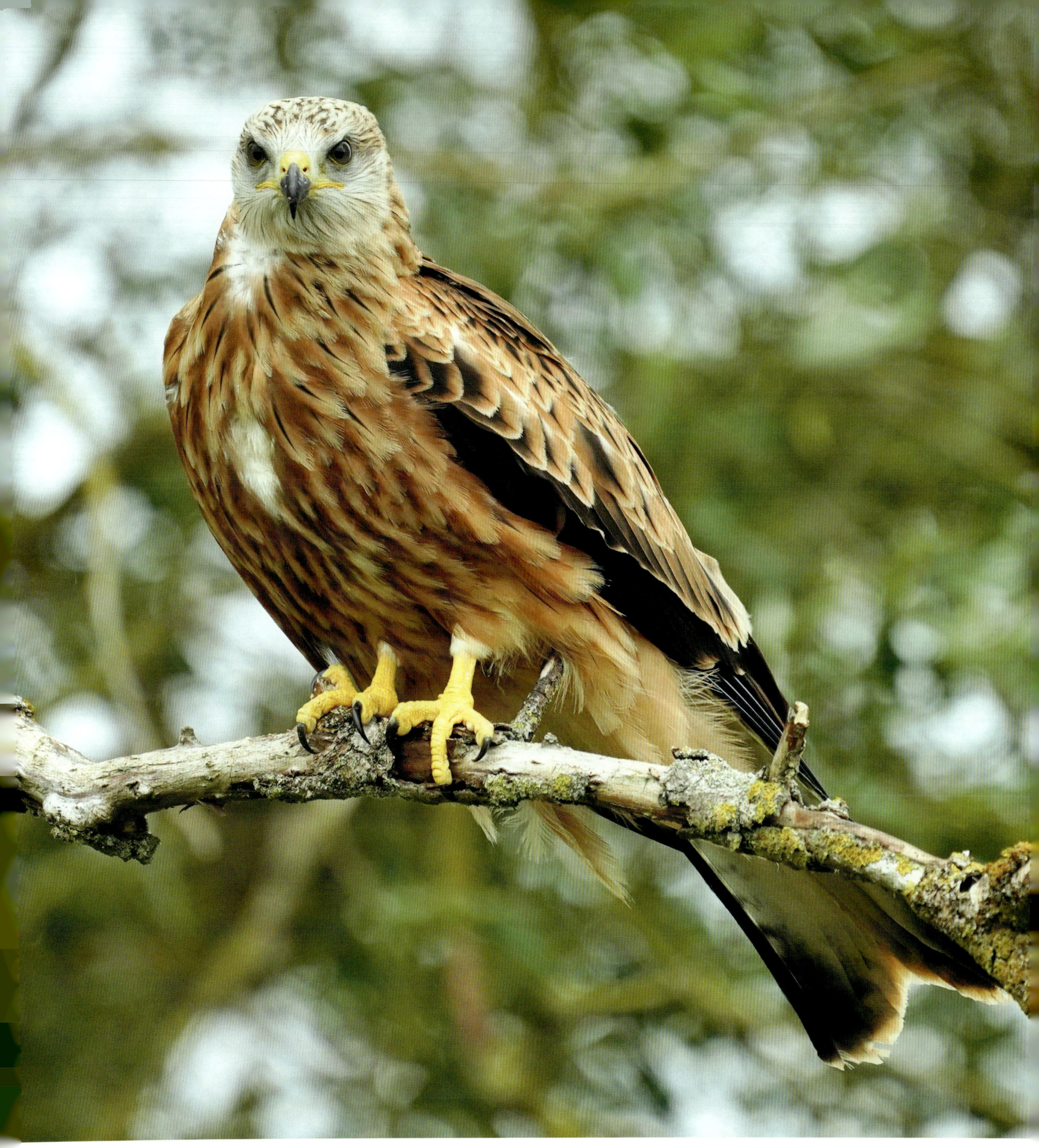

Stolz sitzt er dort auf dem Ast: ein junger Rotmilan in seiner ganzen Schönheit.

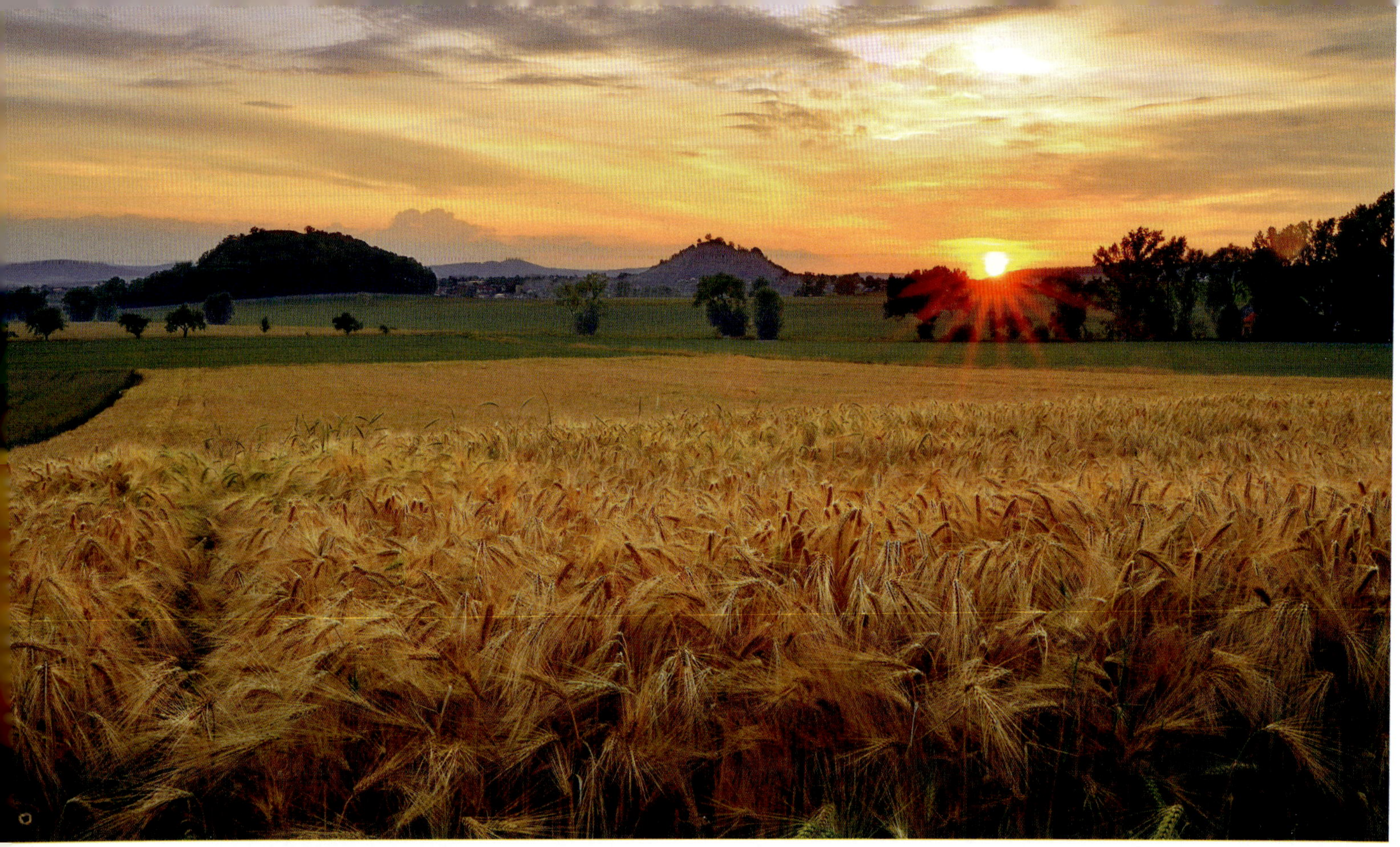

Unser täglich Brot . . .: am Abend bei Gudensberg.

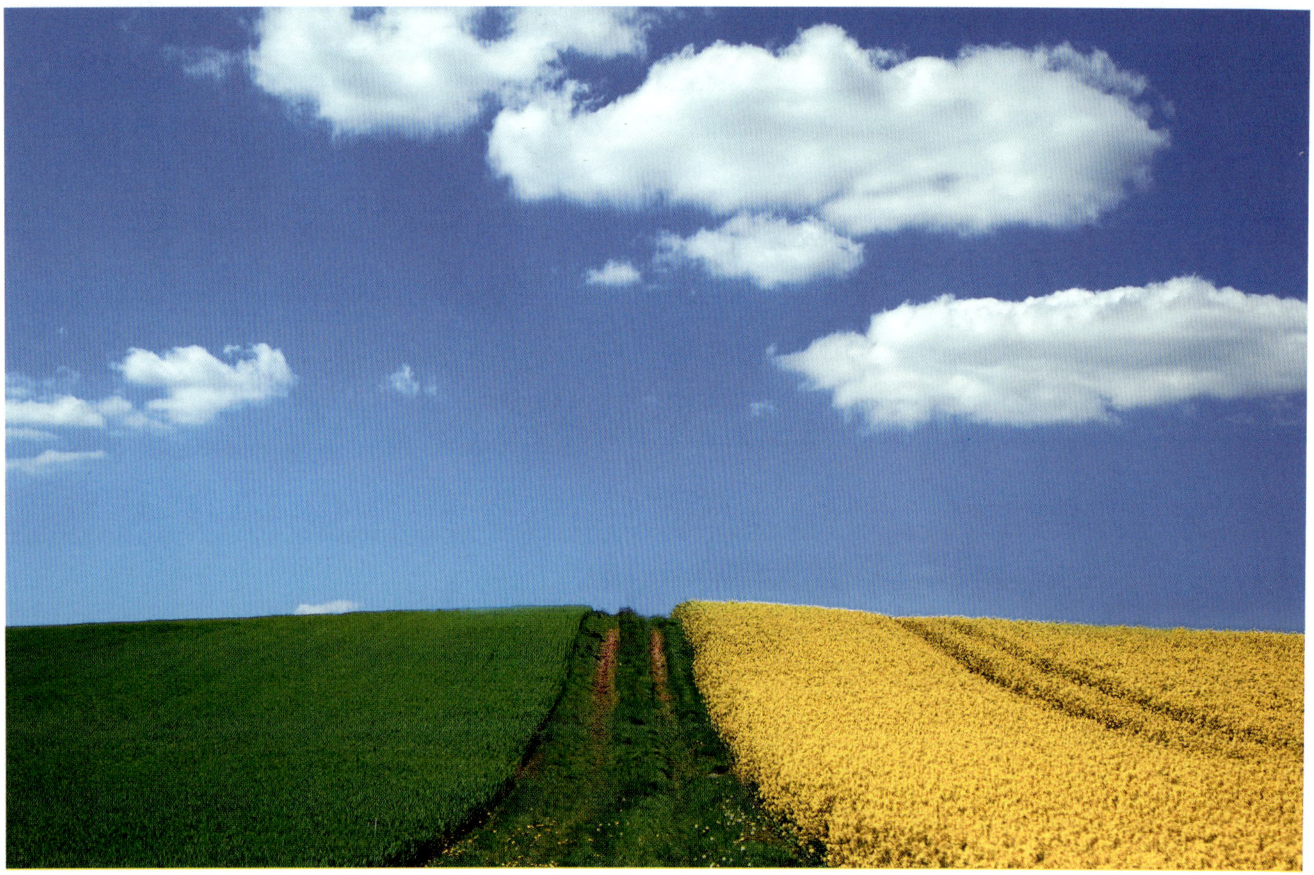

Die Farben des Frühlings wenn der Raps blüht.

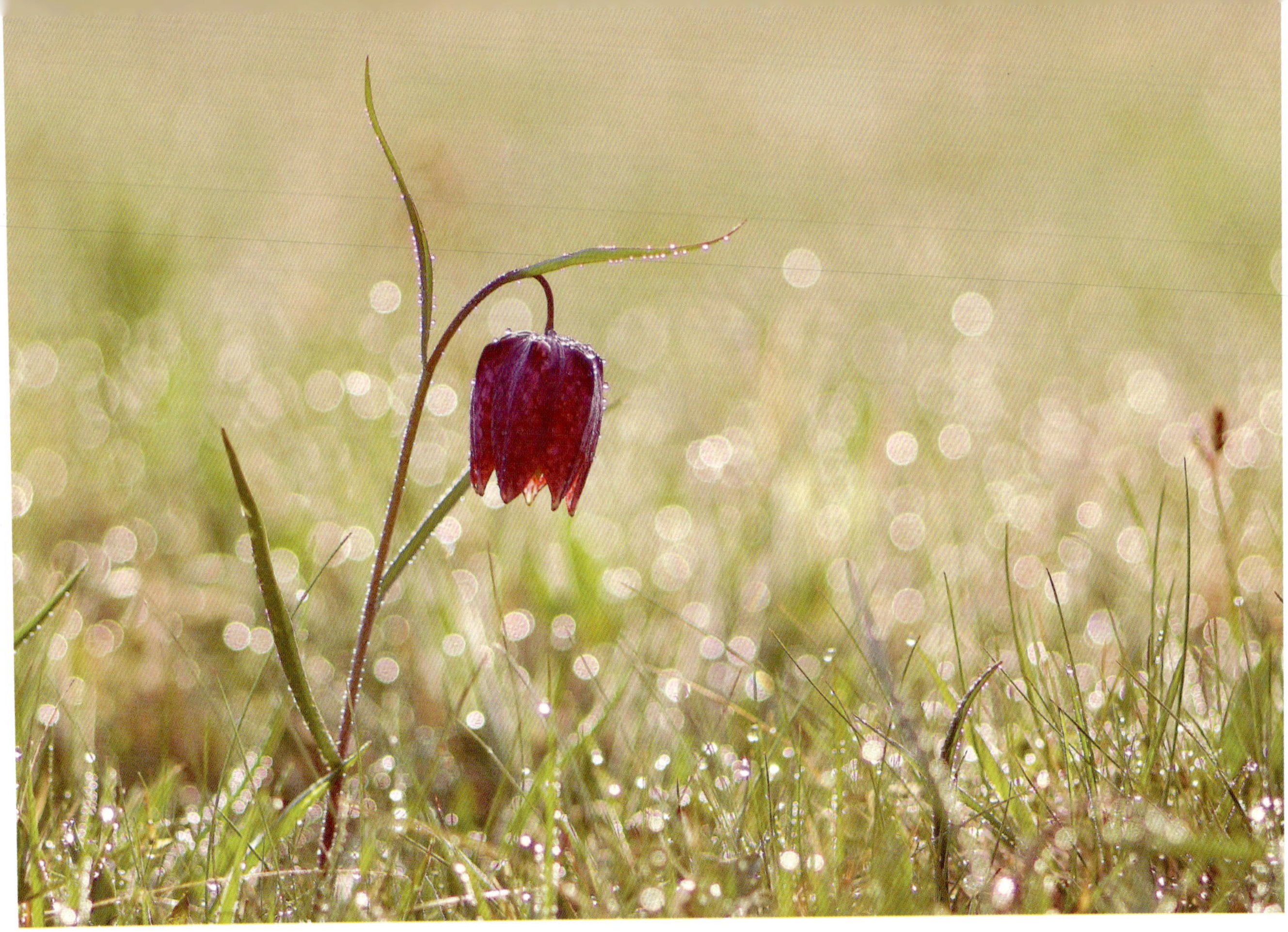

Gedeiht gut auf feuchten Wiesen: die Schachbrettblume.

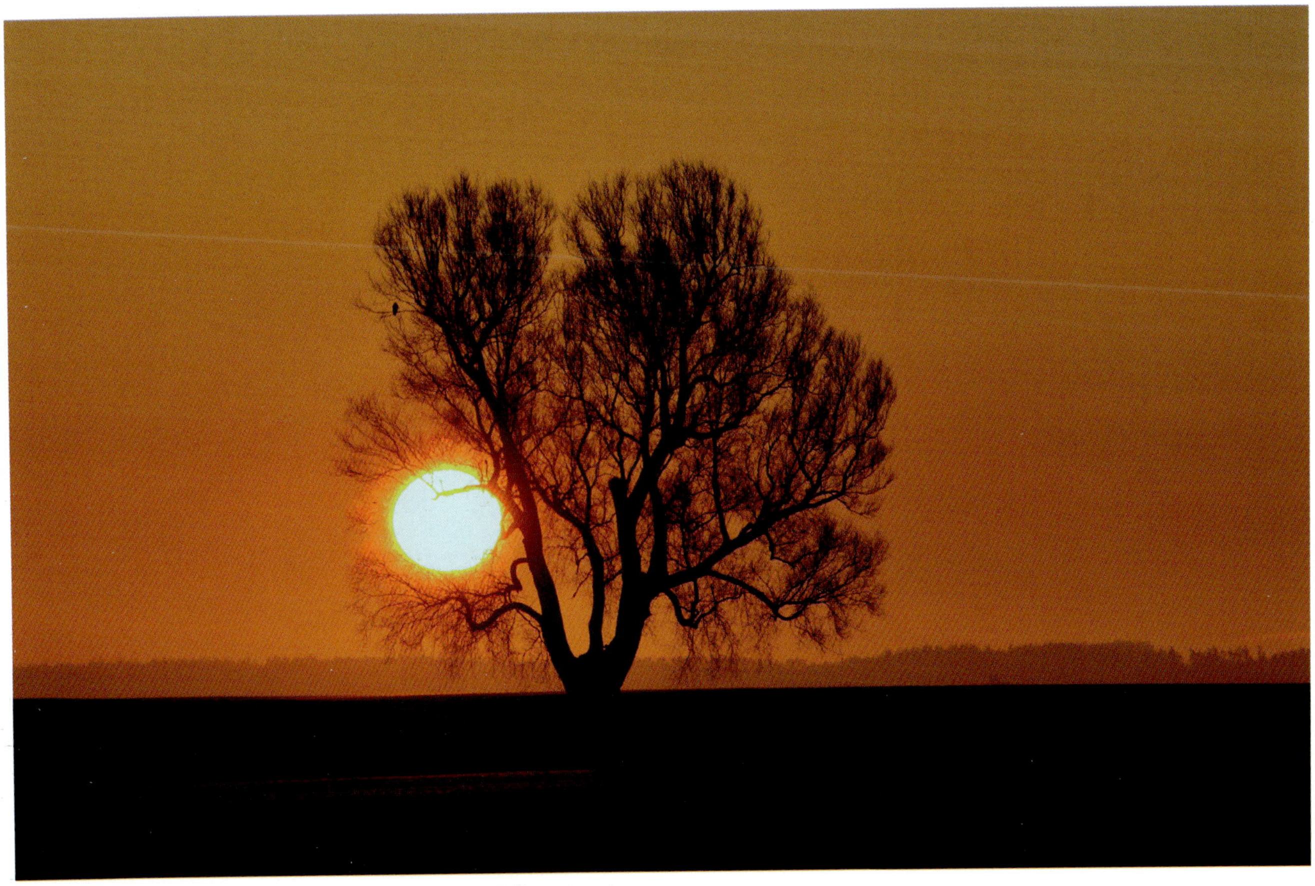

Was für eine Morgenstimmung zwischen Ransbach und Wasenberg!

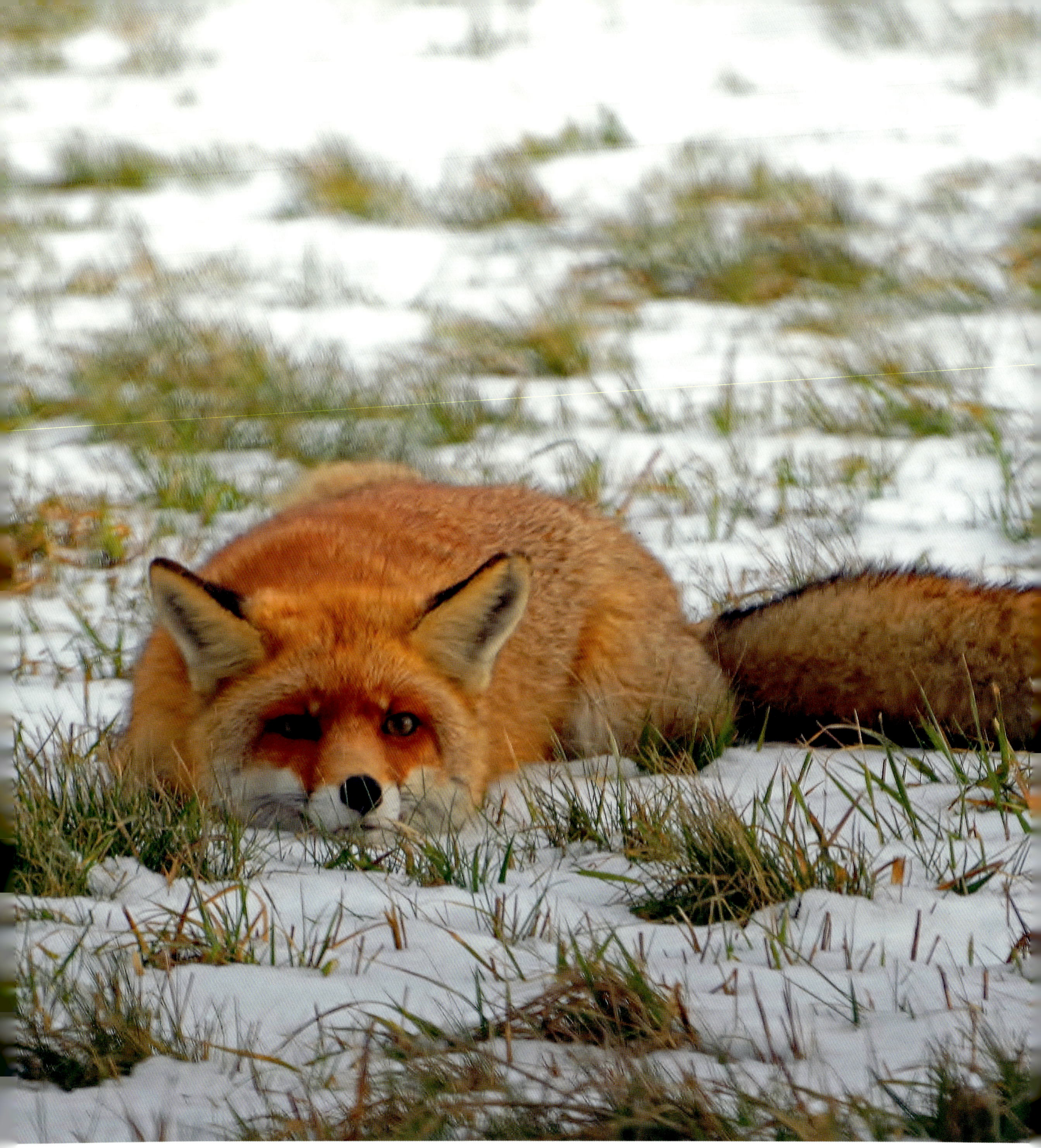

Ein Fuchs liegt direkt vor mir im Schnee.

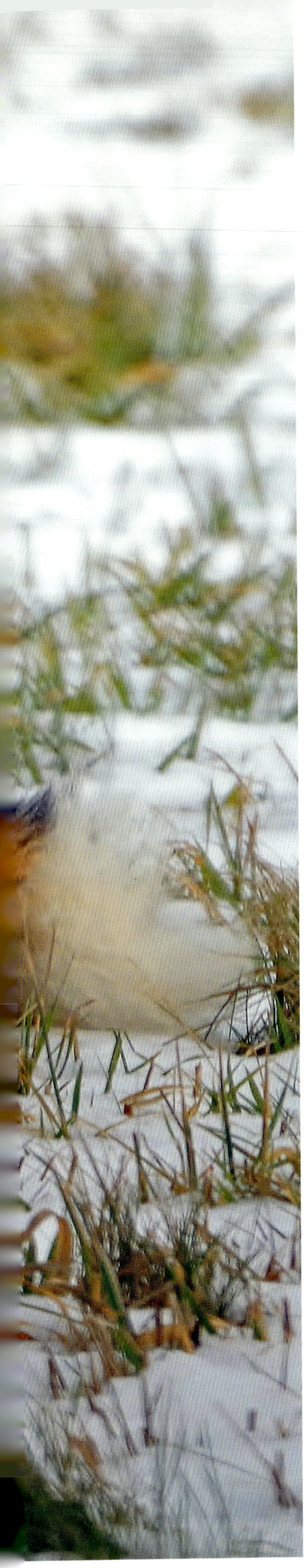

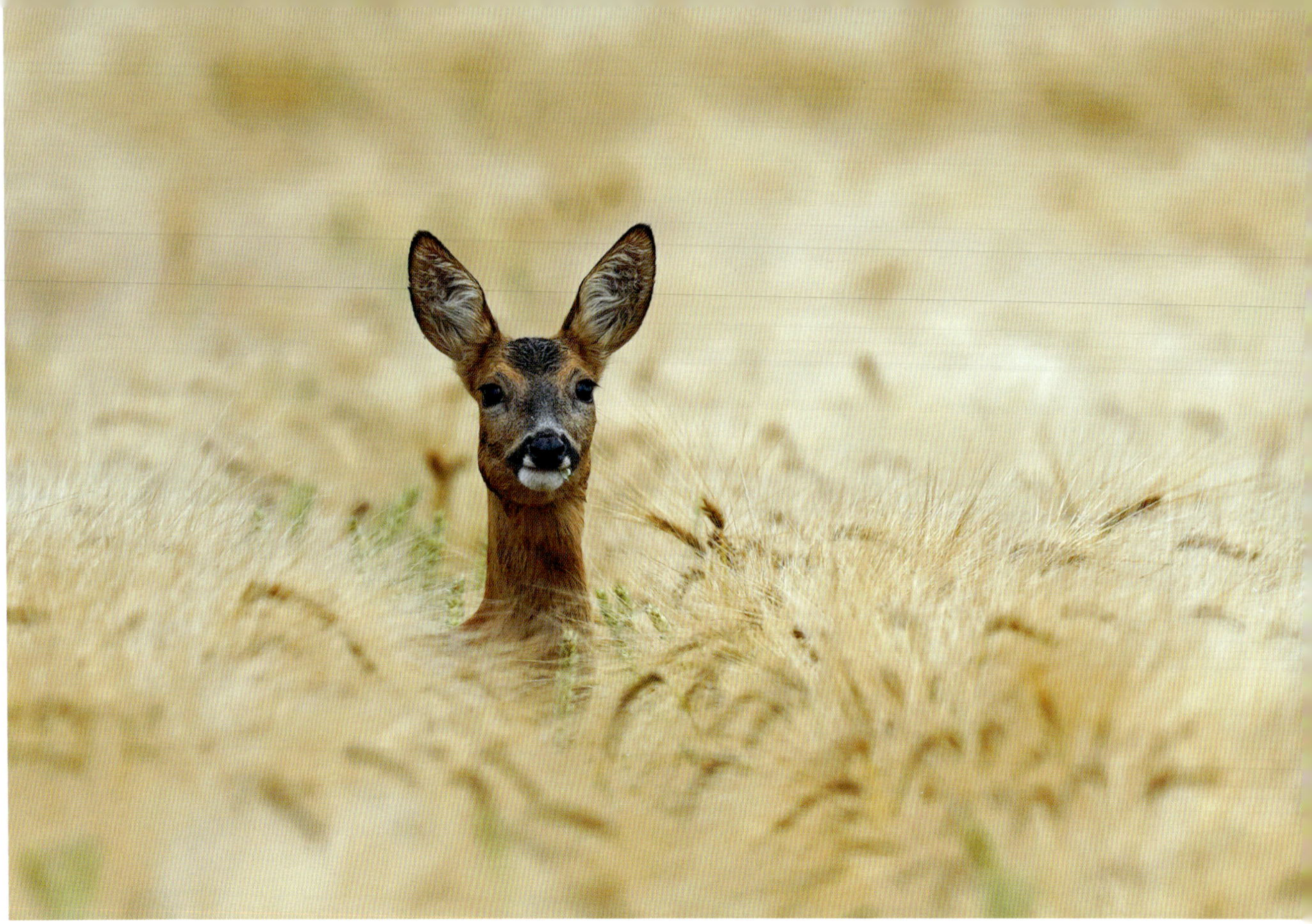

Sichtkontakt mit dem Reh im Getreidefeld.

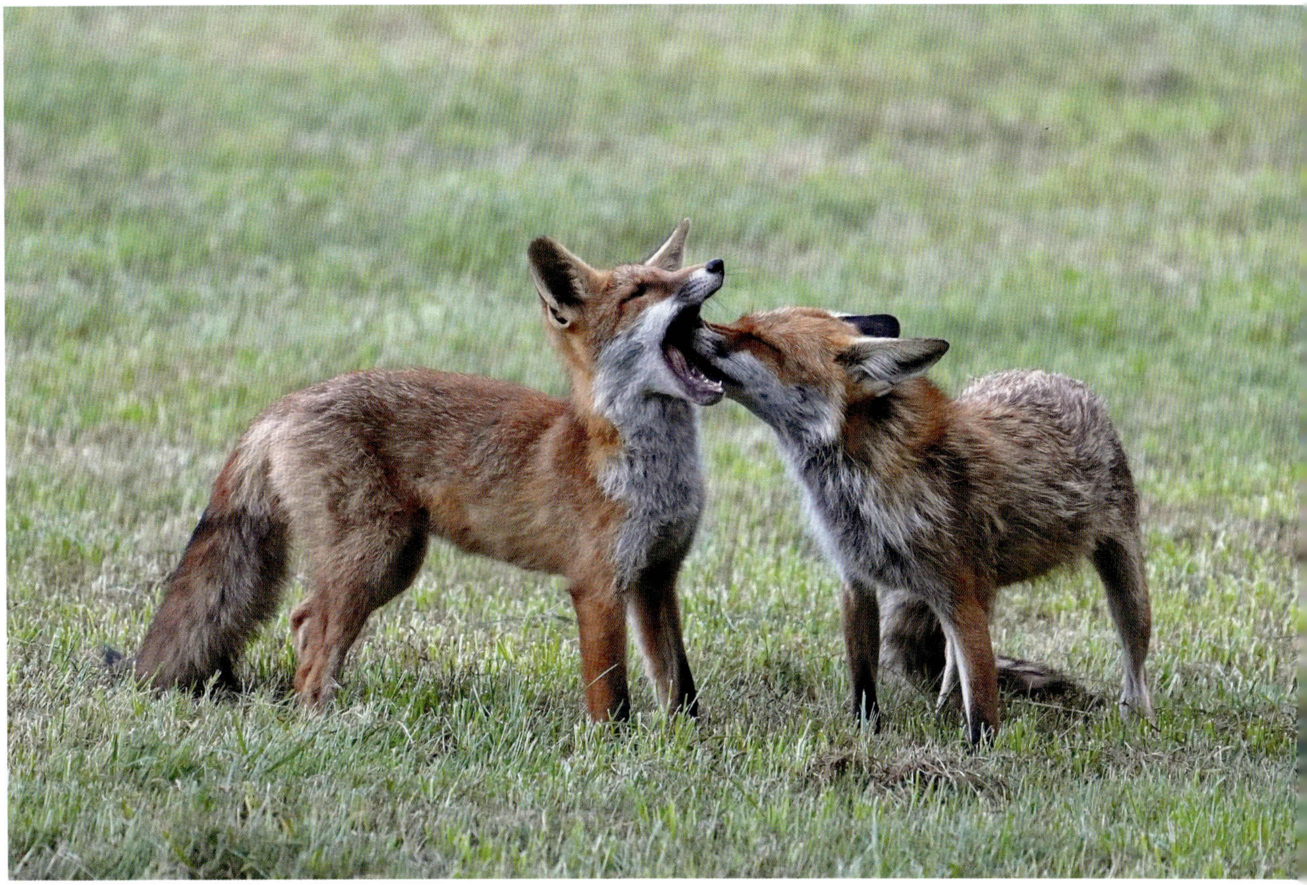

Zärtlich behandelt die Fähe ihr Junges.

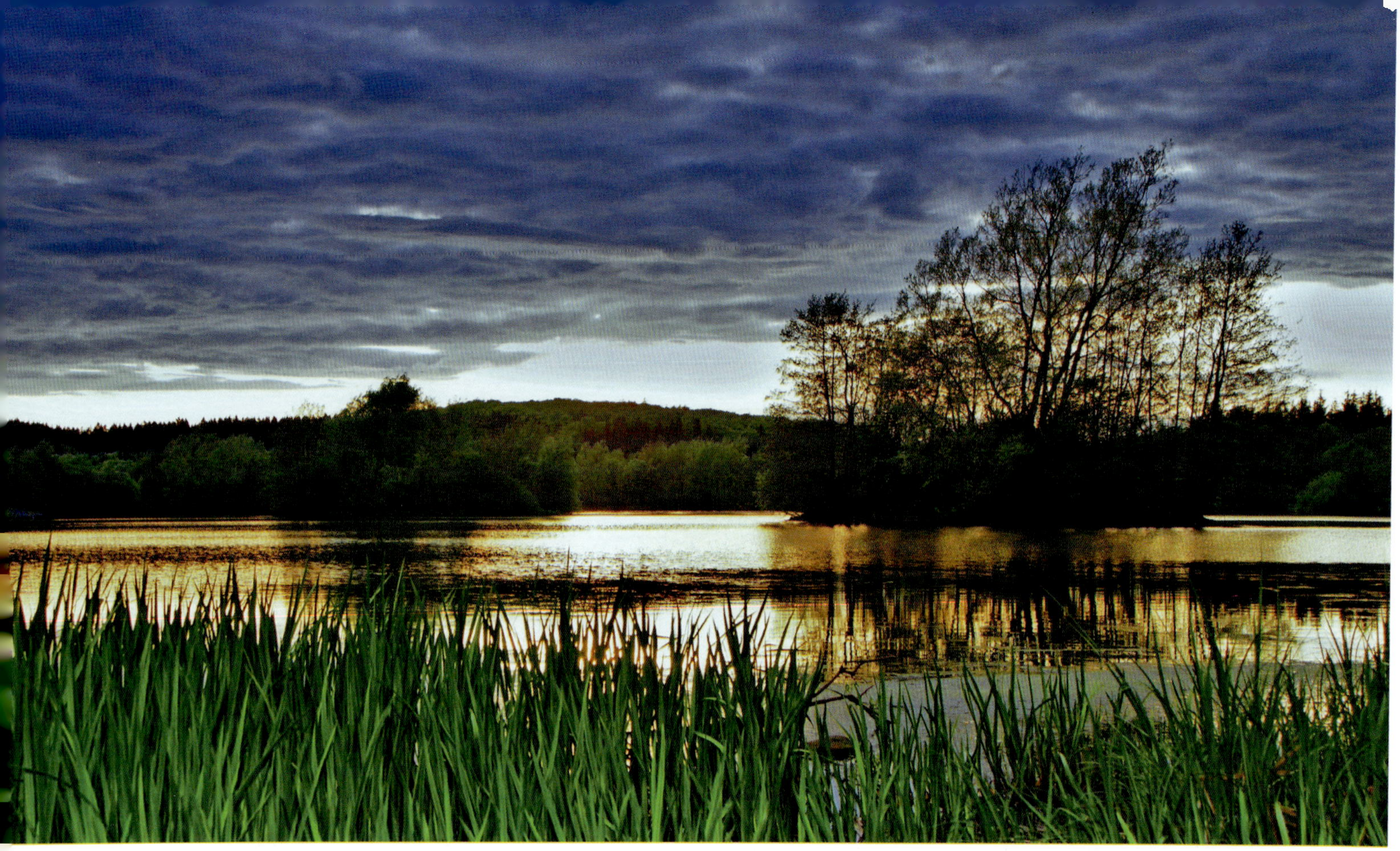

Grandiose Abendstimmung am Schwarzenbörner Teich.

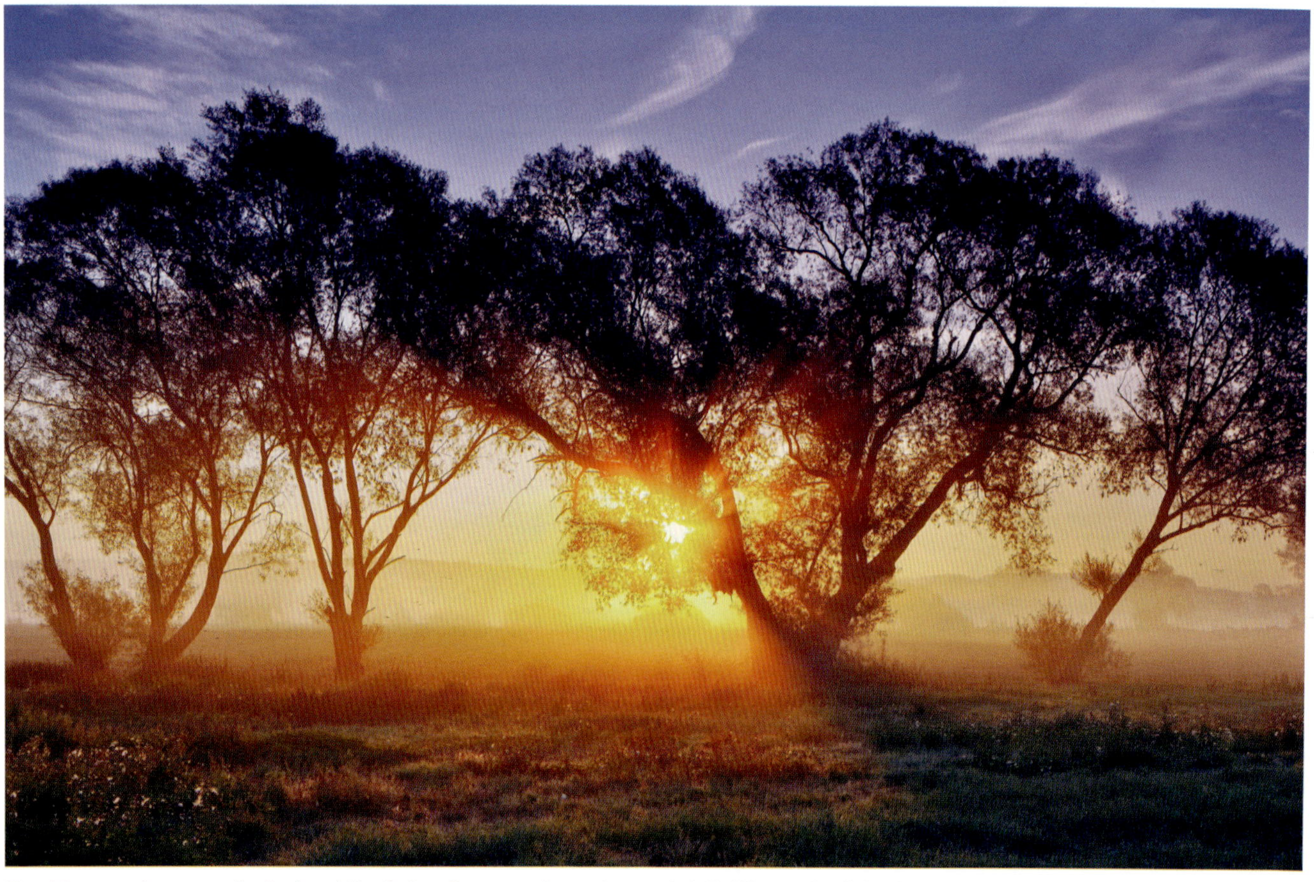

Man könnte meinen, man ist in der afrikanischen Savanne, aber nein, es sind die Wiesen der Schwalm während des Sonnenaufganges.

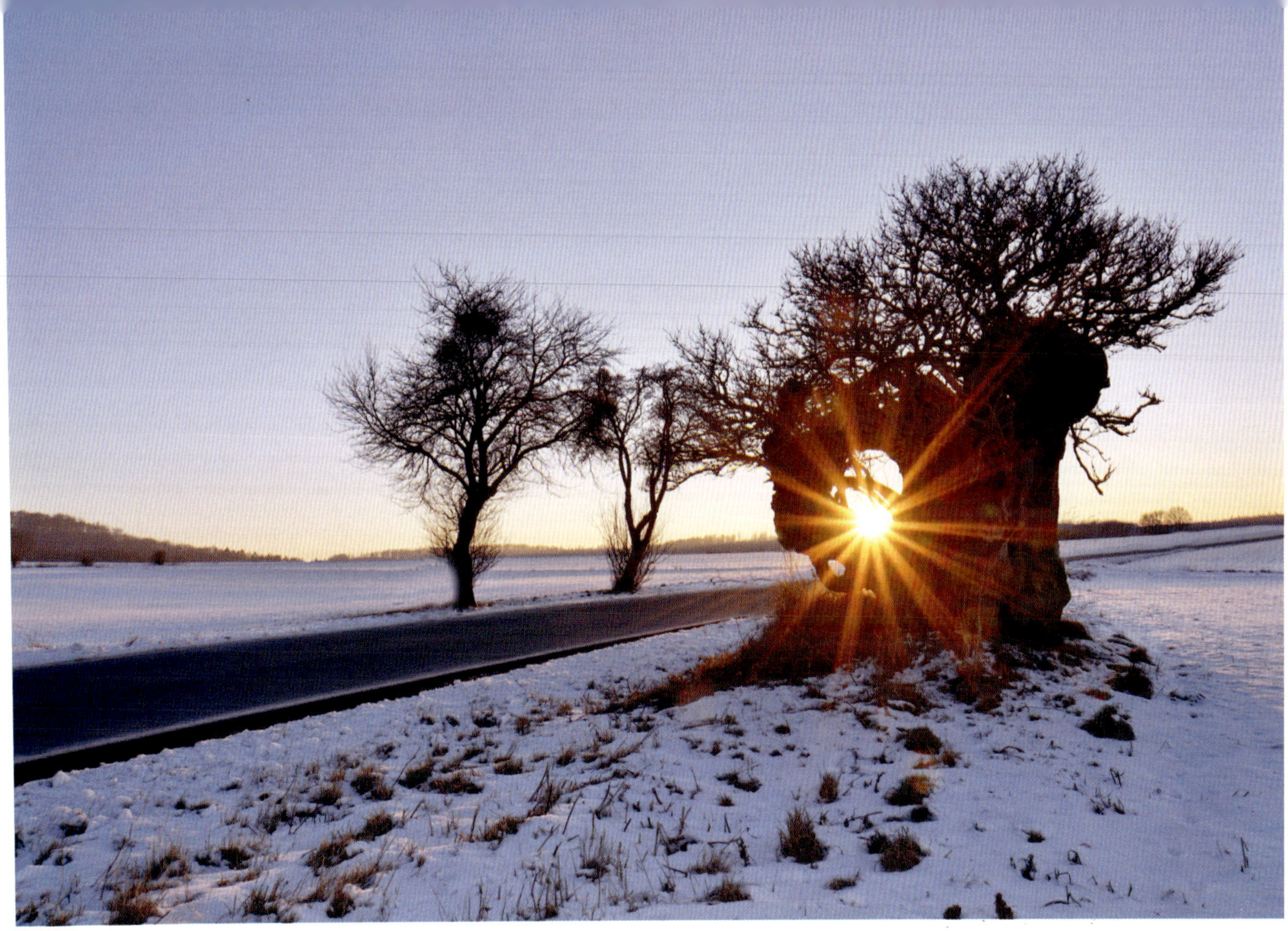

Uralter Baum bei Großropperhausen.

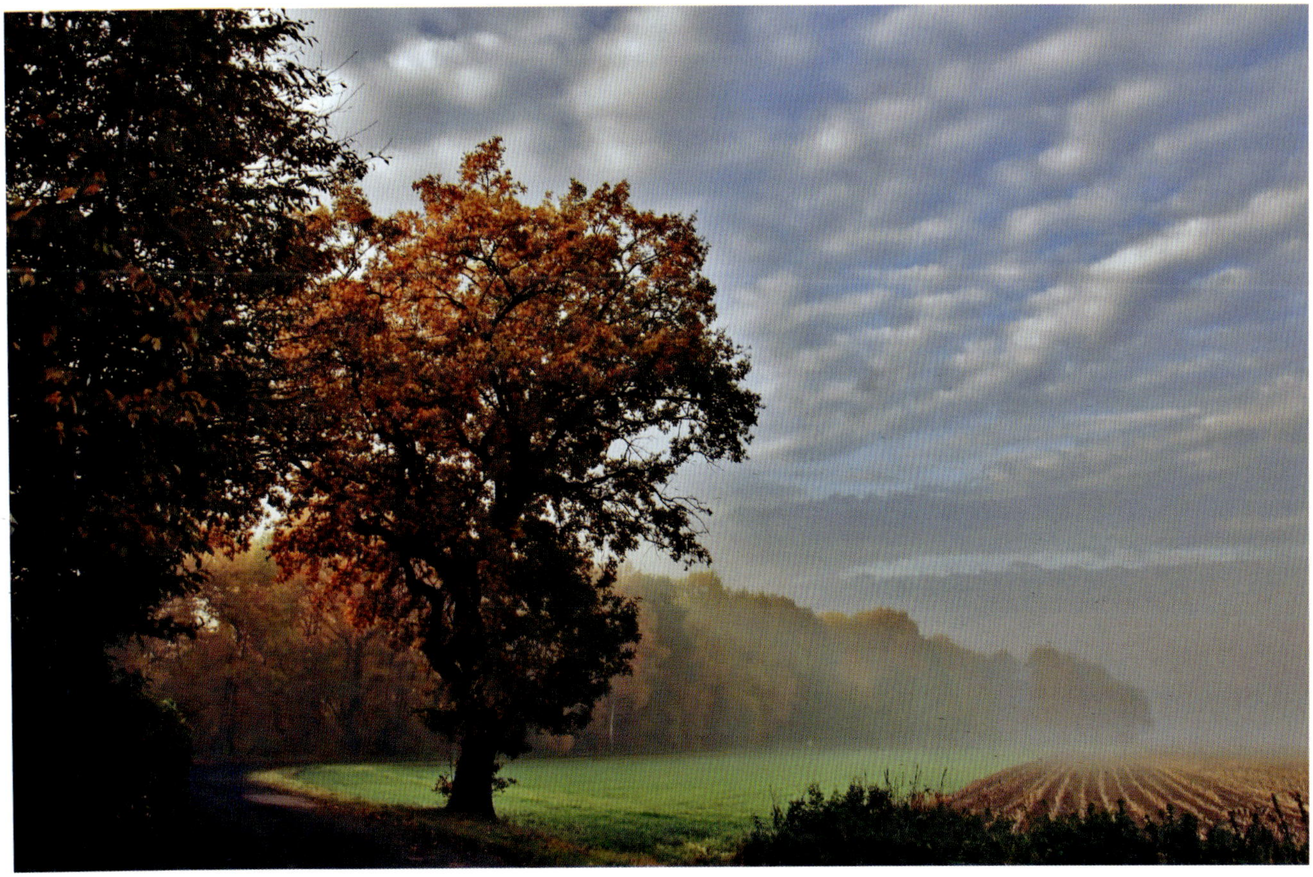

Malerische Landschaft bei Ziegenhain.

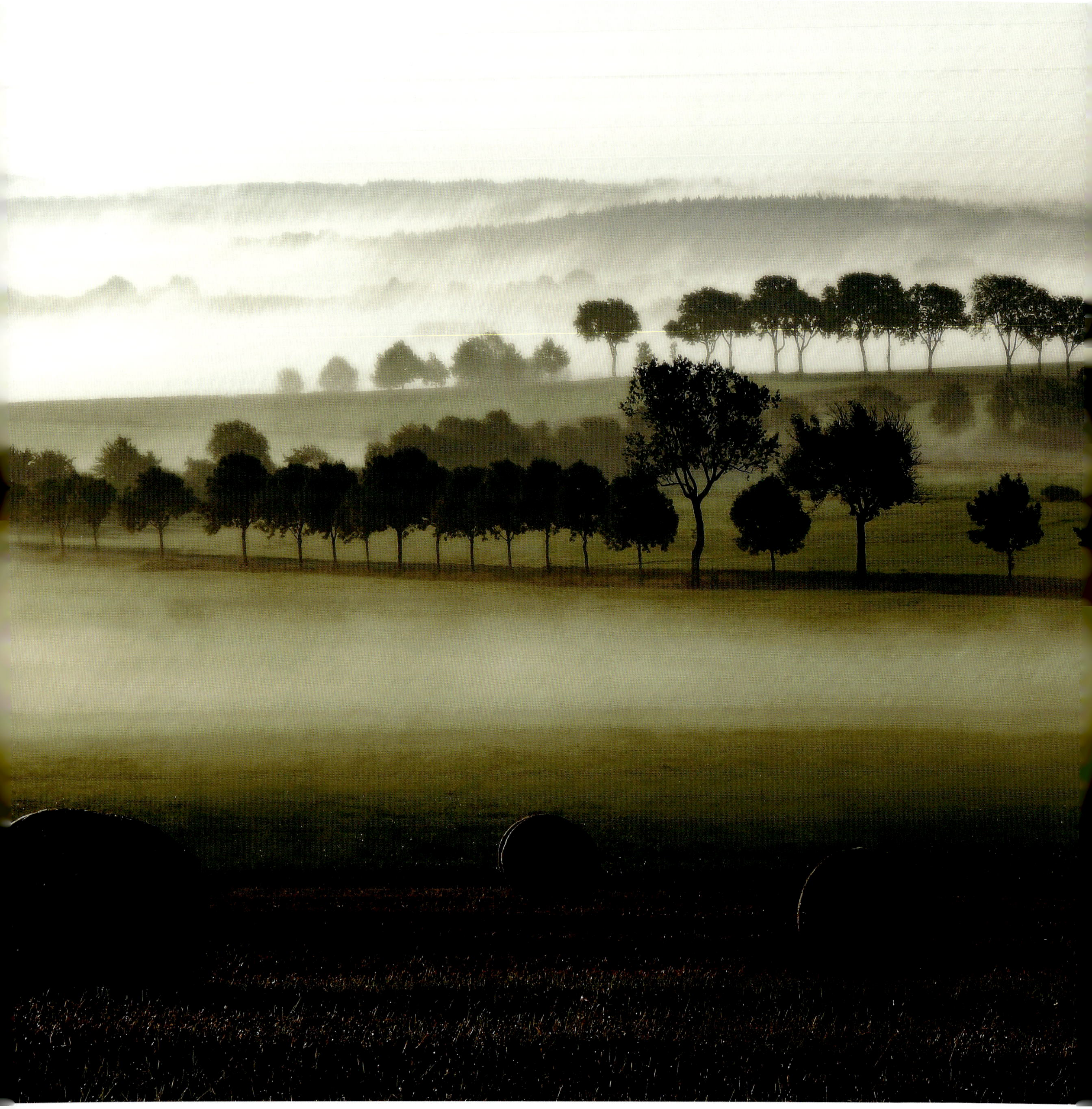

Nebelschwaden über dem Knüllwald und dem Kellerwald.

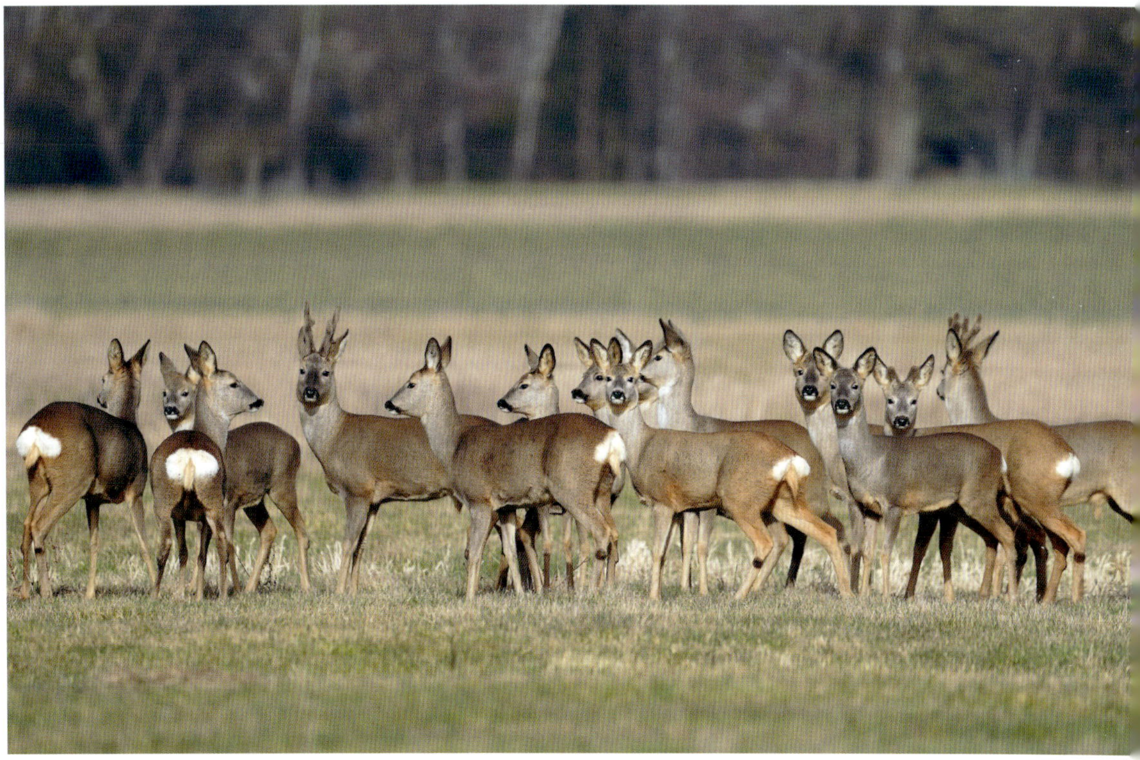

Ein Sprung Rehe zwischen Loshausen und Steina. Vom Winter zum Frühling hin ist es in der Feldflur üblich, dass sich Rehe in so große Gruppen (Sprung) zusammenstellen. Später dann gehen sie wieder in einzelne Gruppen auseinander.

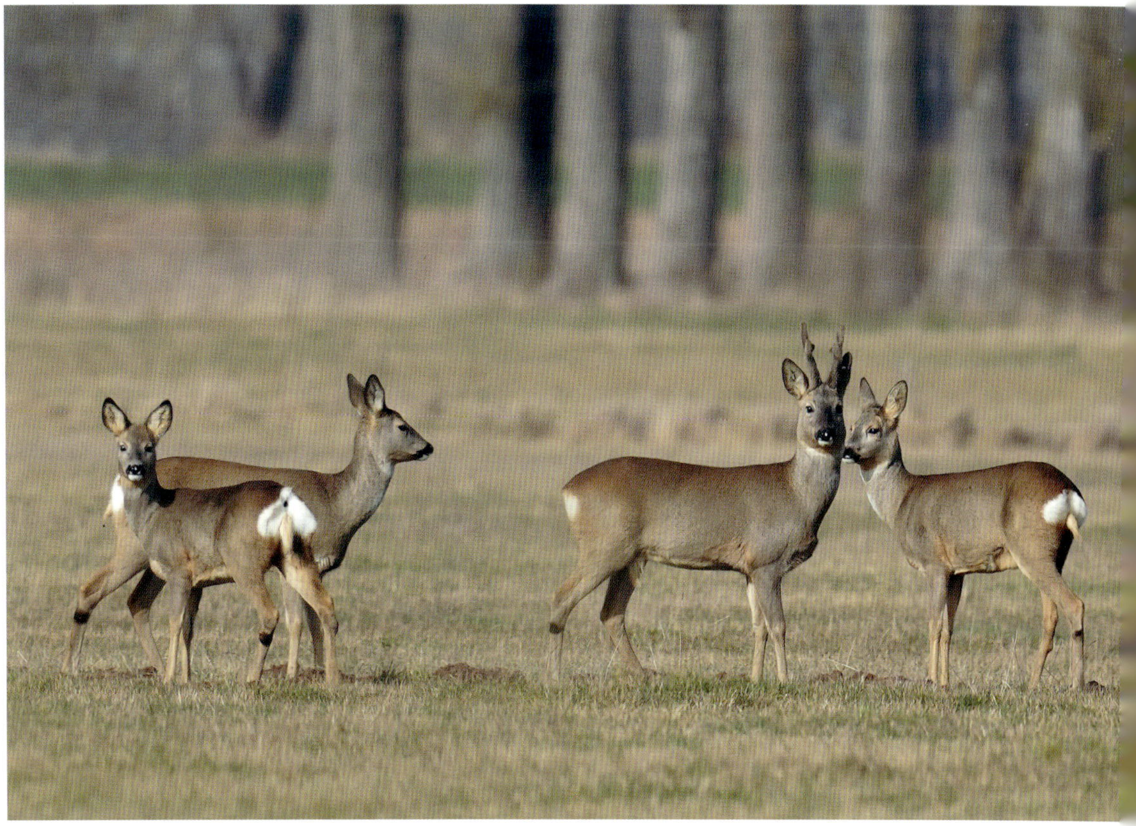

Der Bock mit seinem Harem.

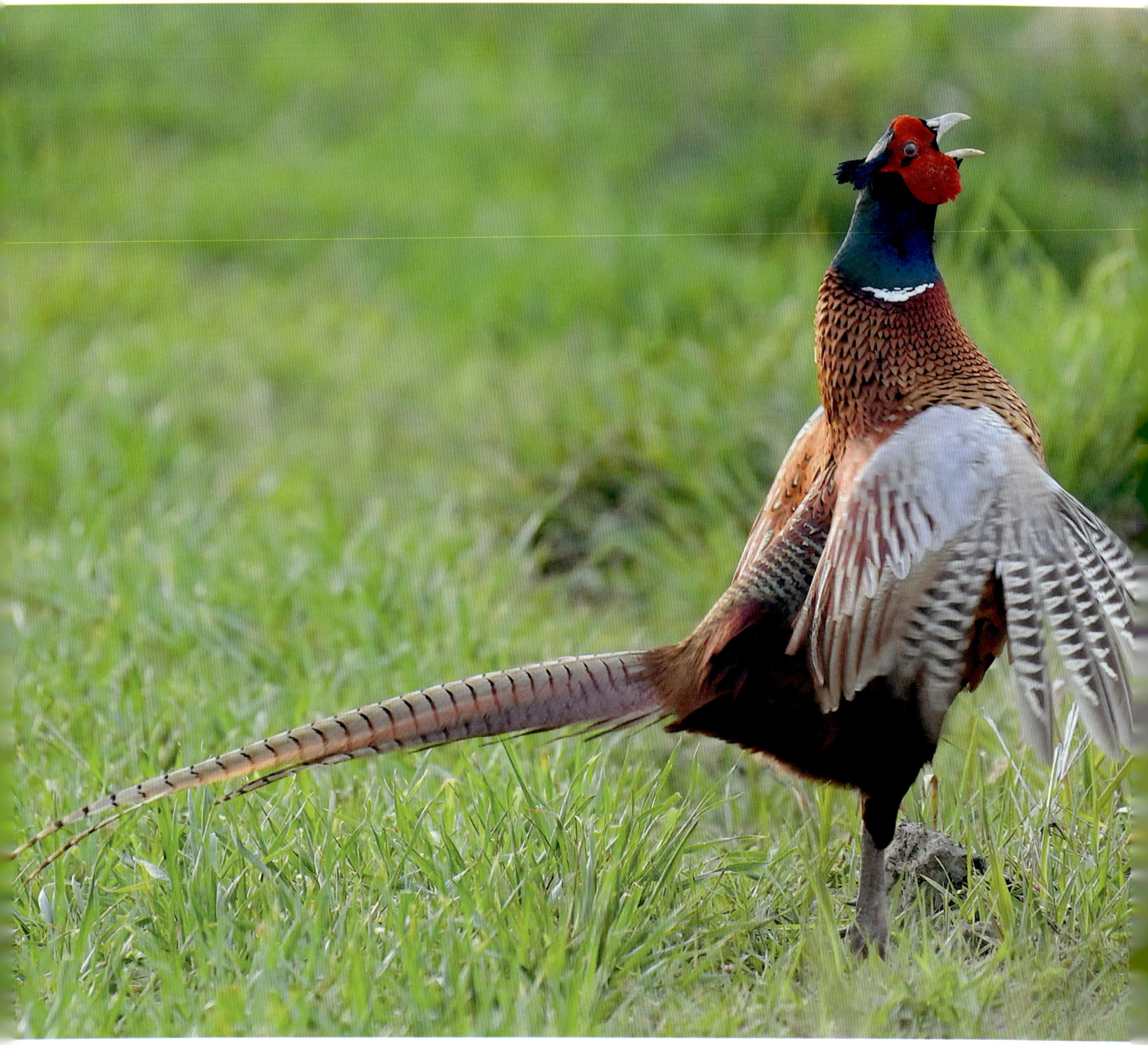

Balzender Fasan, ...

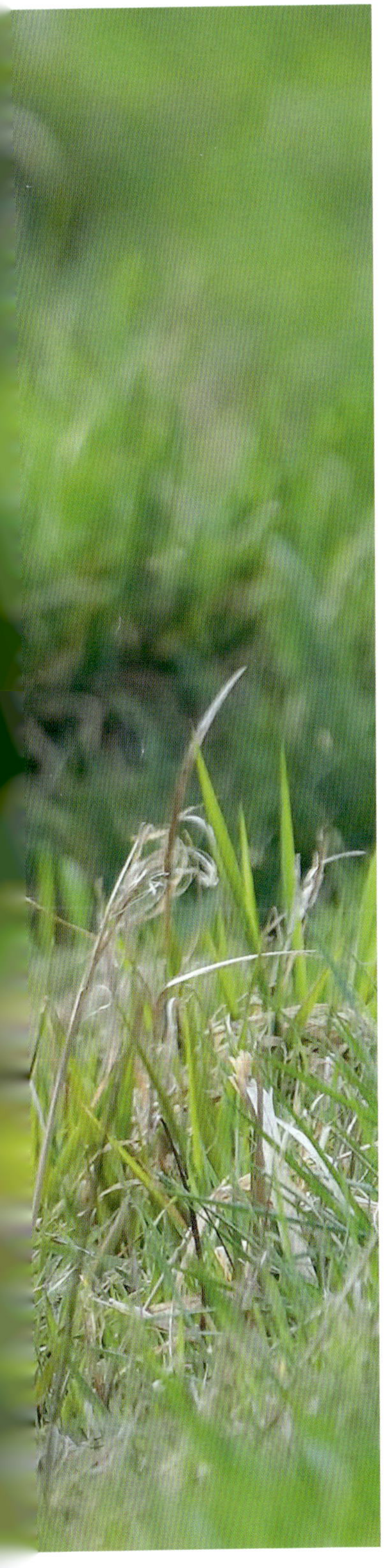

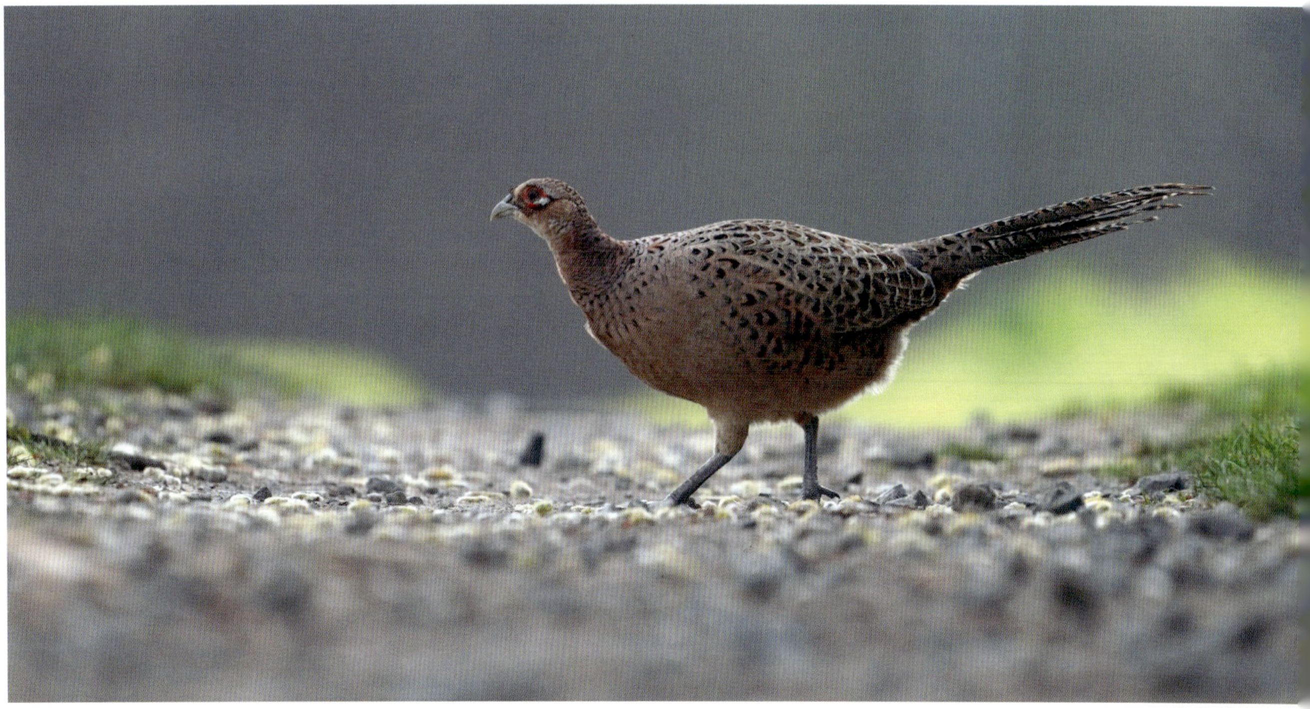

... kein Wunder, wenn in der Nähe die Henne steht.

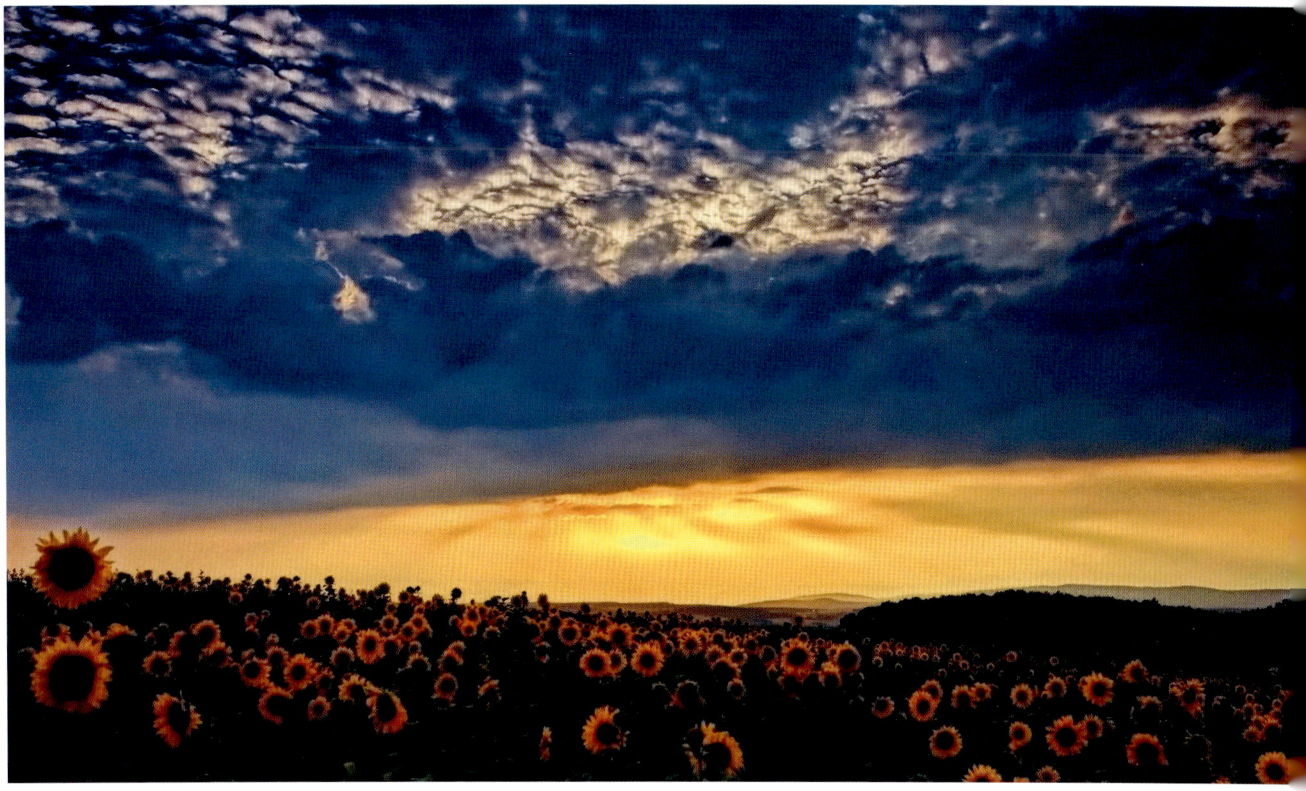

Tiefe und dunkle Wolken über dem Land.

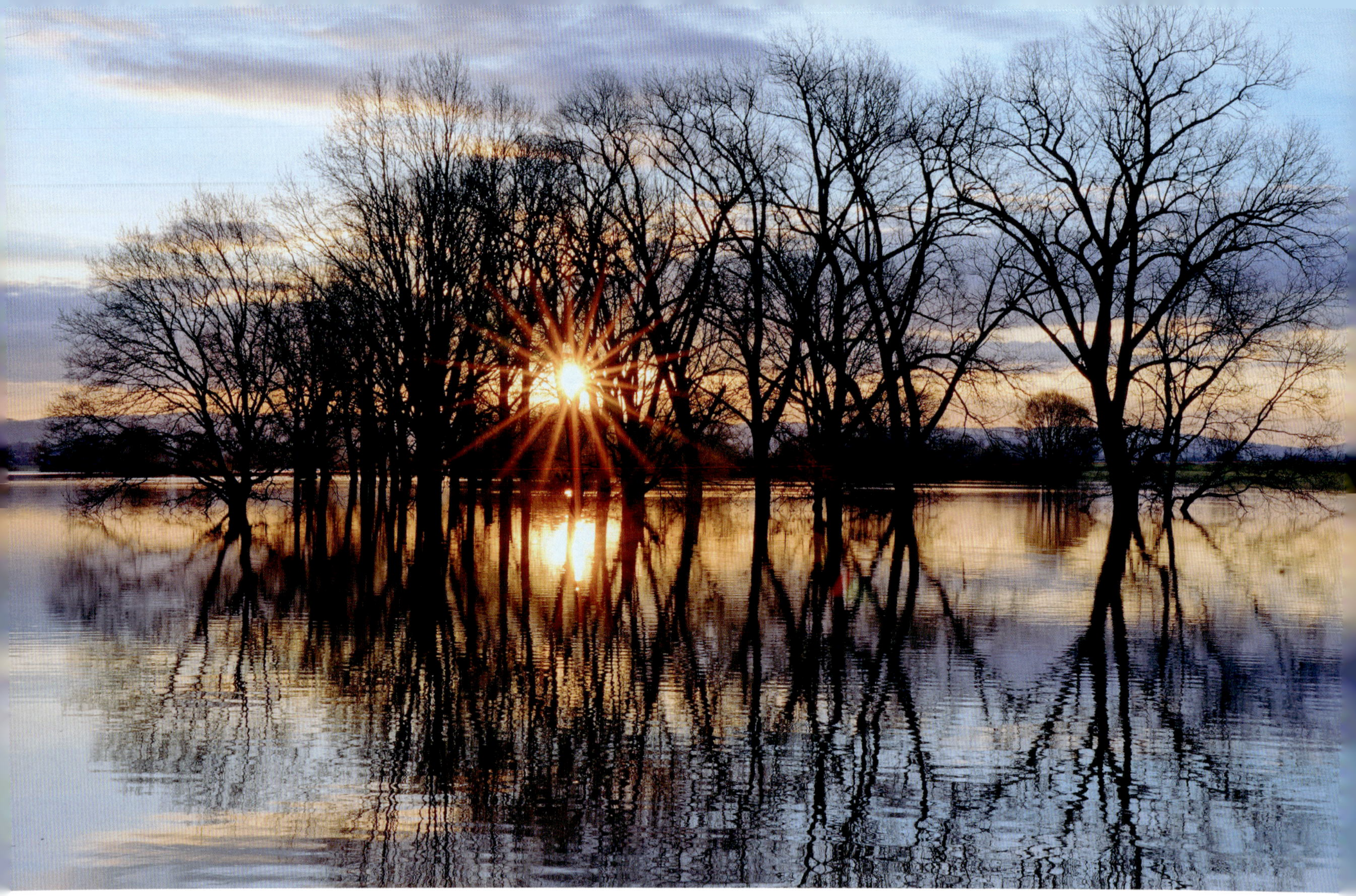

Wenn die Schwalmwiesen durch Hochwasser überflutet sind, spiegeln sich die Bäume im Wasser.

Rund um unsere heimatlichen Gewässer

Die Gewässer sind ein Lebensraum, zu dem wir Menschen uns seit ewigen Zeiten hingezogen fühlen. Nicht nur, weil wir von dort einen Teil unserer Nahrung beziehen, sondern auch, weil wir gerne selber dort vielfältige Möglichkeiten haben, unsere Freizeit zu verbringen. Wir sollten dabei aber auf die Tiere und Pflanzen Rücksicht nehmen, die in und an den Gewässern leben, und das sind nicht wenige. Viele Tierarten wie Fische, Wasservögel und Insekten sind auf diesen Lebensraum angewiesen und können nicht ausweichen. Der Erhalt dieses Lebensraumes ist schließlich auch in unserem eigenen Interesse.

In Nordhessen hat man in den 1960er- und 1970er-Jahren einiges falsch gemacht. Man hat die Flüsse in ein enges Korsett gezwängt und so dem Wasser den Raum zur Ausbreitung genommen. Jetzt hat man die Fehler eingesehen, und es wird renaturiert.

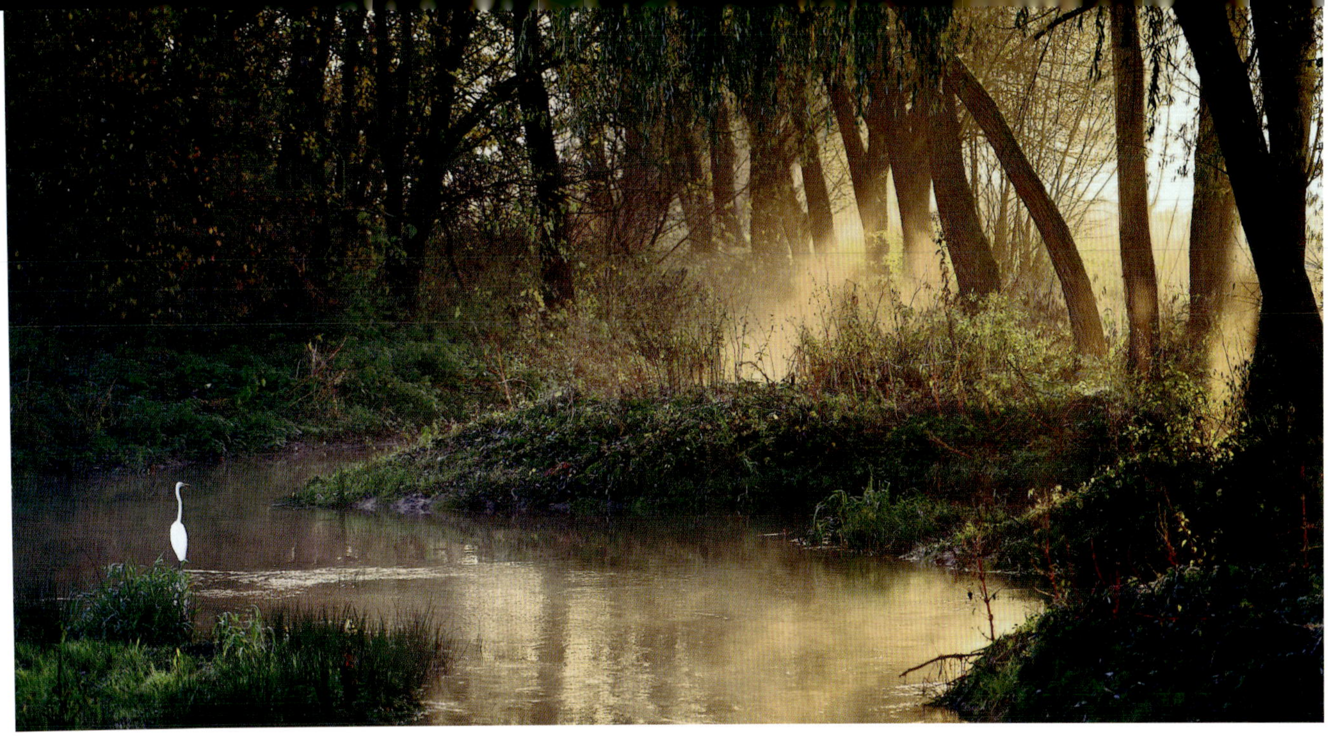

In der renaturierten Schwalm bei Loshausen fühlen sich jetzt auch Wasservögel, wie hier zu sehen der Silberreiher, wieder wohl.

Ich halte mich gern an Gewässern auf: Enten, Schwäne, Gänse, Insekten und viele andere Tiere kann man hier gut beobachten. Mit ein wenig Geduld kann man tolle Naturaufnahmen machen, die das Herz höherschlagen lassen. Einmal beobachtete ich eine Schwanenfamilie am Silbersee bei Frielendorf. Als ich ankam, schwammen die Schwaneneltern mit ihren fünf Kindern auf dem See. Nun wollte ich aber diese Familie nicht im Verbund im Wasser fotografieren, sondern an Land. Also habe ich fast zwei Stunden darauf gewartet, bis die Schwäne an Land kamen. Ich wusste, wo sie fast immer aus dem Wasser kommen, und hatte mich dort platziert. Nach und nach kamen die Kleinen aus dem Wasser, putzten und trockneten sich. Nun war für mich der Moment gekommen, dass ich meine Bilder machen konnte. Um Bilder mit besonderer Aussagekraft zu machen, muss man erheblich mehr Zeit aufwenden, die sich aber am Ende bezahlt macht, wie man an den Bildern des Schwanen-Nachwuchses sehen kann.

Wir Menschen neigen ja häufig dazu, das Beste, das Größte, das Schönste, die höchsten Berge, die schönsten Meere, die aufregendsten Länder oder auch die seltensten Tiere in höchsten Tönen zu loben oder zu fotografieren. Aber was ist das Schönste? Wer legt das

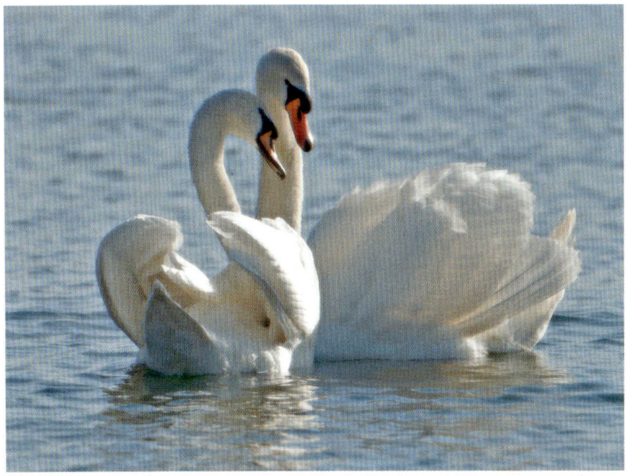

Ein verliebtes Schwanenpaar bei ihrer Schwanenhochzeit.

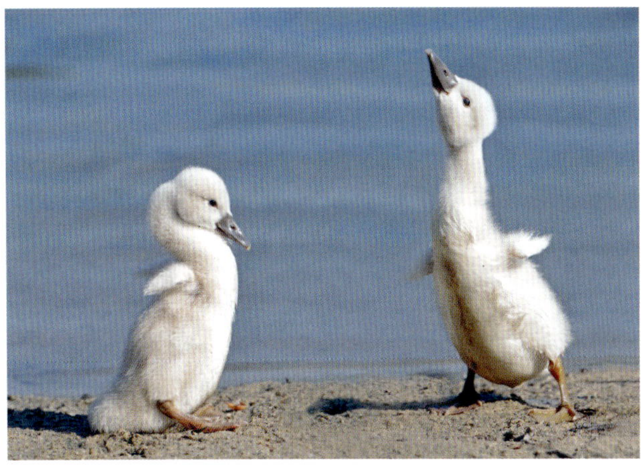

Zwei Schwanenküken am Silbersee bei Frielendorf beim Verlassen des Wassers.

fest? Hier möchte ich ein Plädoyer für das angeblich „Normale" halten. Der Eisvogel ist zwar sehr schön und man bekommt ihn aufgrund seiner scheuen Lebensweise nicht so häufig zu Gesicht. Fast jeder Fotograf möchte diesen „blauen Diamant" der Tierwelt gern einmal fotografieren. Da schließe ich mich keinesfalls aus, denn auch ich finde ihn faszinierend. Genauso faszinierend sind für mich aber die geselligen Sperlinge. Meine Frau und ich sind immer wieder begeistert, wenn wir die Spatzenbande im eigenen Garten beobachten dürfen. Auch wenn sie augenscheinlich viel streiten, verhalten sie sich in der Gruppe sehr sozial. Wenn einige von ihnen zur Futterstelle fliegen, passen die anderen in ihrer unmittelbaren Umgebung auf einer Hecke sitzend auf, dass ja keine Fressfeinde, wie zum Beispiel der Sperber, sich nähern. Wenn das der Fall ist, wird die restliche Truppe gewarnt und alle sind spurlos verschwunden.

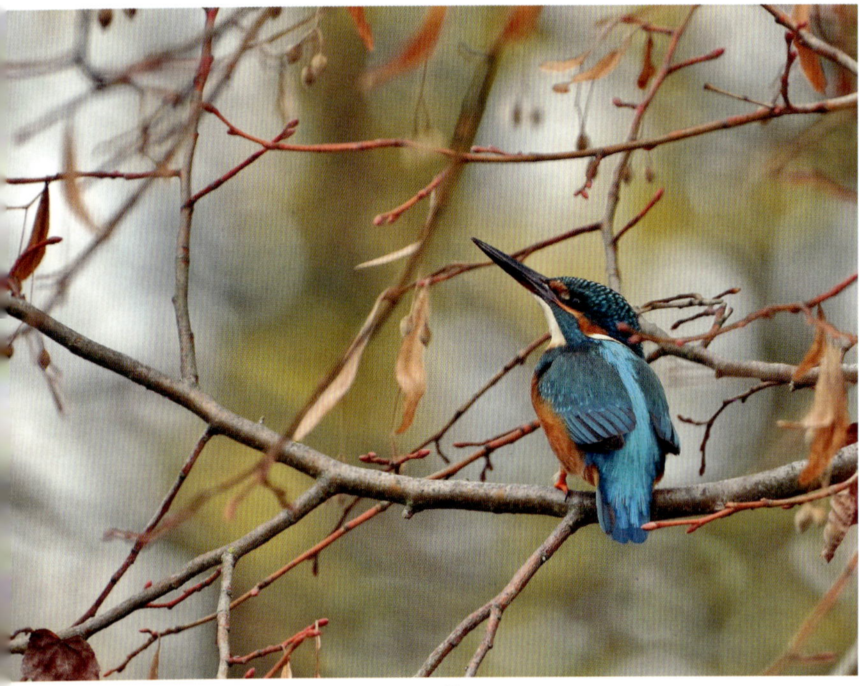

An überhängenden Ästen über dem Wasser als Ansitzwarte oft zu sehen: der Eisvogel.

Zu den unterschätzten „normalen" Vögeln zählen auch die Stare. Feststellen kann ich es immer wieder daran, dass die Betrachter meiner Staren-Bilder erstaunt sind, wie wunderschön der Vogel ist – besonders im Frühjahr, wenn die Vögel ihr Prachtkleid (Gefieder) in der Natur zur Schau stellen und zur Balz ihren wundervollen Gesang zum Besten geben. In dieser Zeit steht der Star dem Eisvogel in nichts nach, und wir haben sogar noch das Glück, ihn im eigenen Garten beobachten zu dürfen. Naturfreund, was willst du mehr?

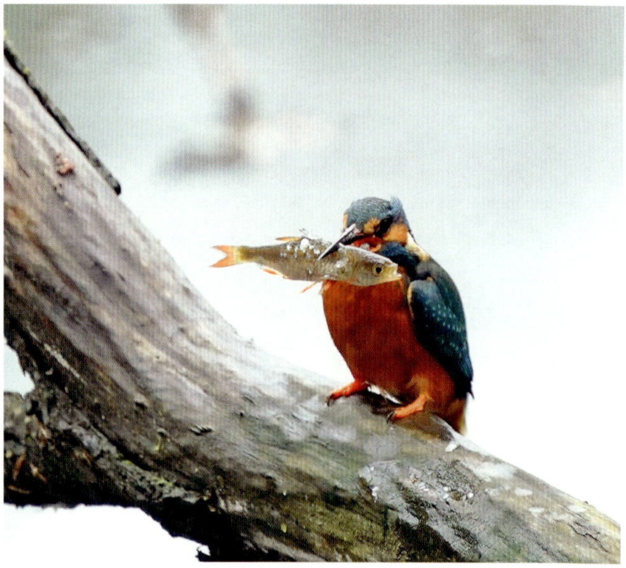

Ein Eisvogel an einem Waldteich mit fetter Beute.

„Birder" bereisen die ganze Welt, um die seltensten Vögel zu beobachten und zu fotografieren. Das hat alles seine Berechtigung. Für mich ist das nur an zweiter oder dritter Stelle wichtig. Das Wichtigste für mich ist das Wunder der Natur vor meiner Haustür. Ich muss nicht sehr viel Geld und Zeit aufbringen, um die Natur ferner Länder zu bestaunen und leiste durch meinen Verzicht auch einen Beitrag zu deren Erhalt. Das wäre doch eventuell auch für den einen oder anderen Naturfreund eine Alternative.

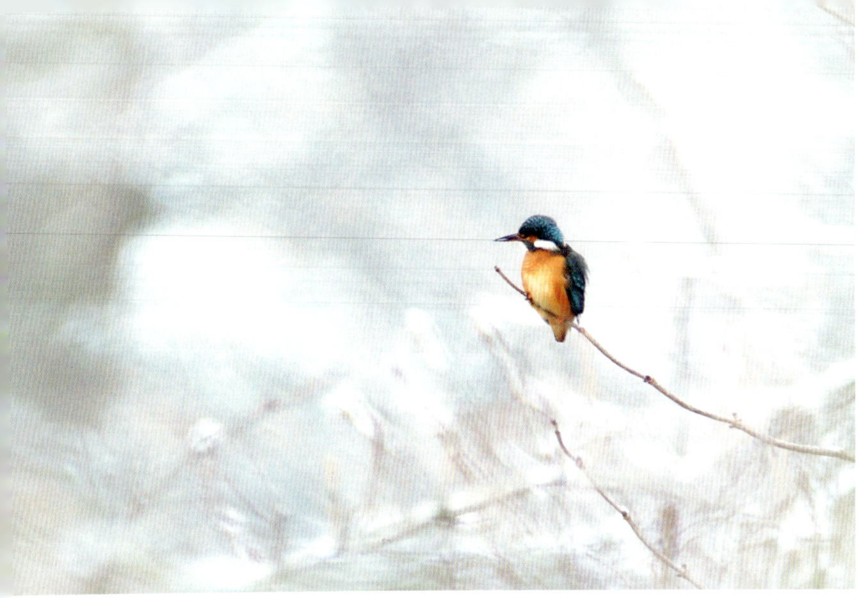

Im Winter bei Eis, Schnee und Kälte haben es die Eisvögel besonders schwer, ihre Nahrung zu finden.

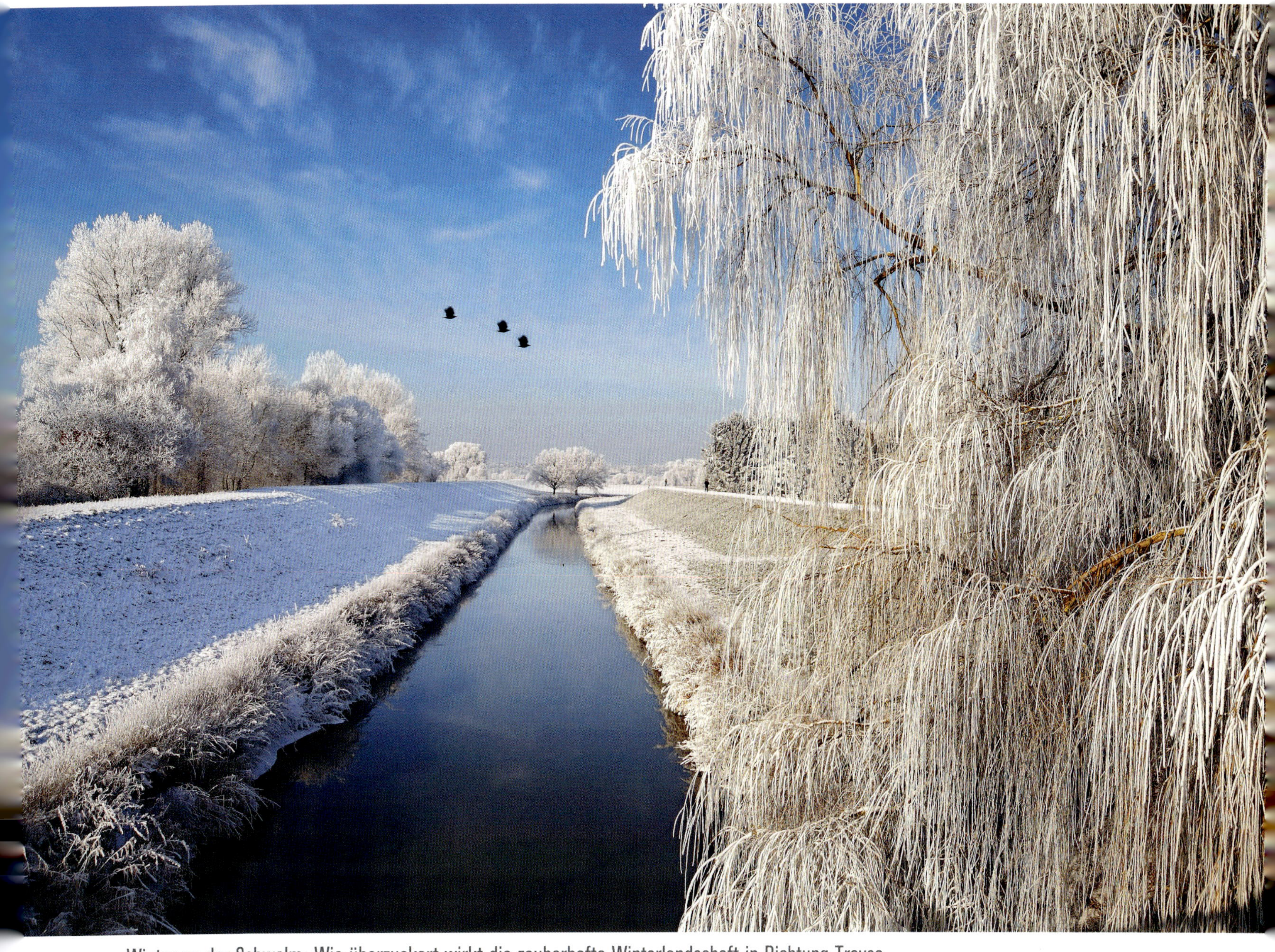

Winter an der Schwalm: Wie überzuckert wirkt die zauberhafte Winterlandschaft in Richtung Treysa.

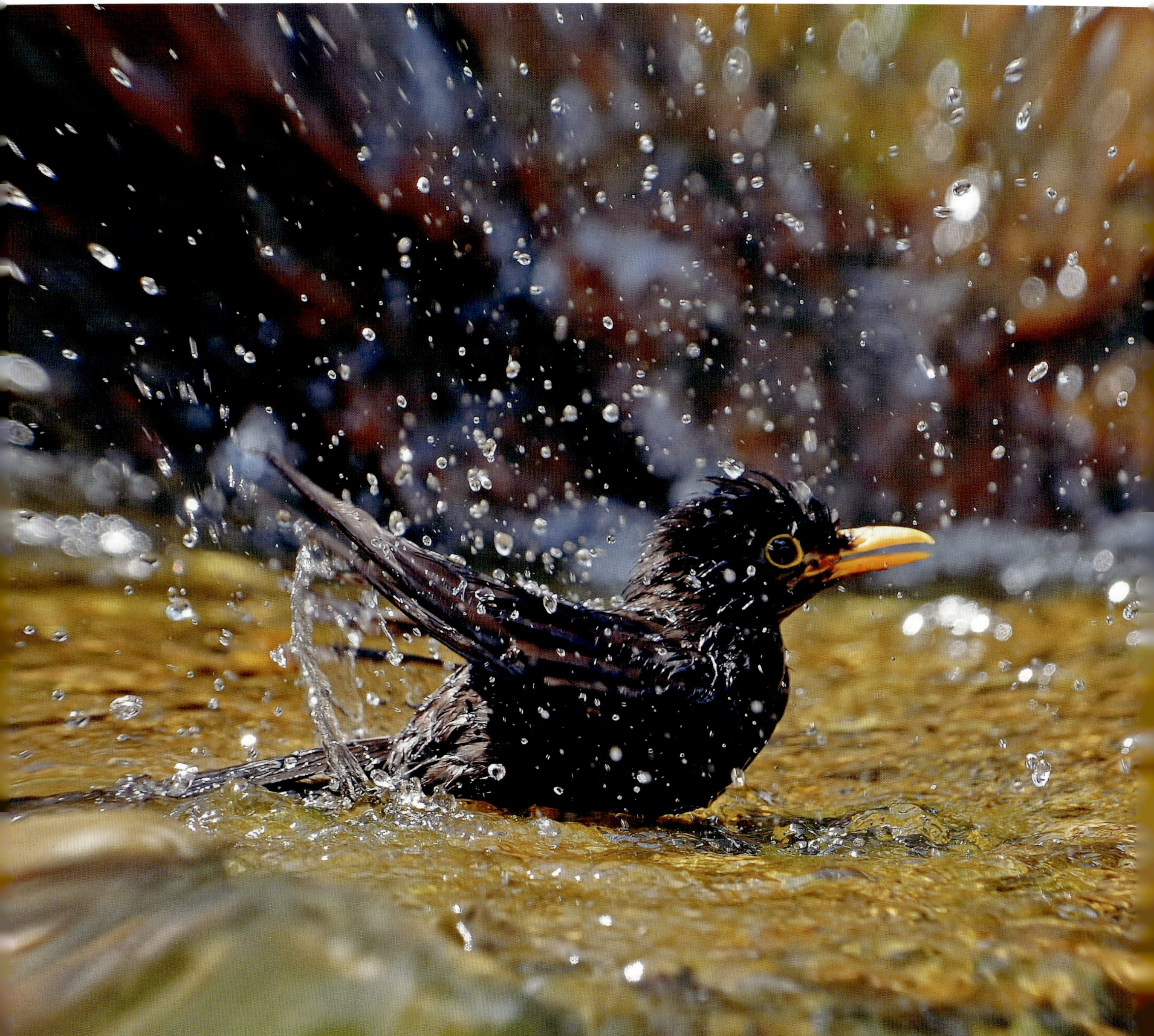

Eine männliche Amsel beim erfrischenden Bad im Bach.

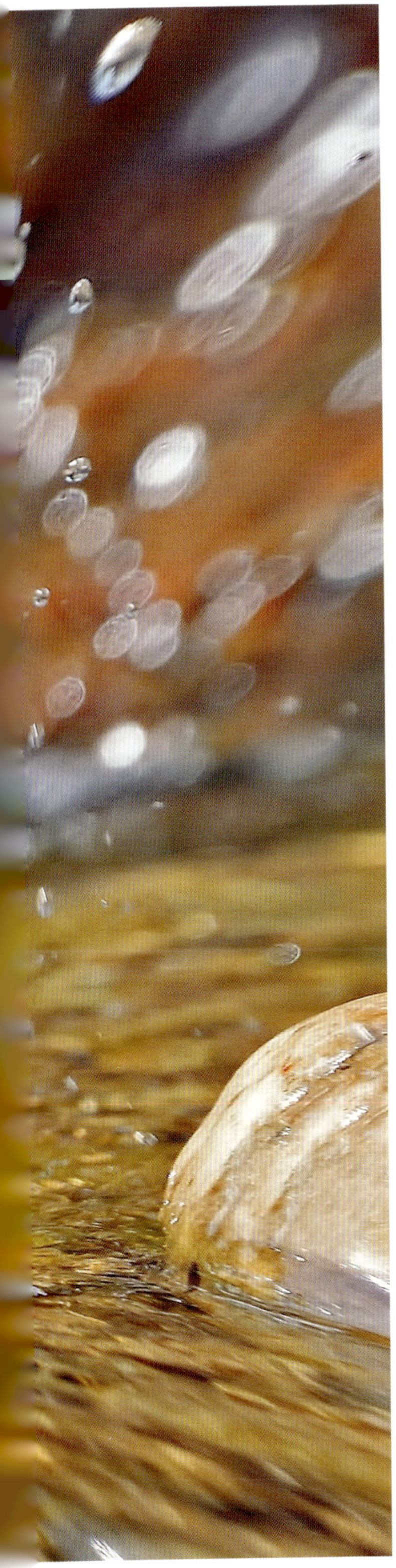

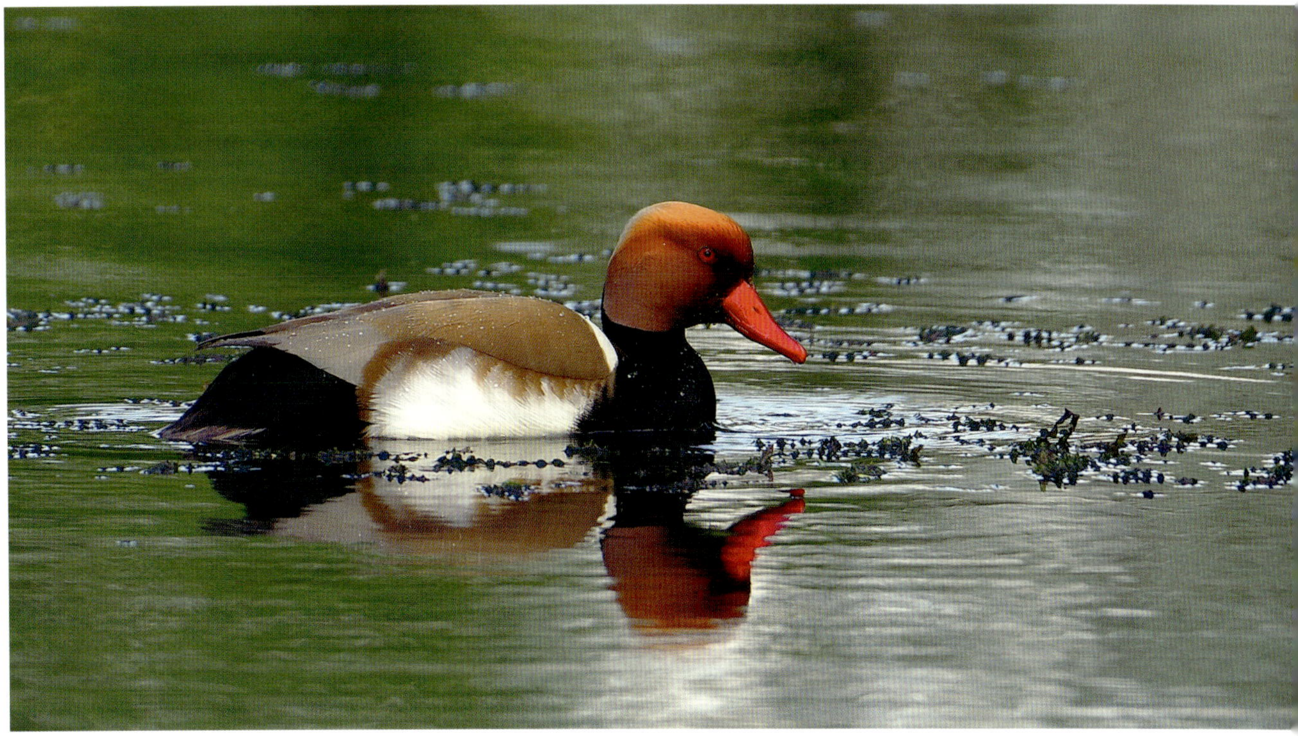

Man beachte das hübsche Federkleid: eine männliche Kolbenente.

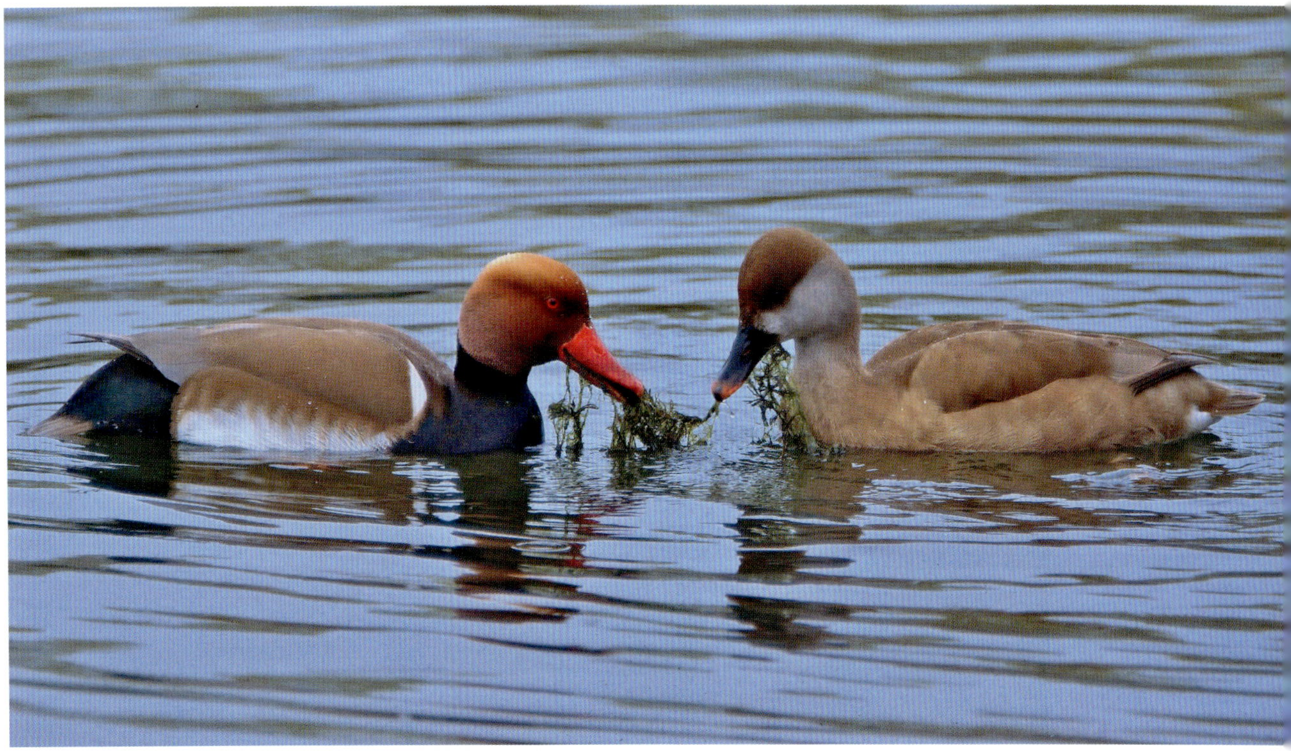

Brautgeschenk der männlichen Kolbenente (links) an das Weibchen (rechts).

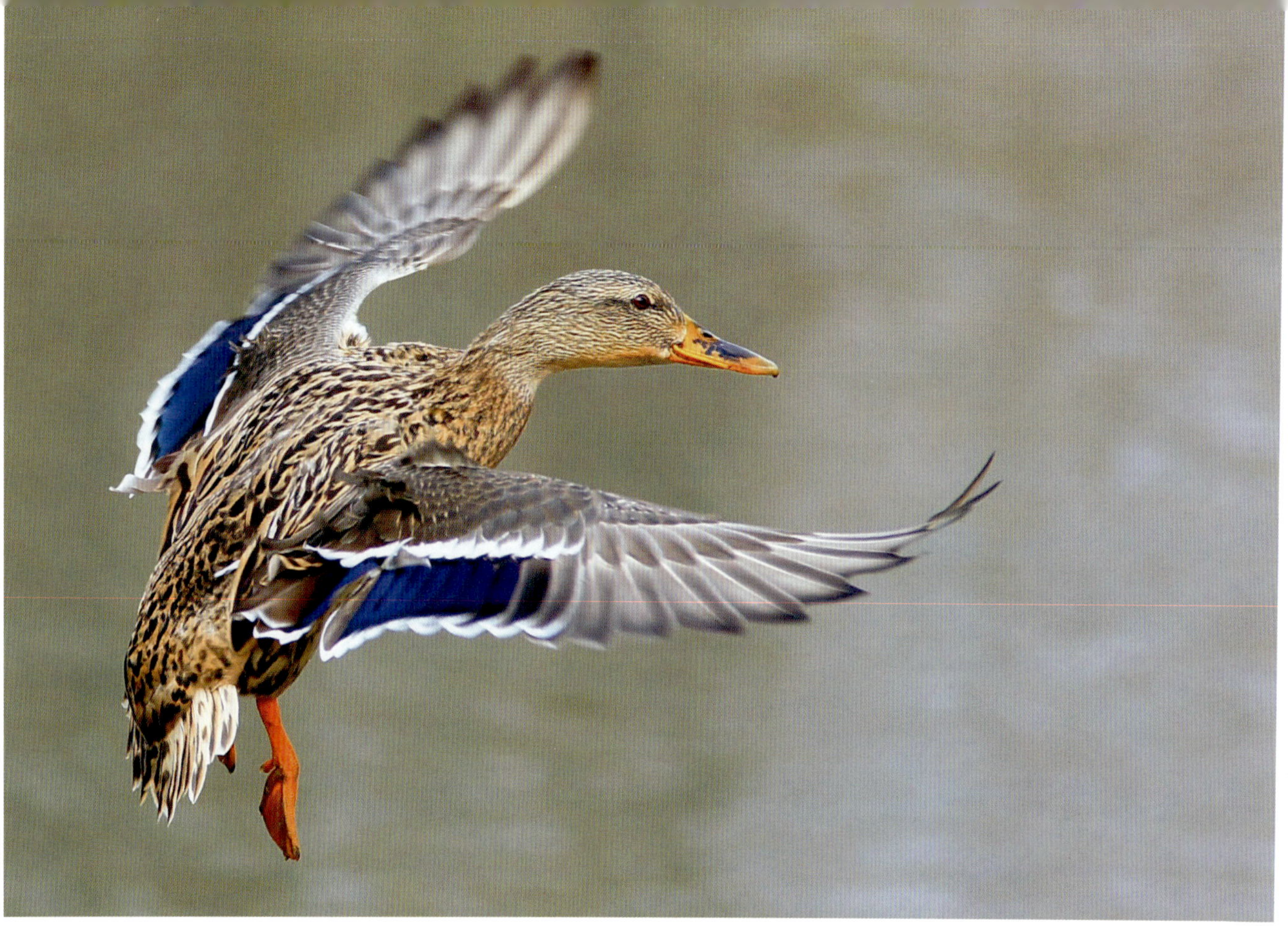

Eine weibliche Stockente im Flug.

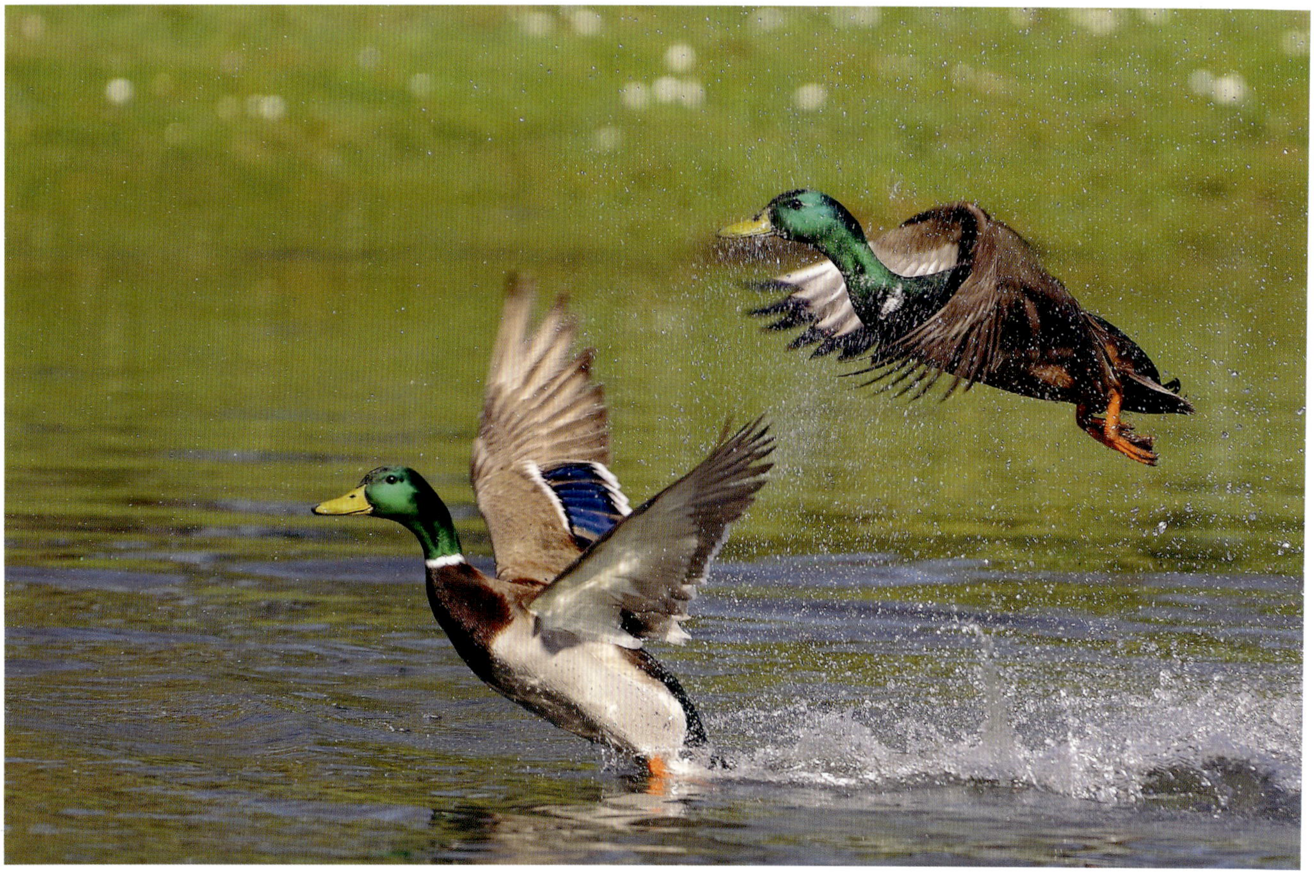

Zwei Stockenten-Erpel steigen aus dem Wasser.

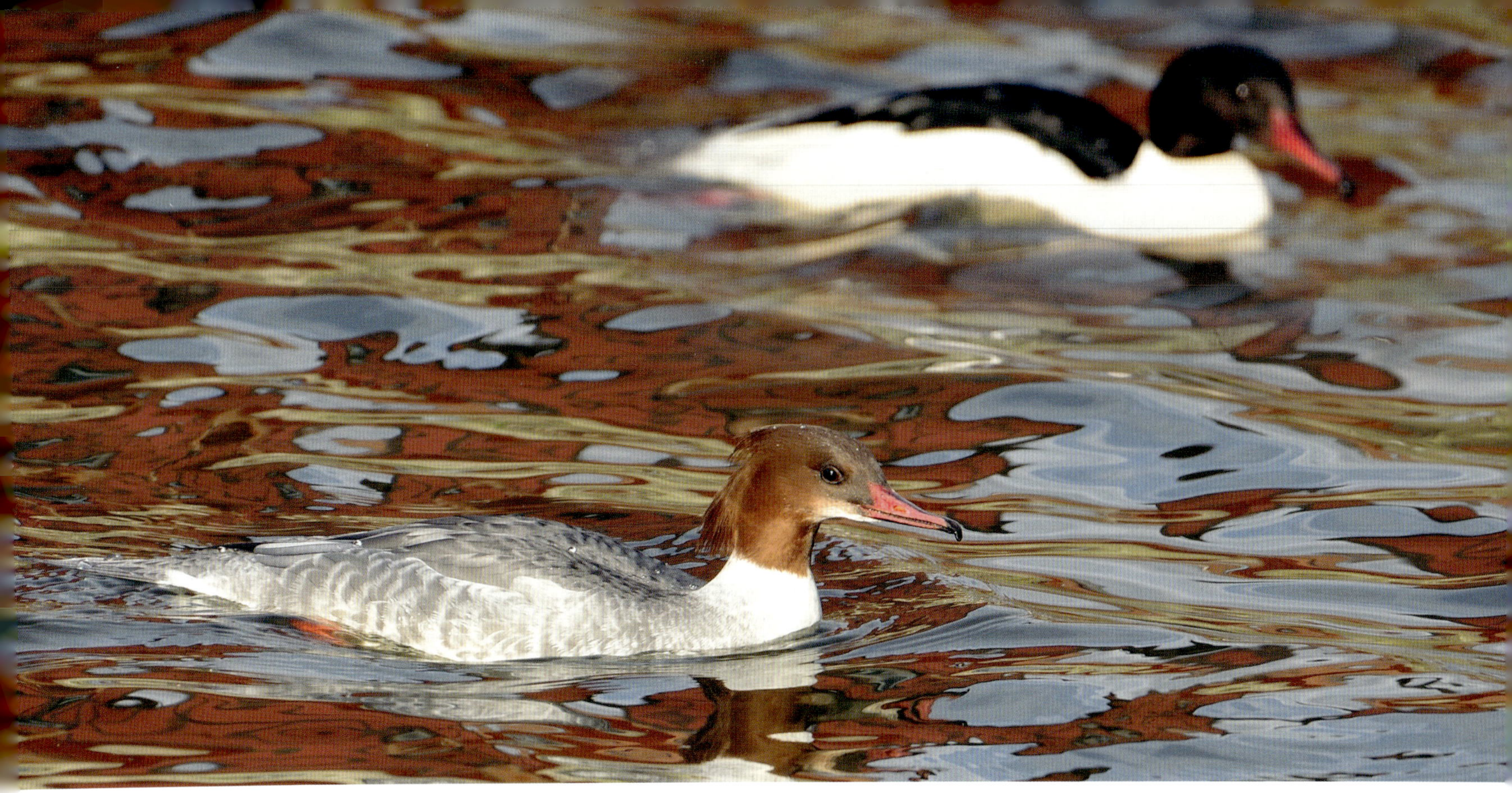

Ein Gänsesäger-Pärchen auf dem kleinen Wallgraben in Ziegenhain, vorne das Weibchen, hinten das Männchen.

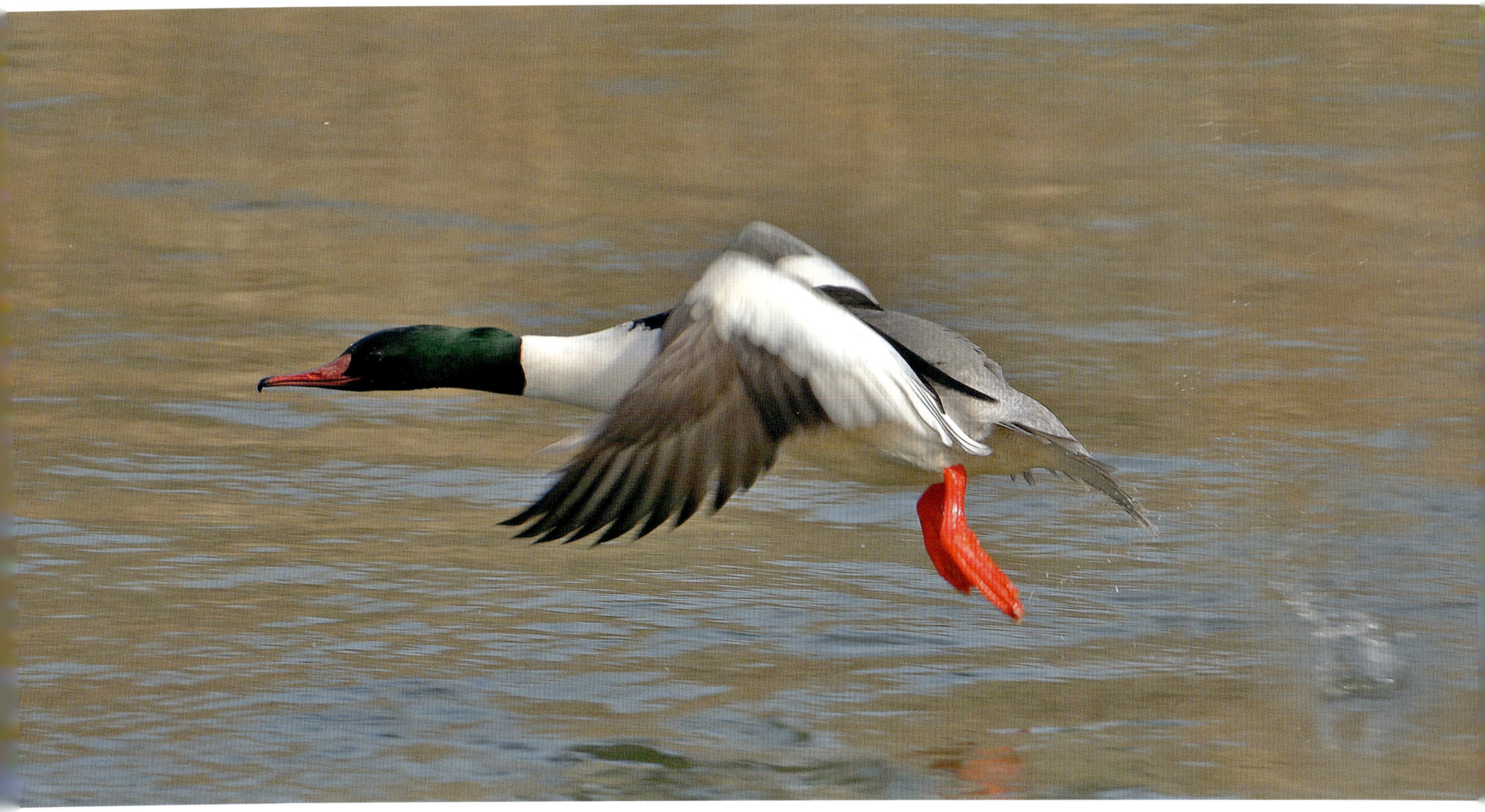

Der Flug eines Gänsesäger-Männchens.

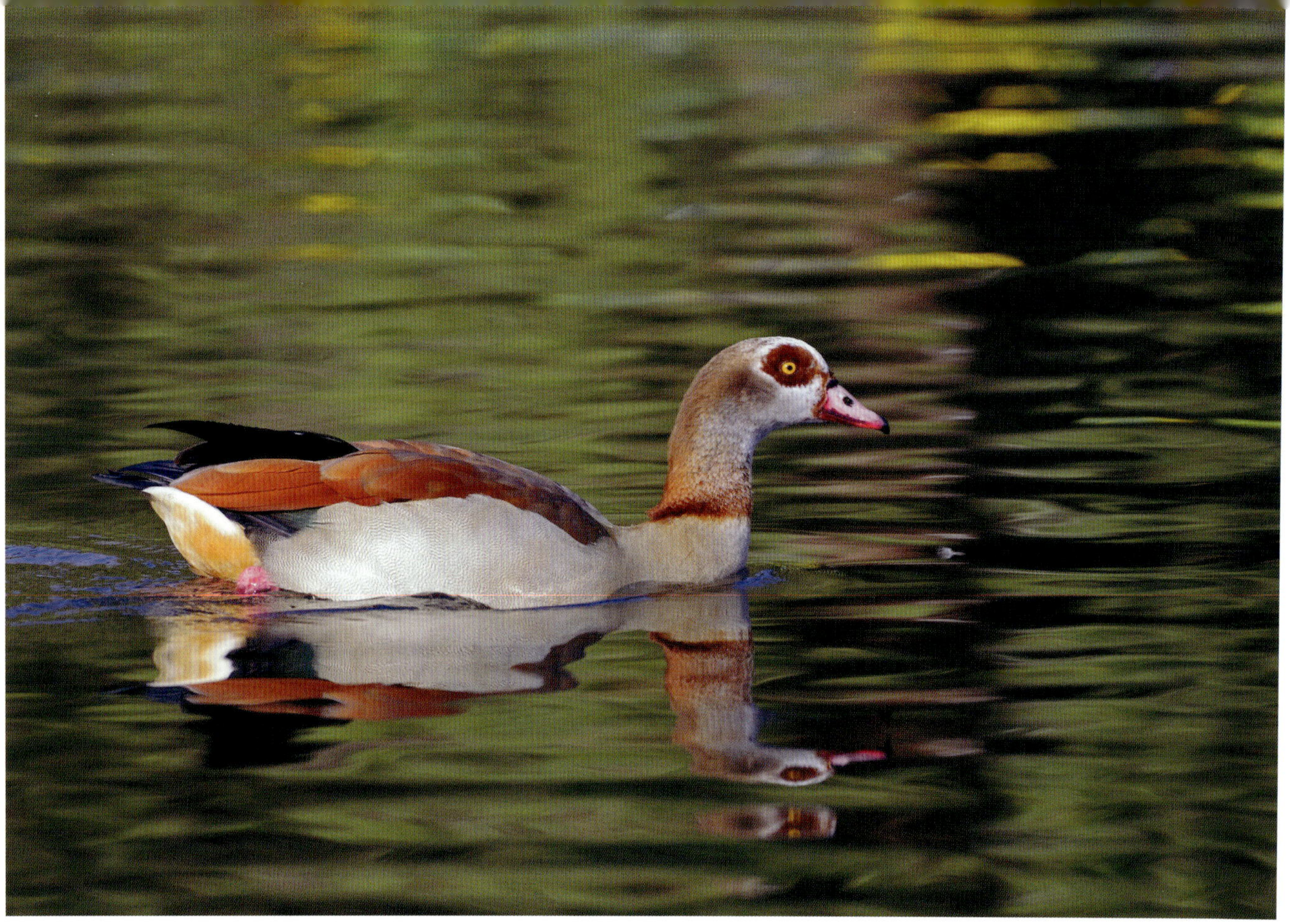

Eine Nilgans spiegelt sich im Wasser.

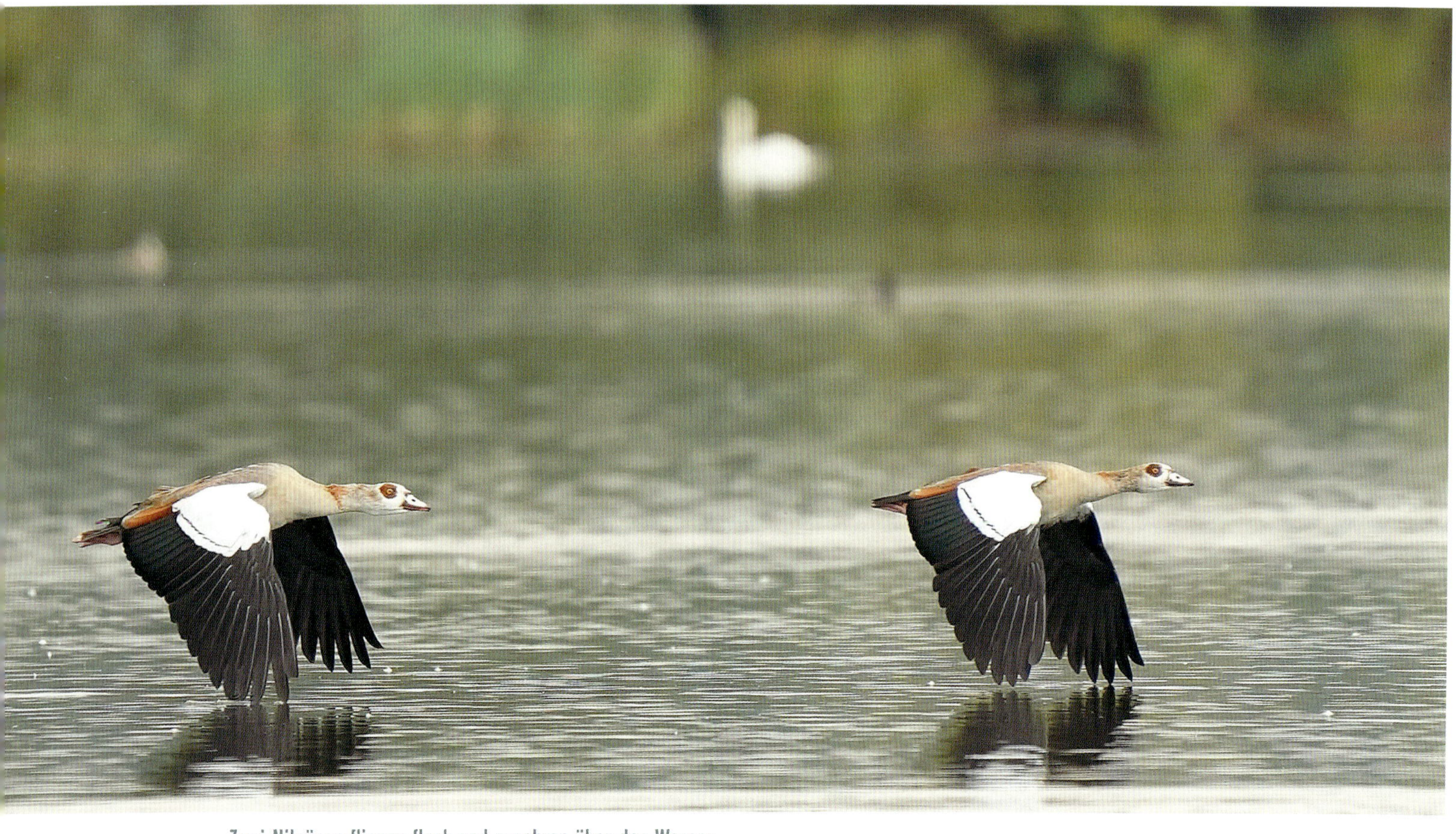

Zwei Nilgänse fliegen flach und synchron über das Wasser.

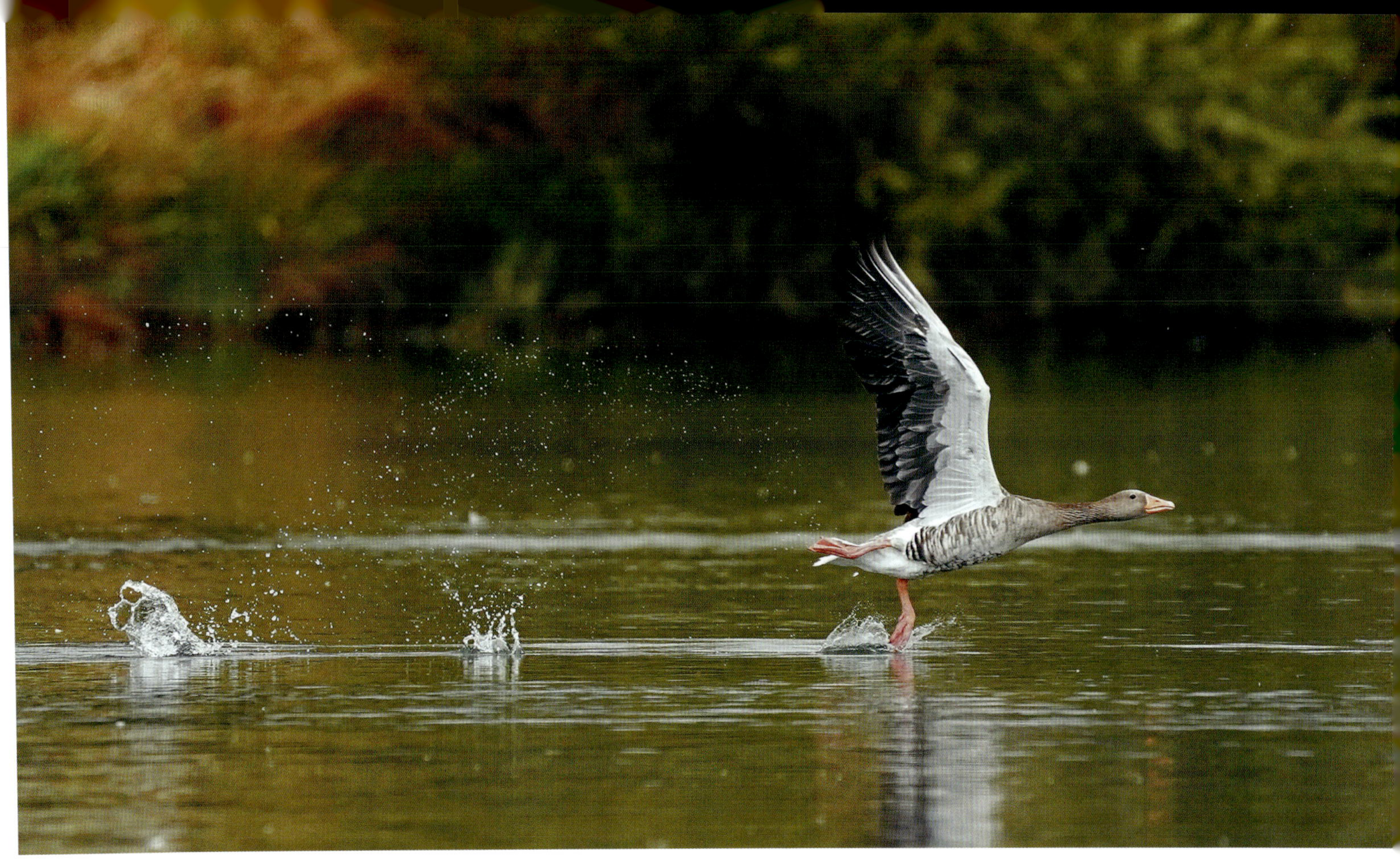

Eine Graugans „läuft" kurz vor dem Abflug über das Wasser.

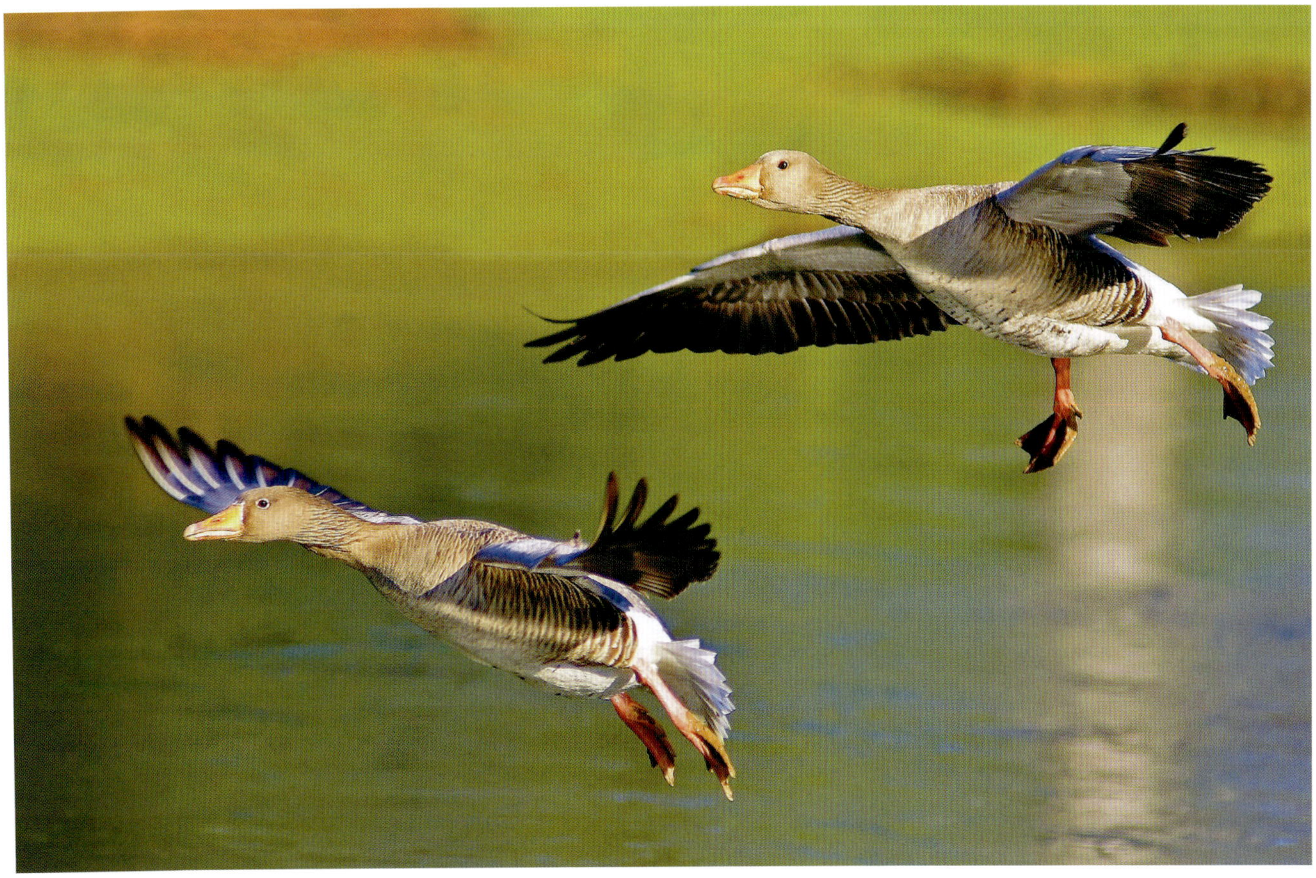

Zwei Graugänse überfliegen ein Gewässer.

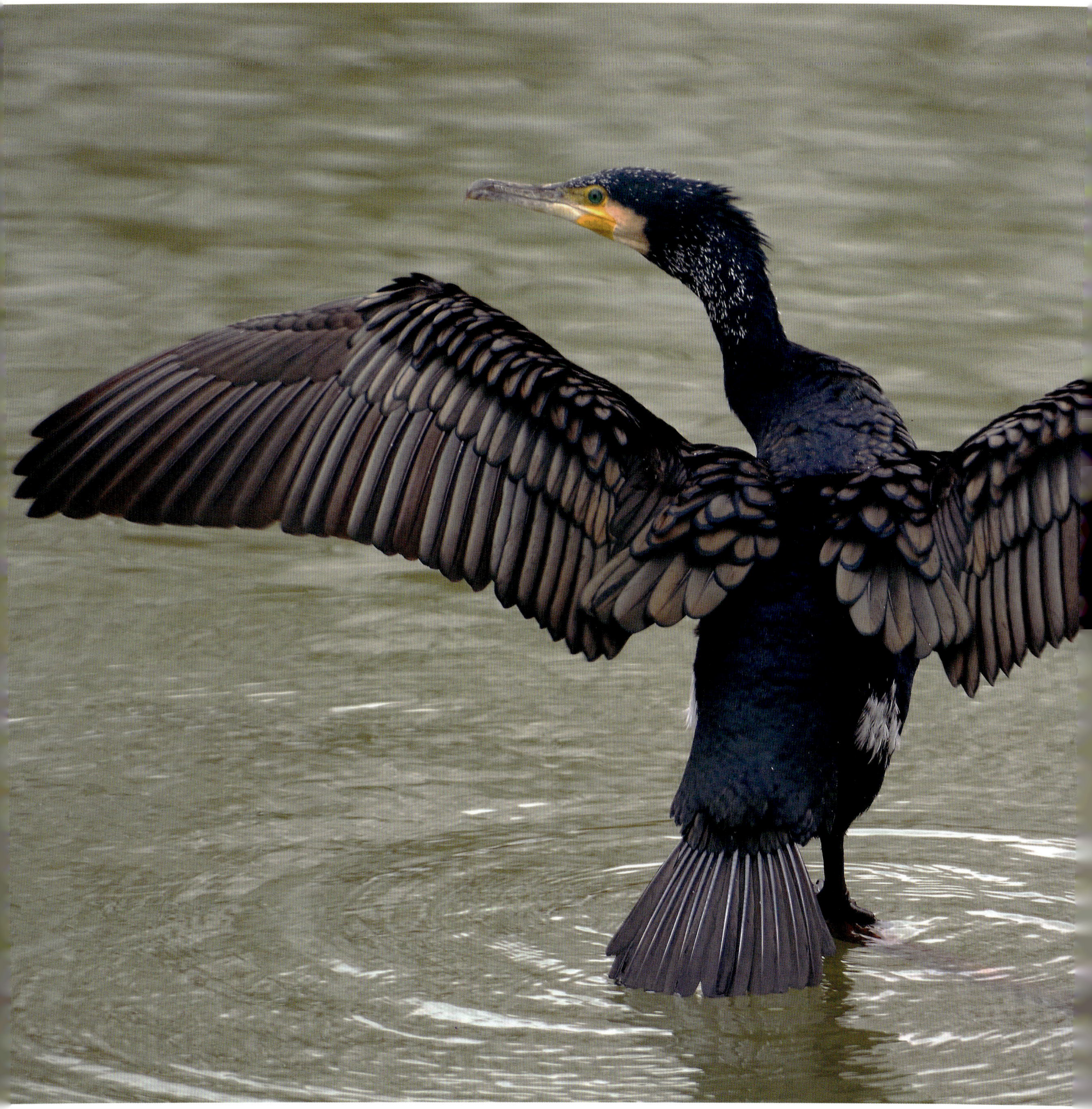

Der Kormoran trocknet sein Gefieder nach einem Tauchgang.

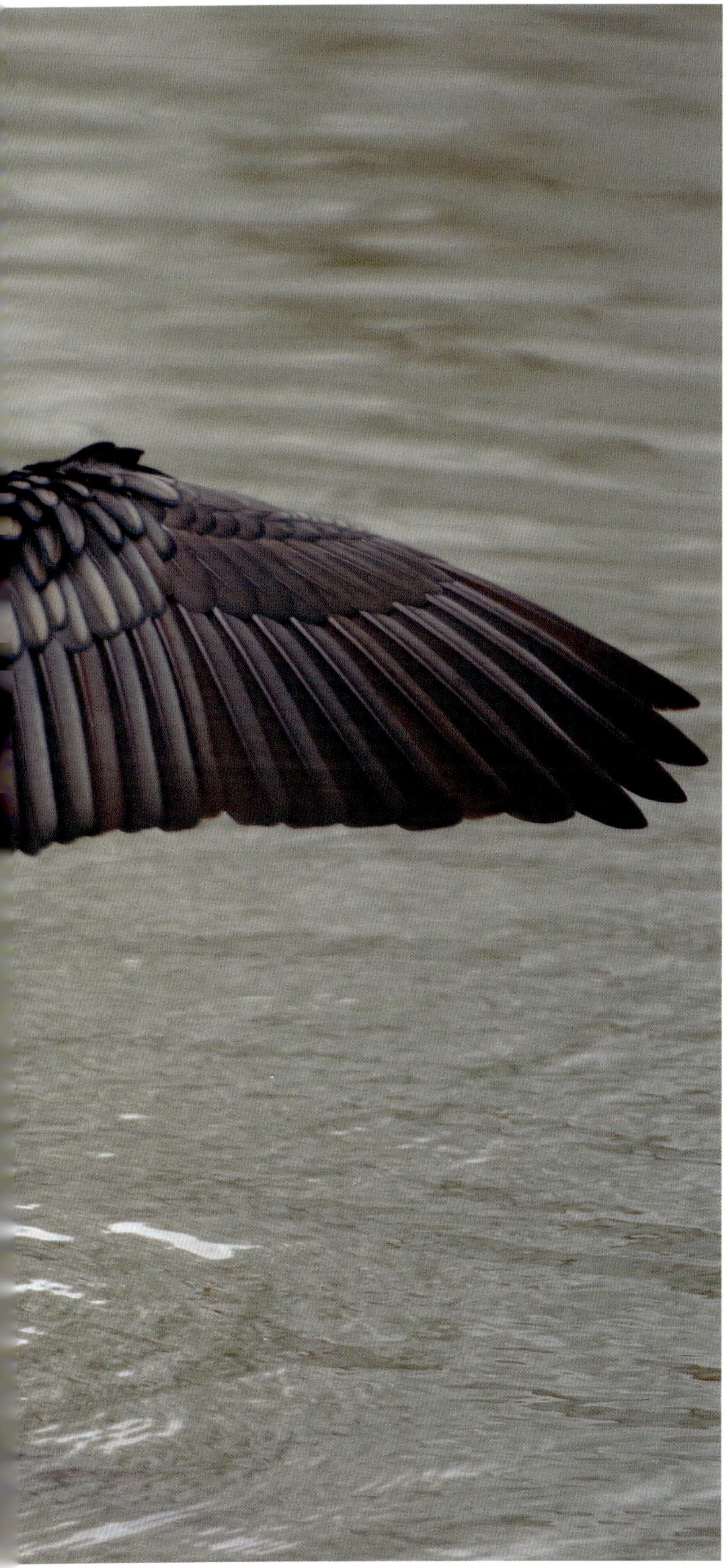

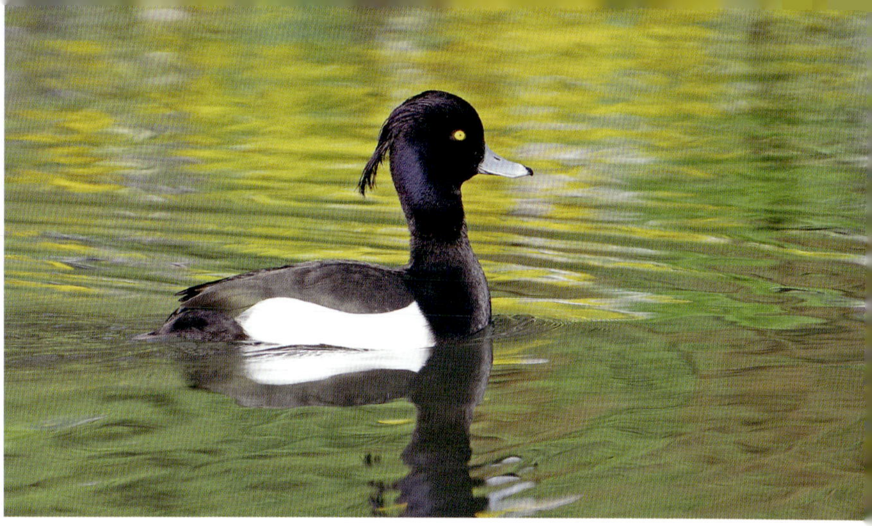

Eine Reiherente mit charakteristischem Schopf am Hinterkopf.

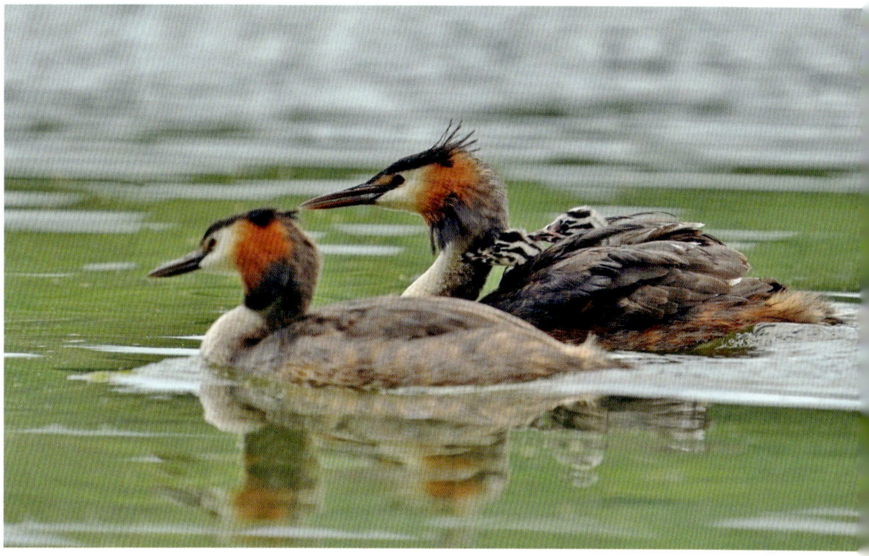

Das Haubentaucher-Pärchen mit seinem Nachwuchs auf dem Rücken der Mutter.

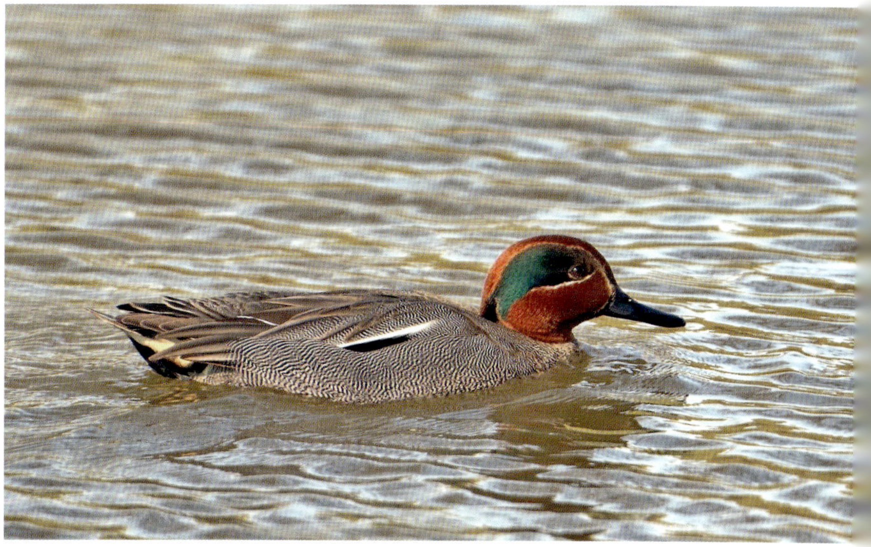

Ein seltener Gast in Nordhessen: eine männliche Krickente. Krickenten kommen nur für ein paar Wochen zu uns und ruhen sich hier aus, um von oder zu ihren heimischen Brutgebieten zu fliegen.

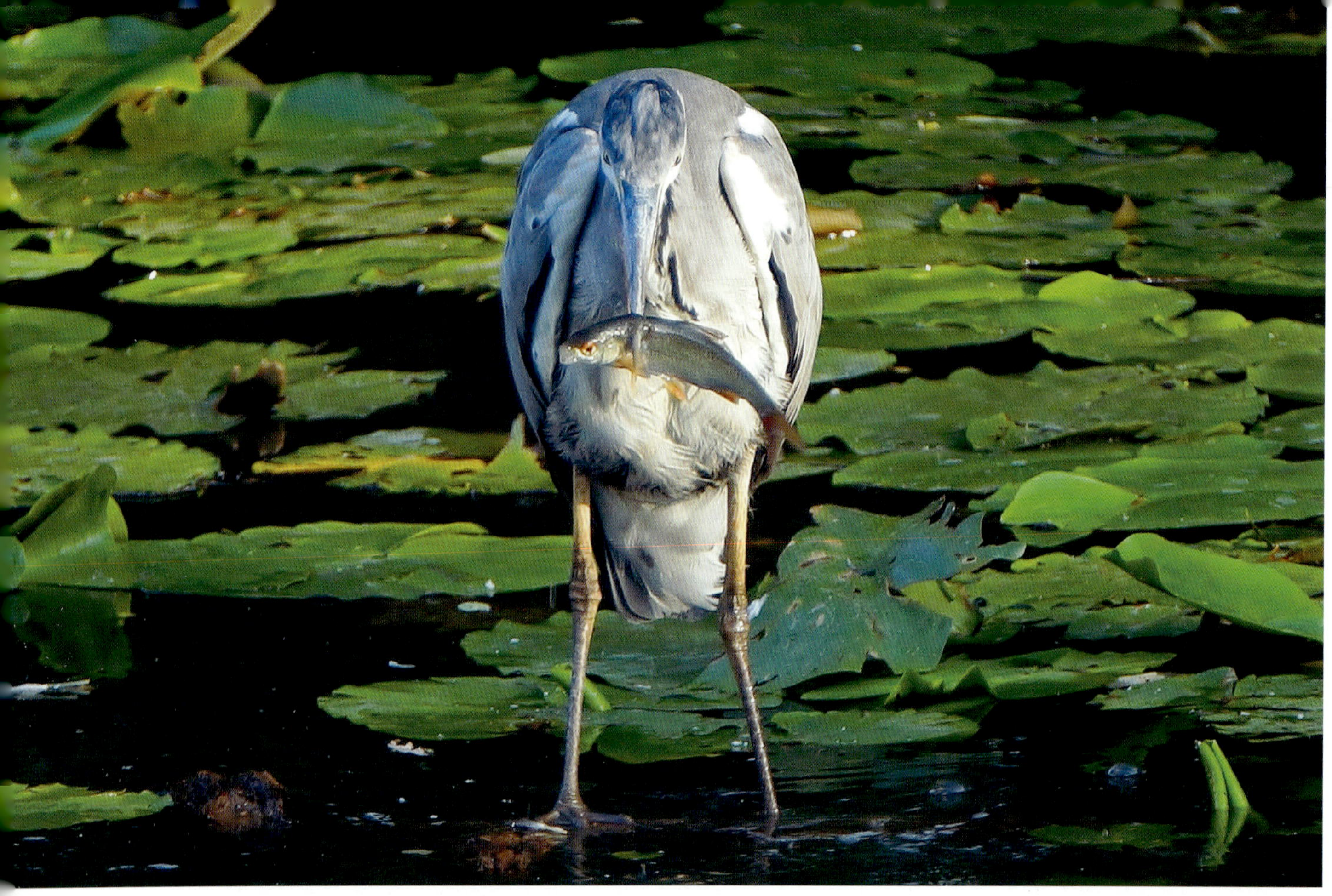

Fette Beute und ein leckeres Frühstück für diesen Graureiher.

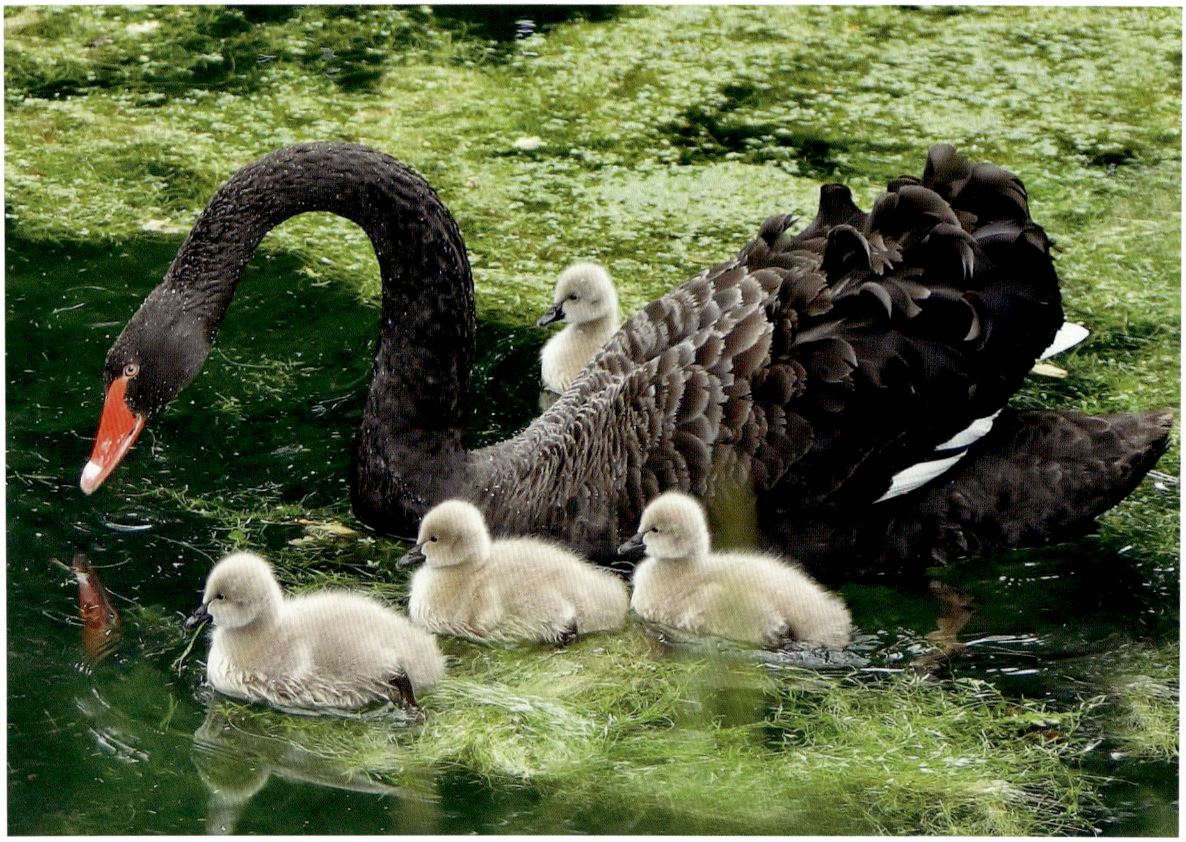

Glückliche Trauerschwan-Familie.

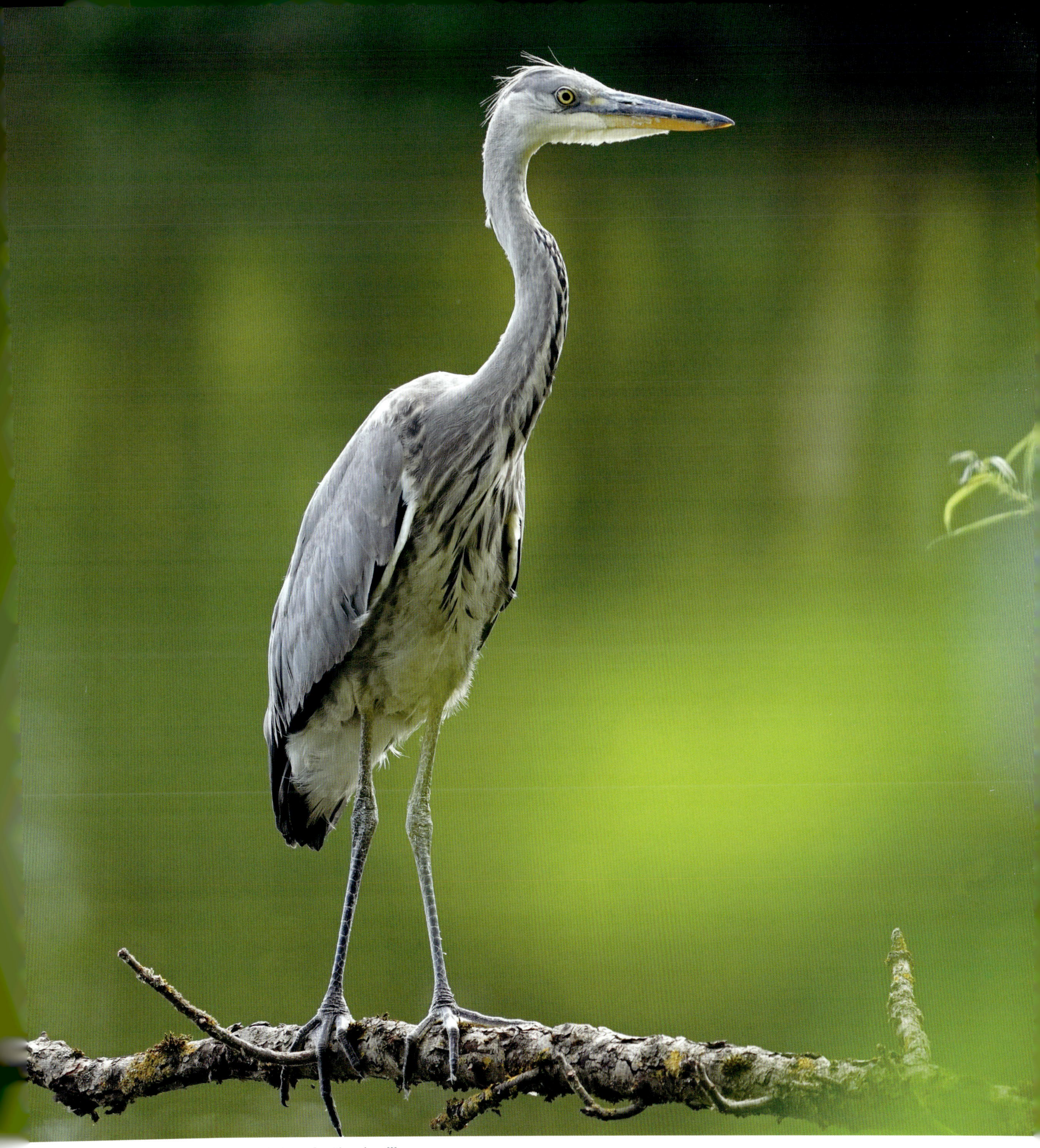

Ein junger Graureiher sitzt auf einem Ast über dem Wasser.

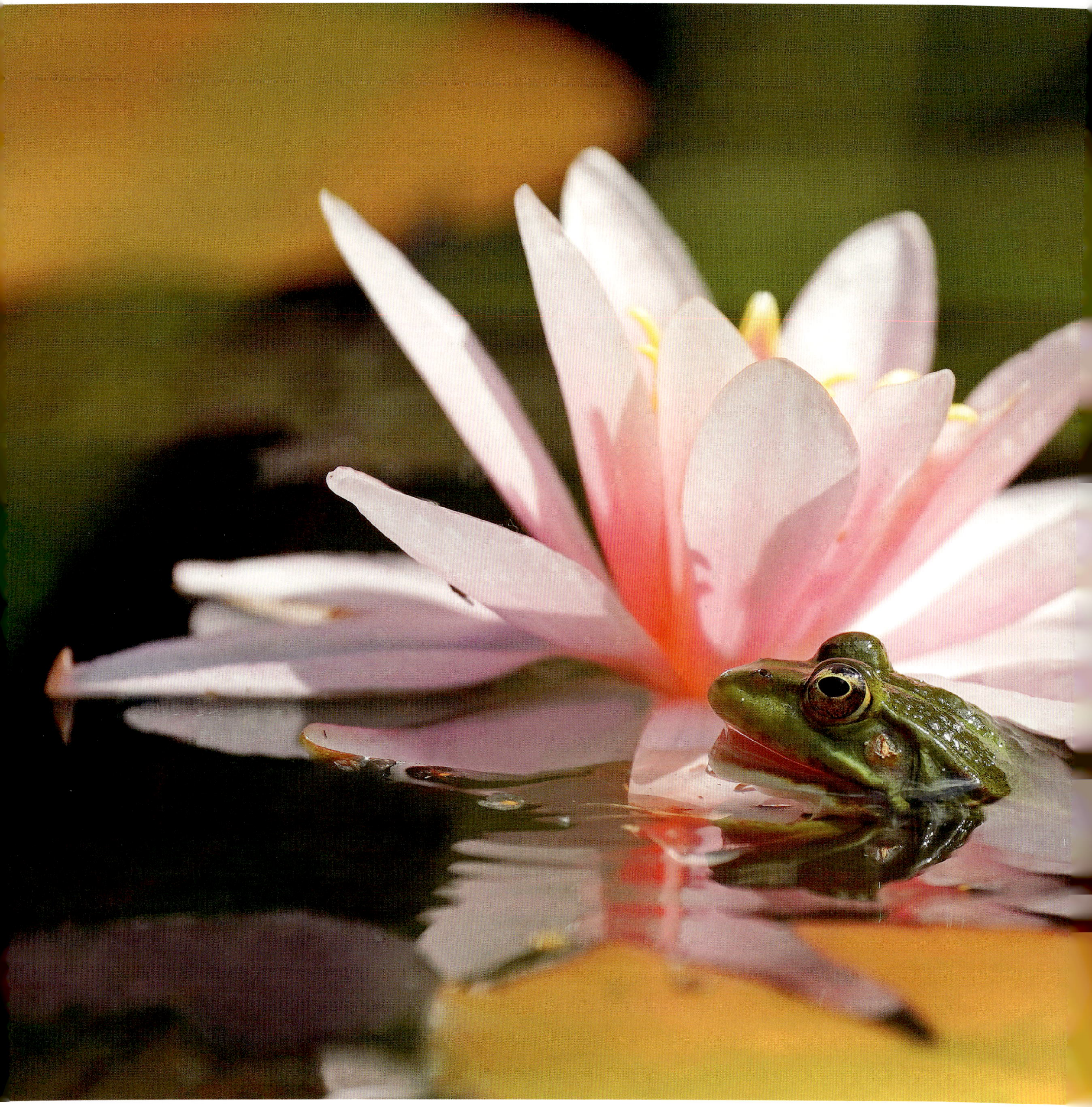

Der Teichfrosch versteckt sich hinter einer Teichrose, wo er auf Beute lauert.

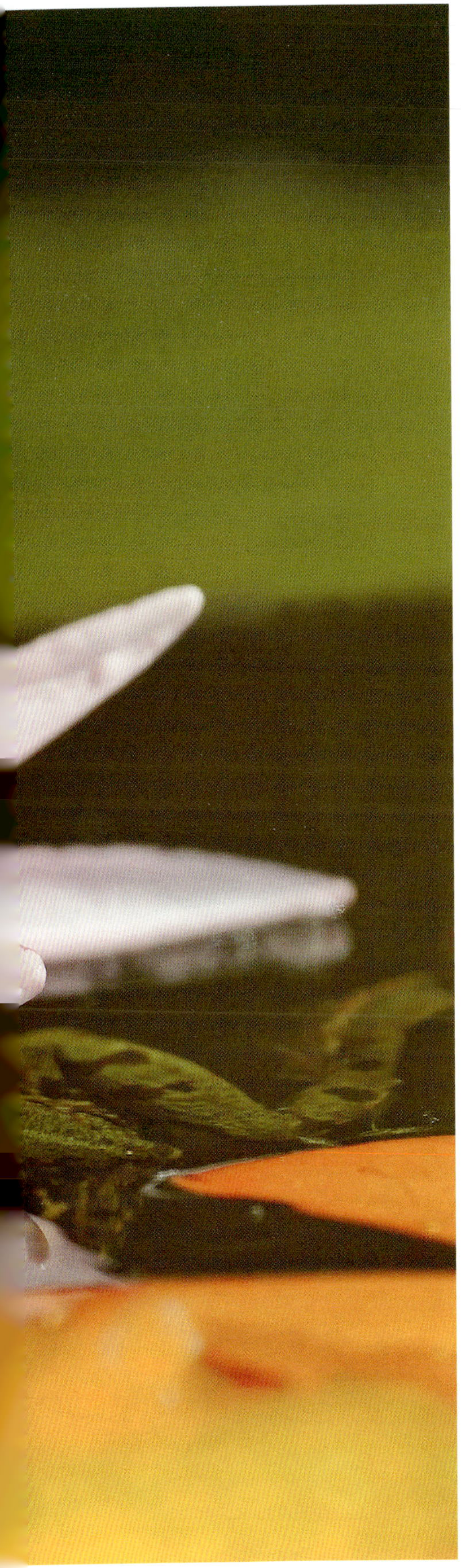

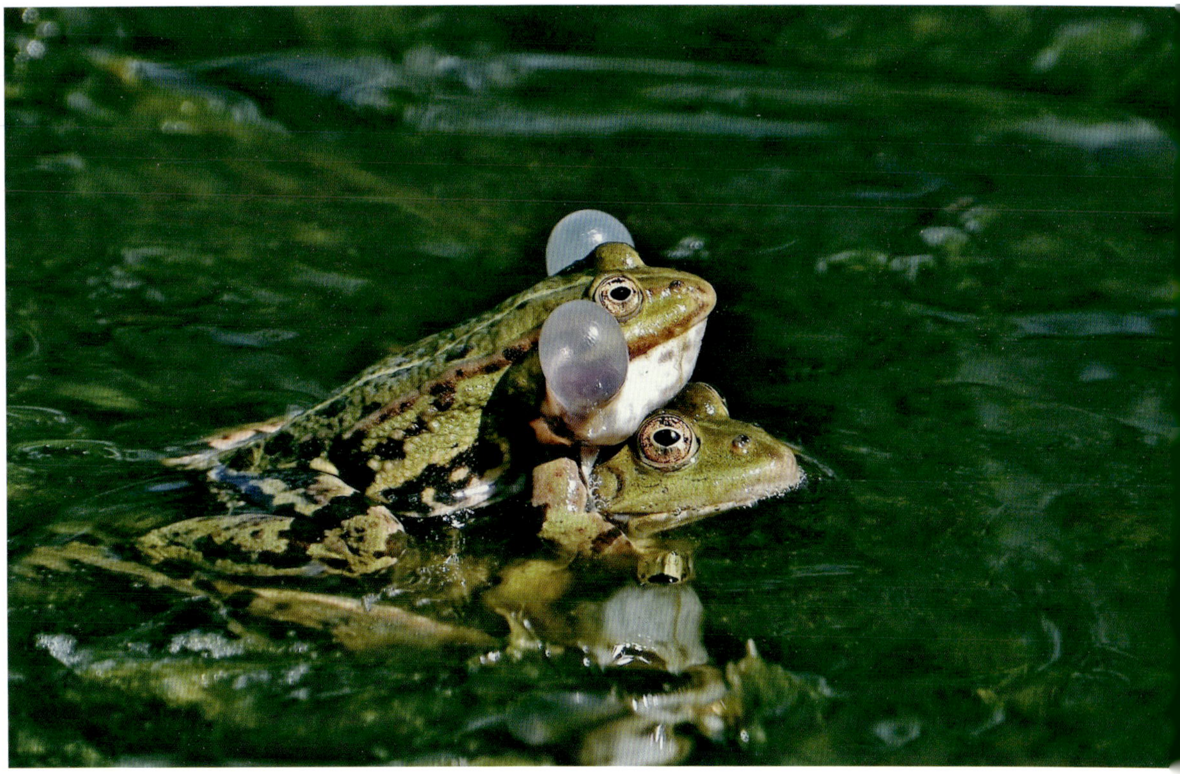

Muss Liebe schön sein! Im Frühjahr, wenn die Frösche liebestoll sind, gibt es ein wunderbares Froschkonzert.

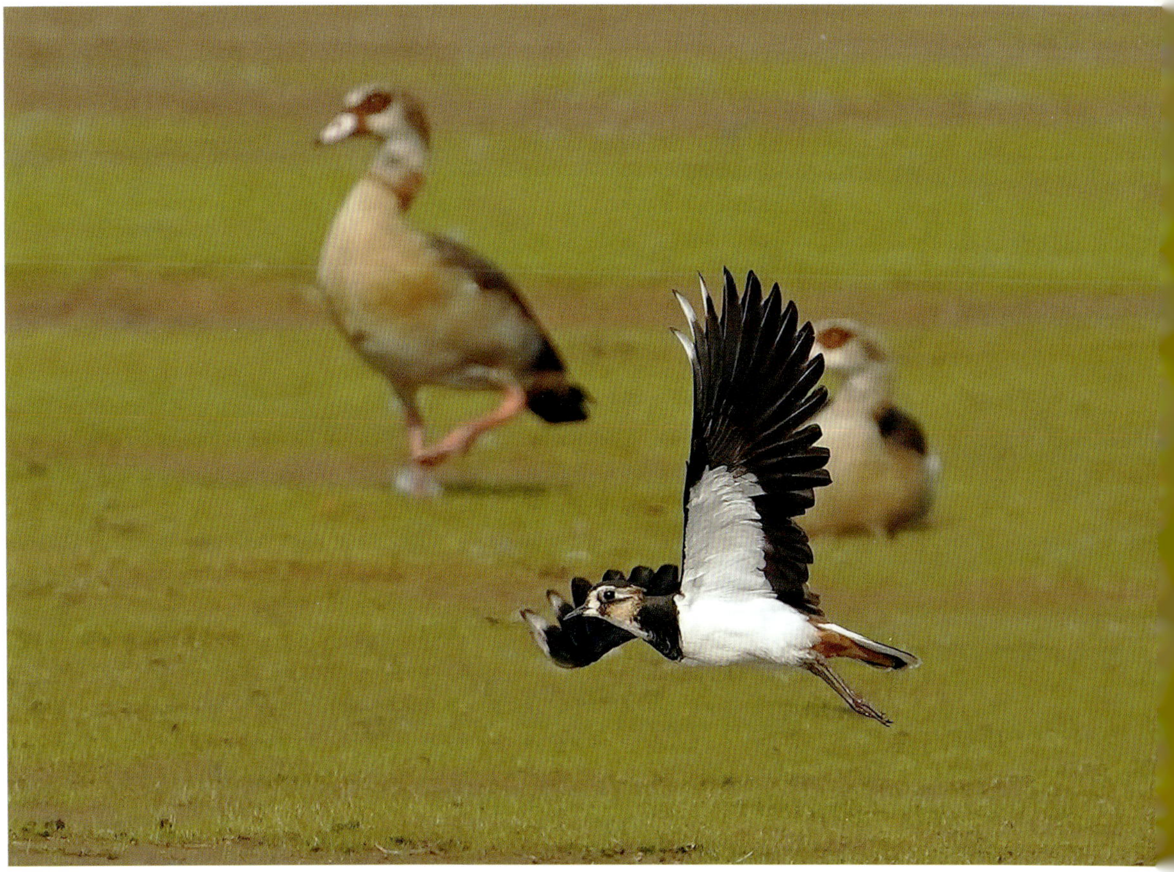

Der immer seltener werdende Kiebitz auf Durchreise in Nordhessen.

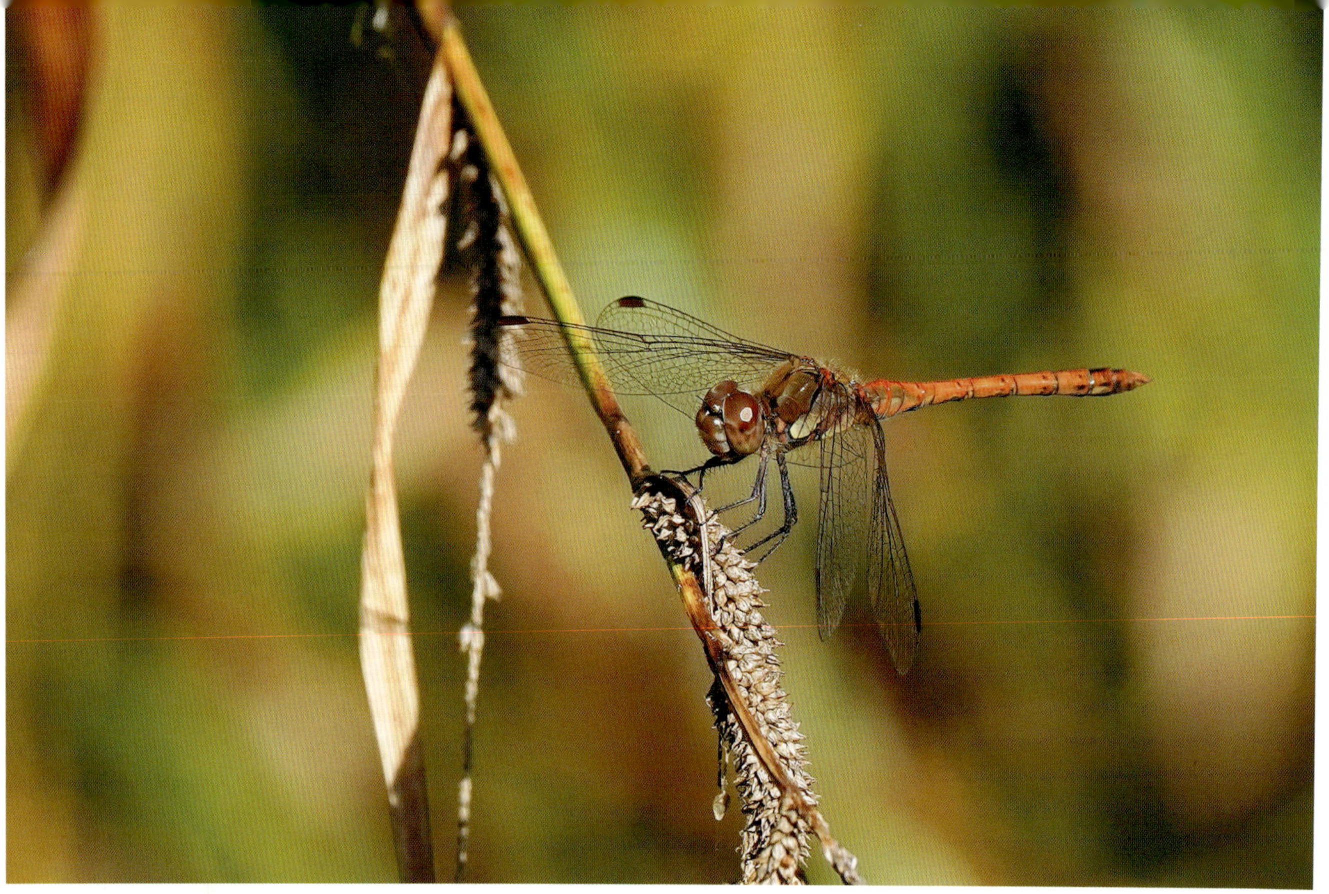

Eine Große Heidelibelle im Herbst.

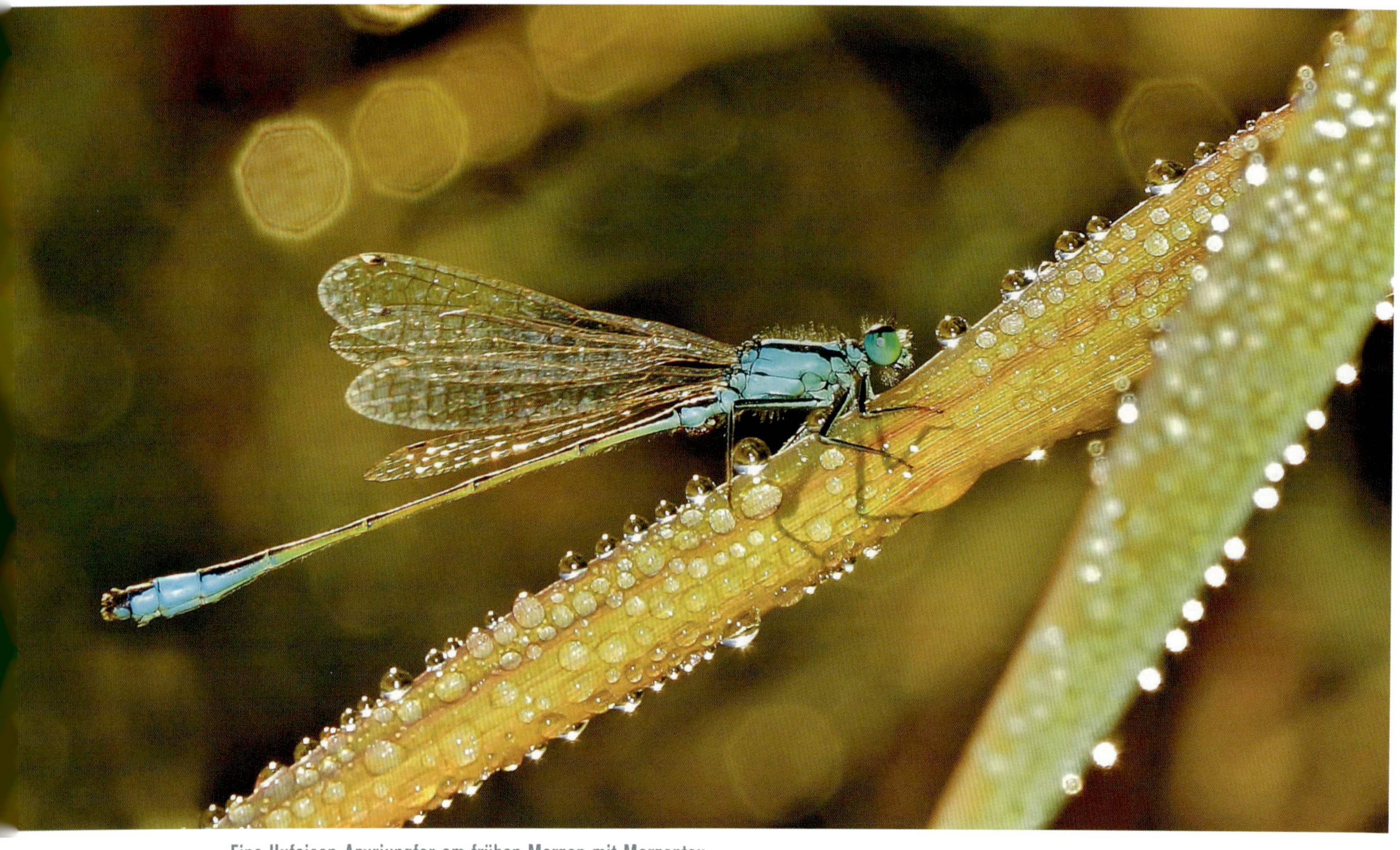

Eine Hufeisen-Azurjungfer am frühen Morgen mit Morgentau.

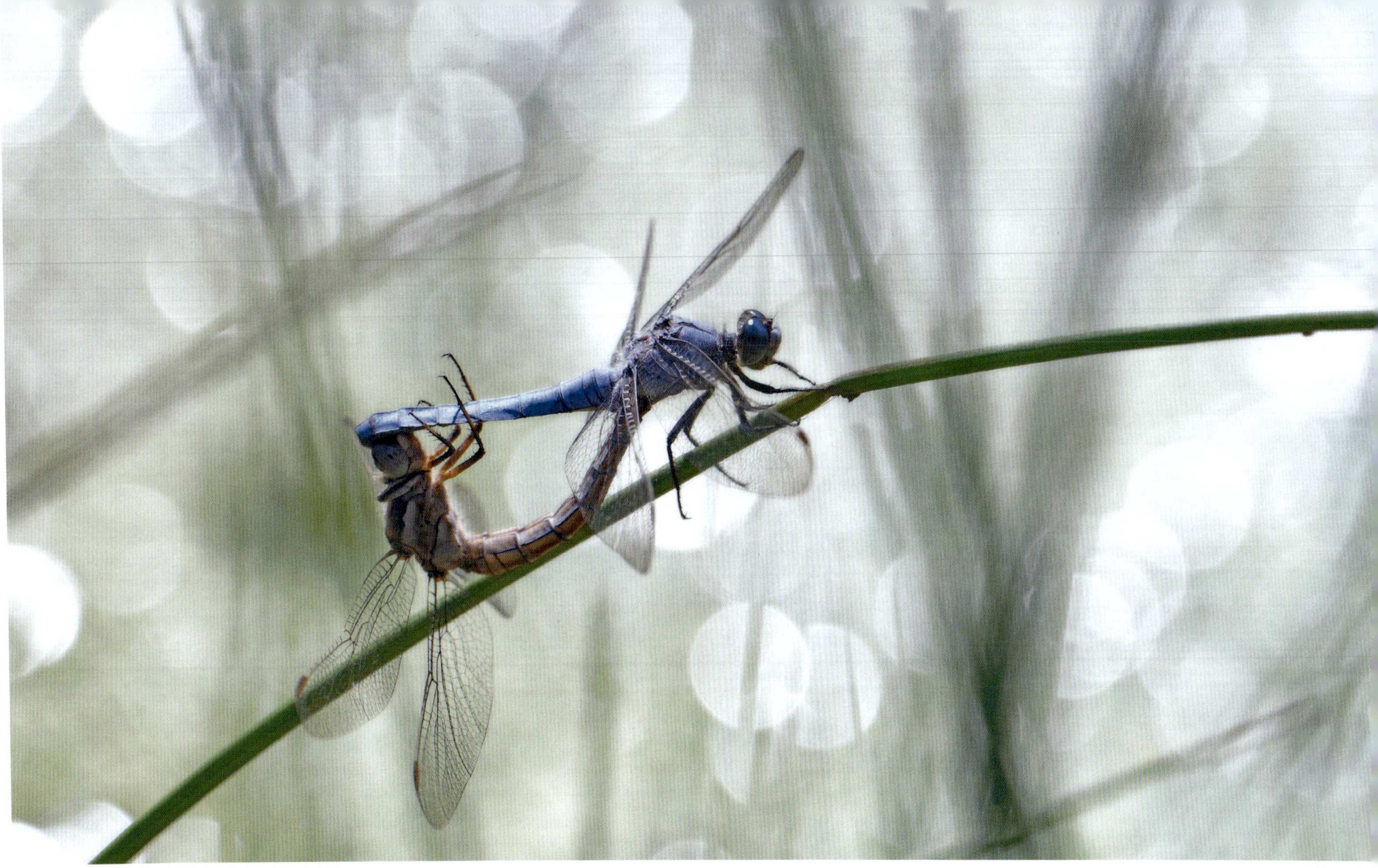

Ein Blaupfeil-Pärchen bei ihrem „Liebesrad“ an einem Gewässer.

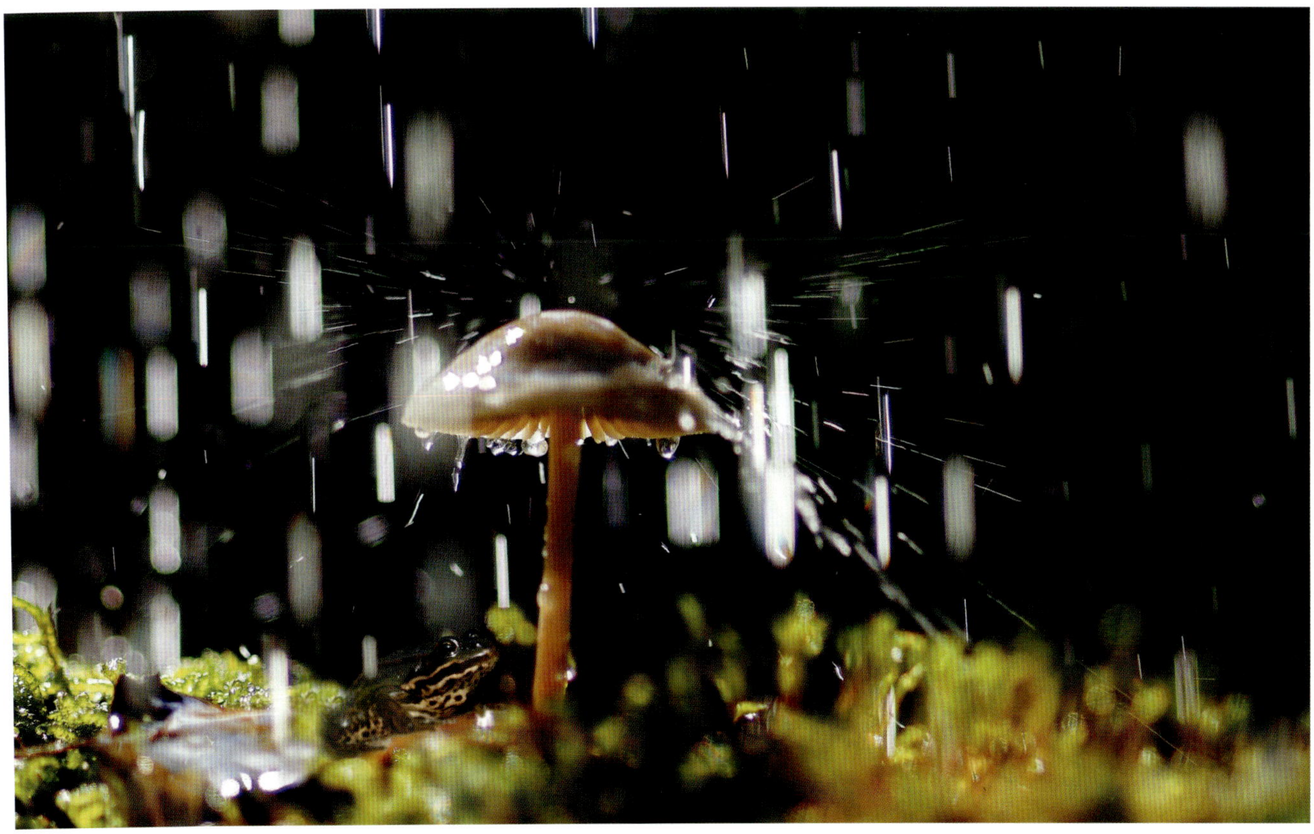

Regenschirm: Kaum zu glauben, dass der Frosch wegen des starken Regens unter einen Pilz geflüchtet ist, obwohl das Wasser sein Element ist.

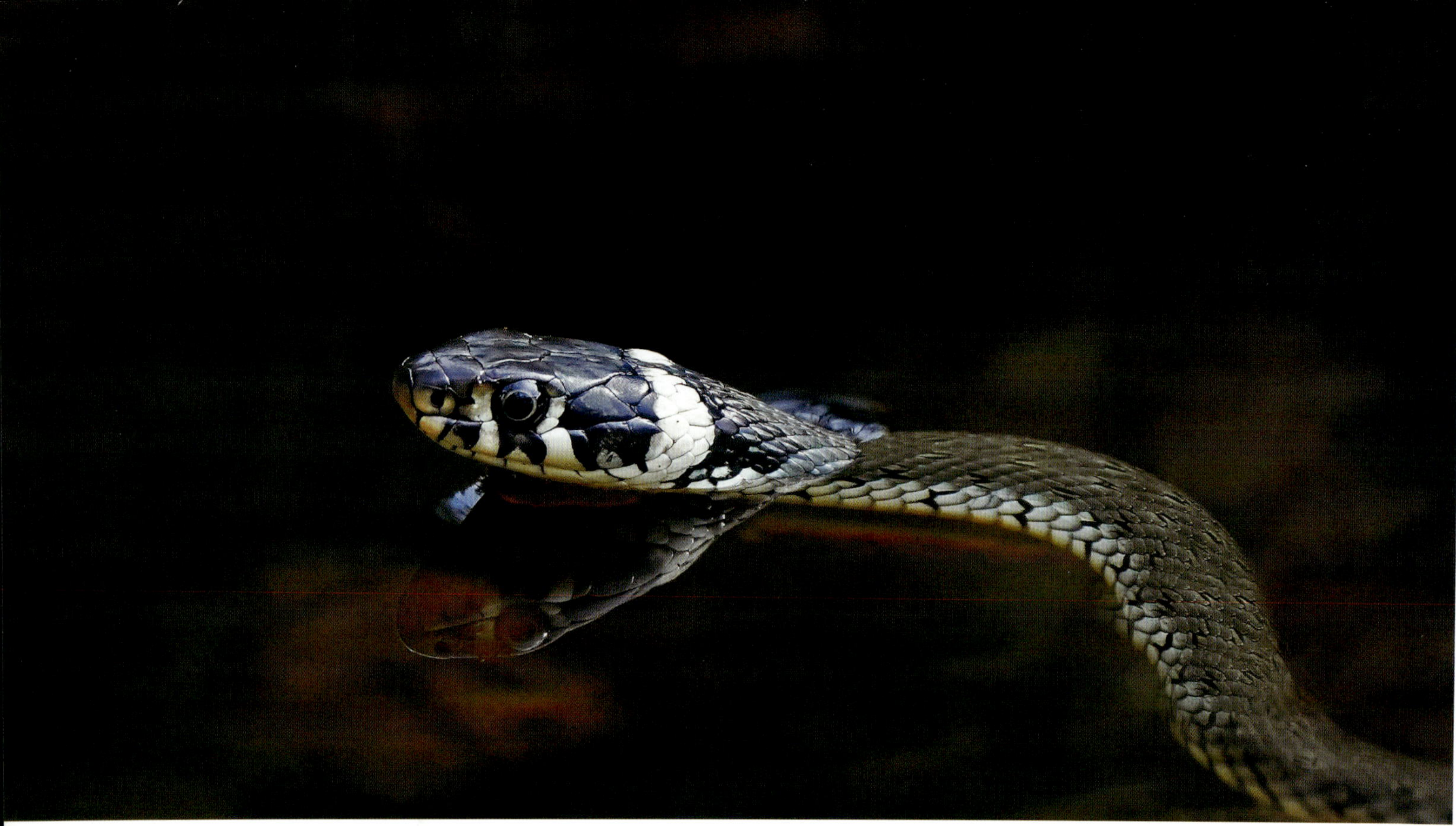

Spiegelung der Ringelnatter.

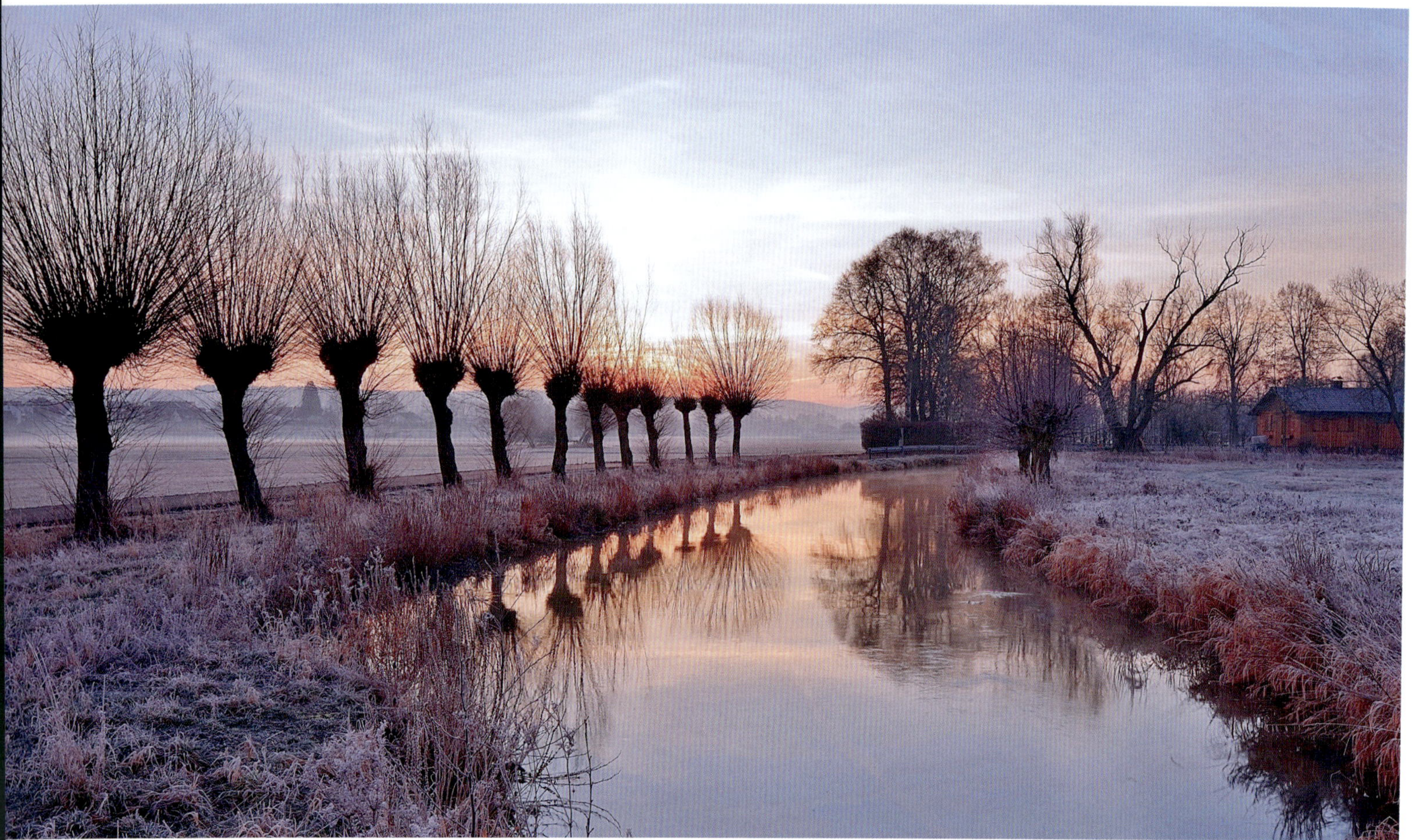

Sonnenaufgang am alten Schwimmbad in Ziegenhain.

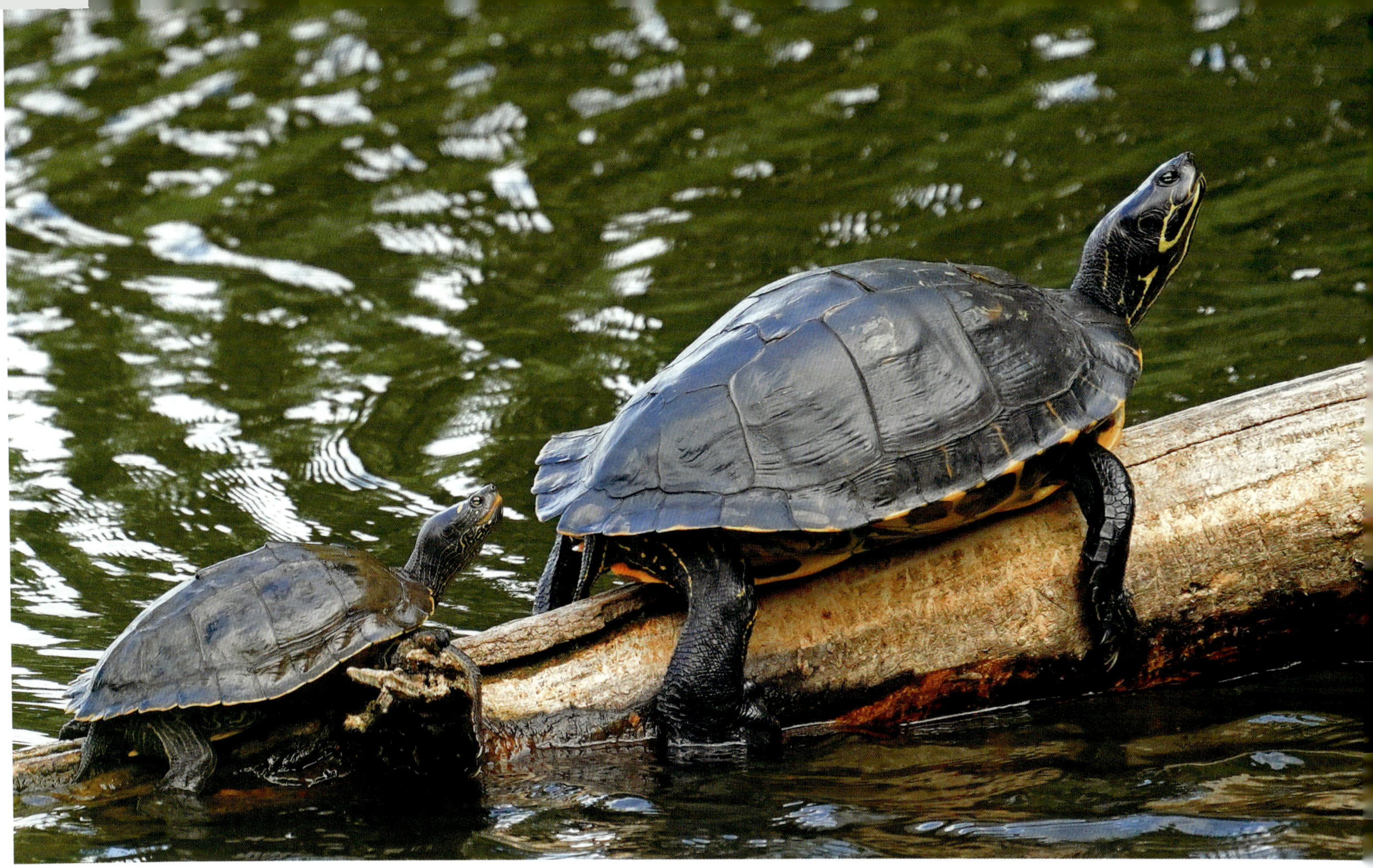

Zwei Gelbwangenschildkröten tummeln sich im Buga-See in Kassel.

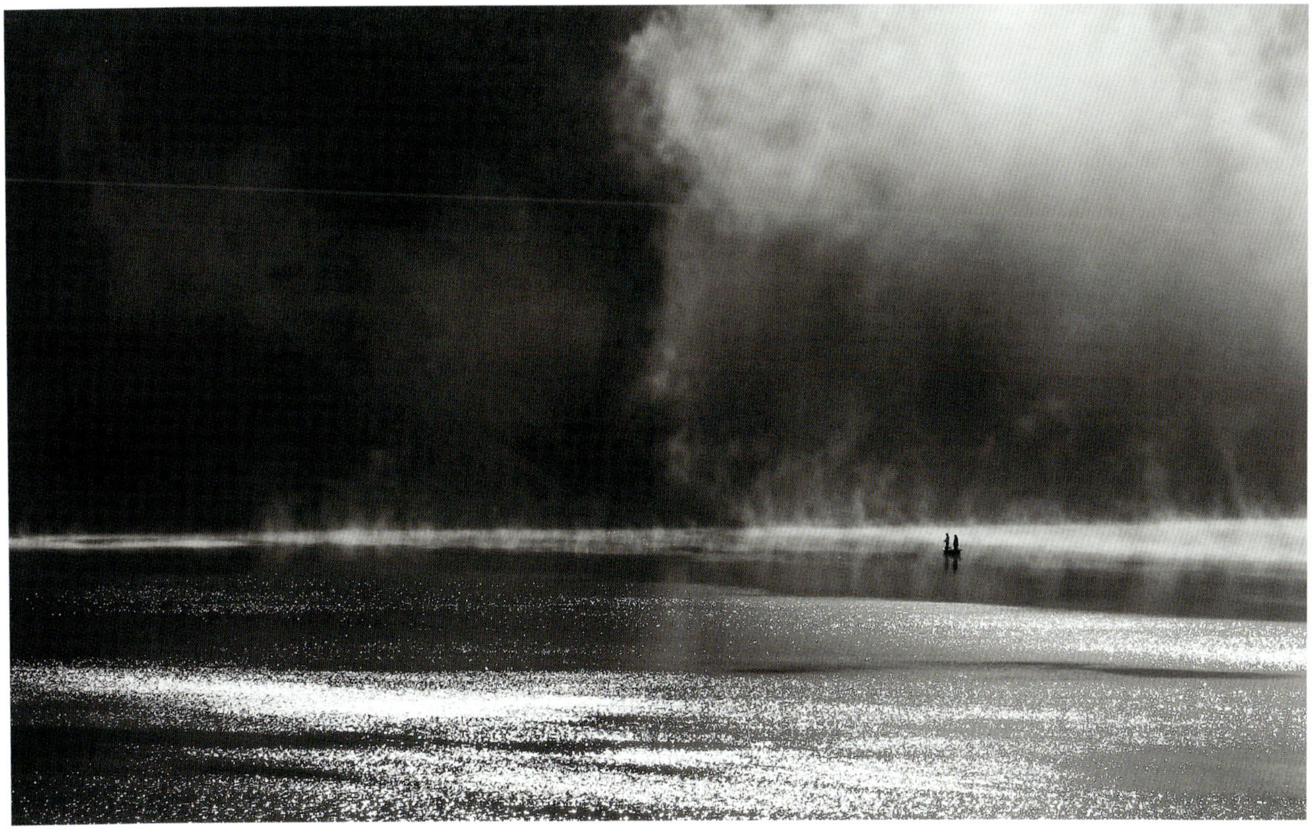

Zwei Angler an einem frühen Morgen auf dem Edersee. Hier kann man gut sehen, wie klein der Mensch gegenüber der gewaltigen Natur ist.

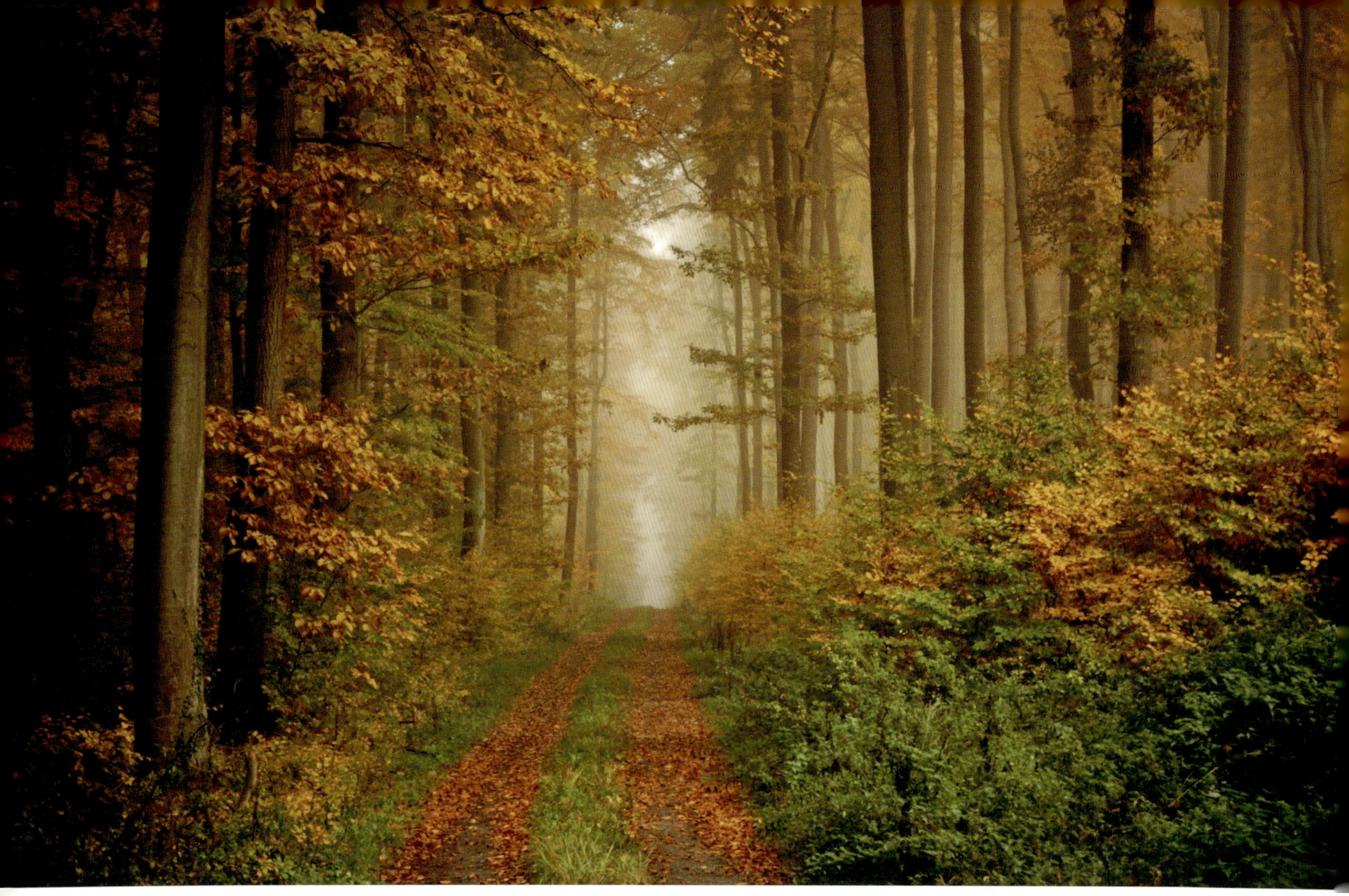

Waldweg im Herbst bei Willingshausen.

Die Facetten des Waldes

Eines Tages kam ein Freund zu mir und erzählte, dass er oben am Galgenberg, ein Waldstück in unserer Umgebung, drei kleine Füchse beim Spielen gesehen hat. Nun dauert es ja in der Regel nicht lange, bis die Jungfüchse von ihrer Fähe über Gefahren aufgeklärt werden, und sie lernen schnell. Sofort habe ich mich am nächsten Tag auf den Weg gemacht, um den Füchsen einen Besuch abzustatten. Als ich an die besagte Stelle kam, waren keine Füchse zu sehen. Damit hatte ich aber gerechnet, weil ich weiß, dass man nur mit viel Geduld und Beharrlichkeit Tiere in freier Natur zu Gesicht bekommt. Deshalb ging ich für eine halbe Stunde erst einmal weiter, um dann etwas später wieder an die Stelle zu kommen, an der ich die Welpen vermutete. Dort gab es viele Löcher im Waldboden, die in die Fuchs- und Dachsbauten führten. Kurz vorher prüfte ich meine Kamera, ob auch die Einstellungen stimmten. Als ich nun so am Rande des Waldes stand und noch nach der Kamera schaute, hob ich den Kopf und schaute in das Gesicht eines Welpen. Mein Herz fing an zu rasen, denn der Kleine stand mir direkt gegenüber. Nur gut, dass ich vorher die Kamera für diesen Fall eingestellt hatte!

Ganz vorsichtig und ohne schnelle Bewegungen hob ich die Kamera und fotografierte darauf los, als gäbe es kein Morgen. Er war ein so Hübscher, ich war hin und weg von dieser Schönheit. Er guckte mich an, als wolle er sagen: „Was bist du denn für einer?“ Wir waren beide verdutzt über das plötzliche Zusammentreffen, sodass wir uns ungefähr 30 Sekunden lang anstarrten und der eine vom anderen fasziniert war. Nun dachte ich mir, lass den Kleinen in Ruhe seiner Wege gehen und ging meinerseits weiter – ein Erlebnis, das mich bis heute berührt.

Nun weiß ich, wie sich Günther Schuhmann gefühlt haben muss, als er die einmalige Freundschaft von Feline, einer Füchsin, und ihrer Fuchsfamilie gewinnen konnte. Meine Begegnung spiegelt zwar nur einen Bruchteil von dem wider, was Günther Schuhmann all die Jahre erleben durfte. Eine Freundschaft mit einem Fuchs, es gibt in der Natur fast nichts Schöneres, das man erleben kann!

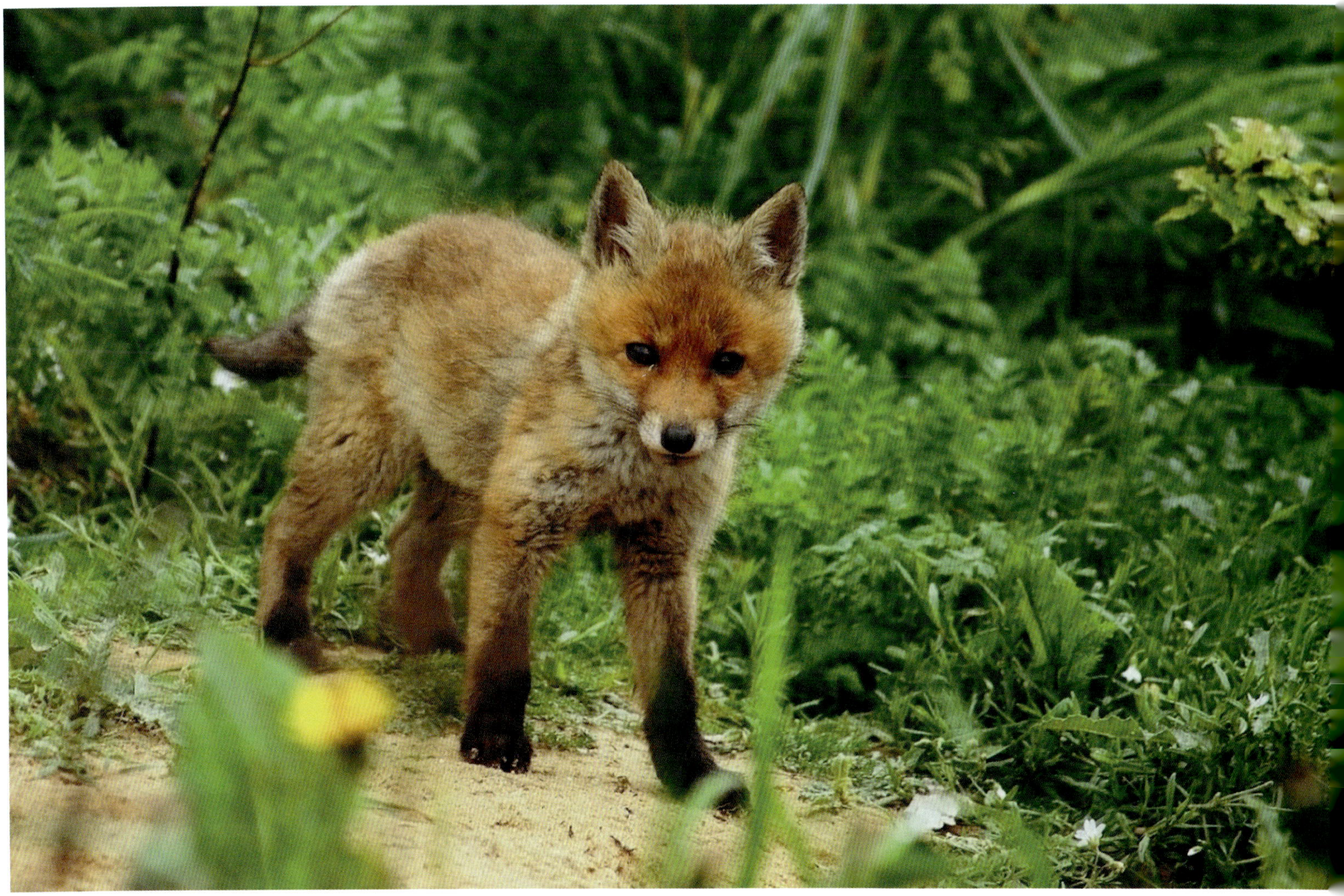

Meine Begegnung mit dem kleinen Fuchs am Galgenberg bei Ziegenhain.

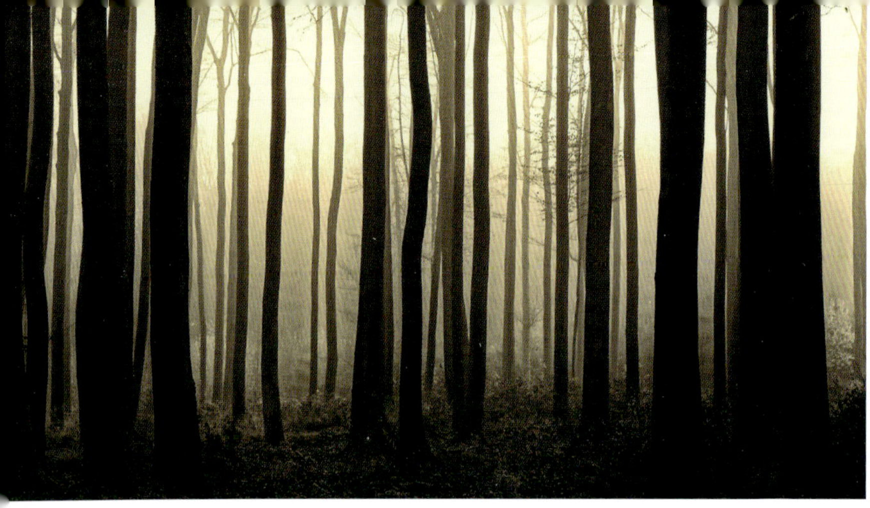

Waldnebel im Willingshäuser Wald.

Der Wald, er ist Rückzugsort für Tiere aller Art. Früher waren viele Tiere, die heute den geschützten Wald aufsuchen, in Feld und Wiese anzutreffen. Durch die starke Bejagung durch den Menschen haben sie sich für den Wald als Schutzraum entschieden, denn dort sind sie schwerer auszumachen. Doch hat der Wald neben den Säugetieren noch viel mehr zu bieten. Da sind beispielsweise die kleinen, unscheinbaren Insekten. Wenn man vorsichtig und mit offenen Augen durch den Wald geht, kann man unglaublich viel entdecken und hören, nicht zuletzt das Hämmern der verschiedenen Spechte. Ob Buntspecht, Grünspecht oder Schwarzspecht, man kann ihn hunderte Meter weit hören. Kommt man in die Nähe eines Eichelhähers, fängt er sofort an zu krächzen, und zwar in einer Lautstärke, die schon beachtlich ist. Daher nennt man ihn auch die „Polizei“ des Waldes.

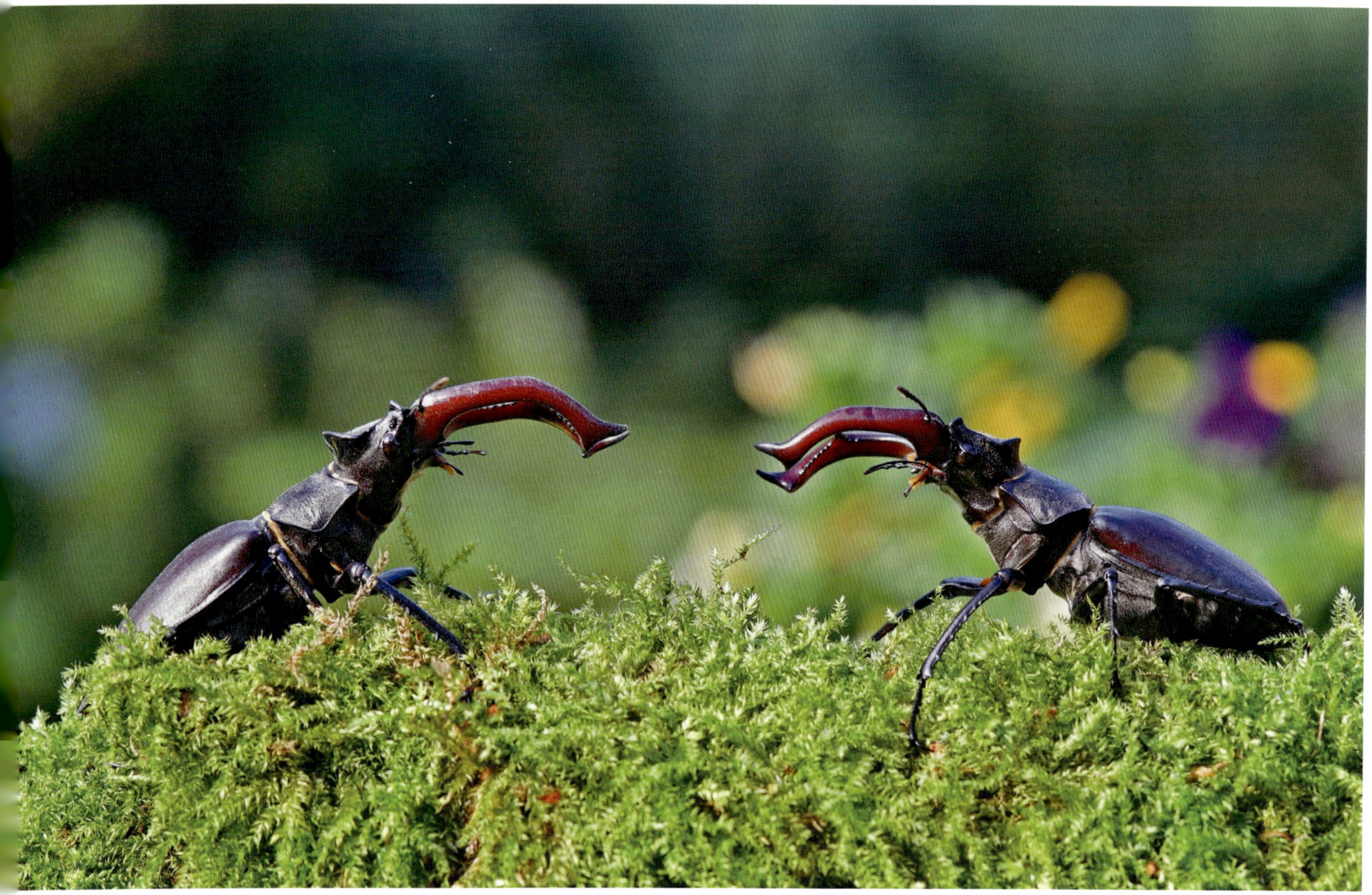

Zwei männliche Hirschkäfer in Kampfstellung: Der Sieger bekommt das Weibchen.

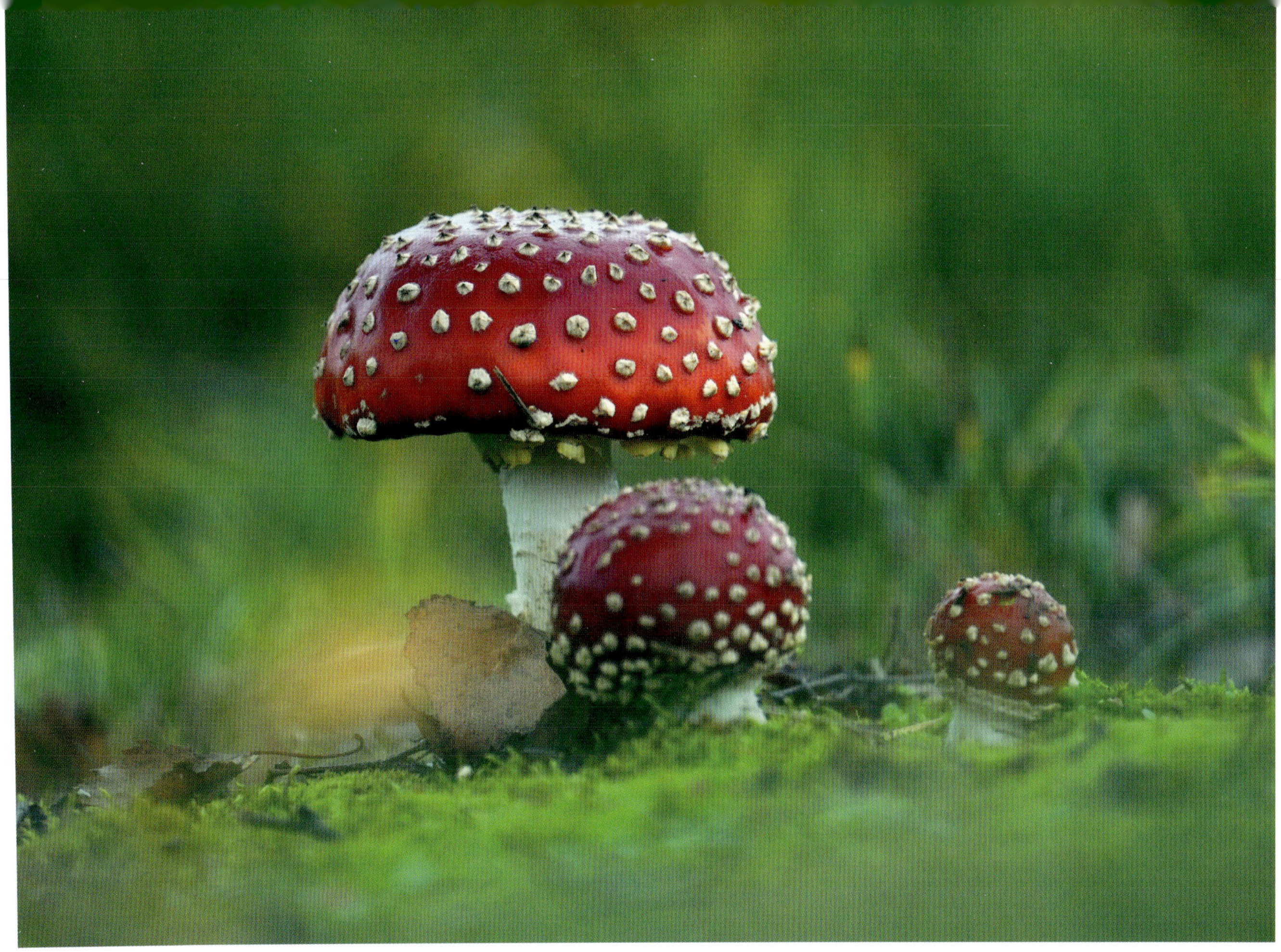

Eine Fliegenpilz-Familie.

Durch die Bewirtschaftung des Waldes, gibt es heute leider nicht mehr so viel Wald in einem urwaldähnlichen Zustand. Doch fängt man jetzt wieder an, die Fehler der Vergangenheit zu korrigieren. Viel altes Totholz, in dem sich der größte Käfer Mitteleuropas, der Hirschkäfer, wohlfühlt sind beseitigt worden, und somit gab es auch immer weniger dieser wunderschönen Käfer. In Mengsberg haben sich ein paar Naturfreunde zusammengetan und einen Teil des Waldrandes so hergerichtet, dass sich der Hirschkäfer dort wieder ansiedelte. Auch einen Rehschröter konnte ich entdecken, der über dem Waldboden zu schweben schien.

Der Wald besitzt Eigenschaften, die für uns Menschen elementar wichtig sind. Er entzieht zum Beispiel der Atmosphäre Kohlendioxid, und das Holz ersetzt andere energieintensive Materialien wie Stahl und Beton, die auf Basis endlicher Rohstoffe hergestellt werden.

Wenn meine Frau und ich im Herbst in den Wald gehen, dann um Pilze zu sammeln. Wir haben eine Zweiteilung: Meine Frau, die sich sehr gut auskennt, sucht die Pilze, um dann zu Hause ein schmackhaftes Pilzgericht zu kochen. Währenddessen bin ich mit der Kamera auf Pilzsuche, um sie ins rechte Licht zu setzen. So haben wir zwei Fliegen mit einer Klappe geschlagen! Sehr gerne fotografiere ich Fliegenpilze, die zwar ungenießbar sind, aber in jeder Wachstumsphase schön anzuschauen und sehr fotogen.

Wir in Nordhessen haben viele zusammenhängende Wälder wie den Kellerwald, den Habichtswald und den Reinhardswald. Dort können auch wir Menschen uns erholen und unsere Freizeit genießen. Wir sollten dabei nur nicht vergessen, dass wir den Wald mit anderen Waldbewohnern teilen müssen und dementsprechend Rücksicht nehmen sollten. Dann und nur dann fühlen sich alle wohl in dieser einmaligen Welt des Waldes.

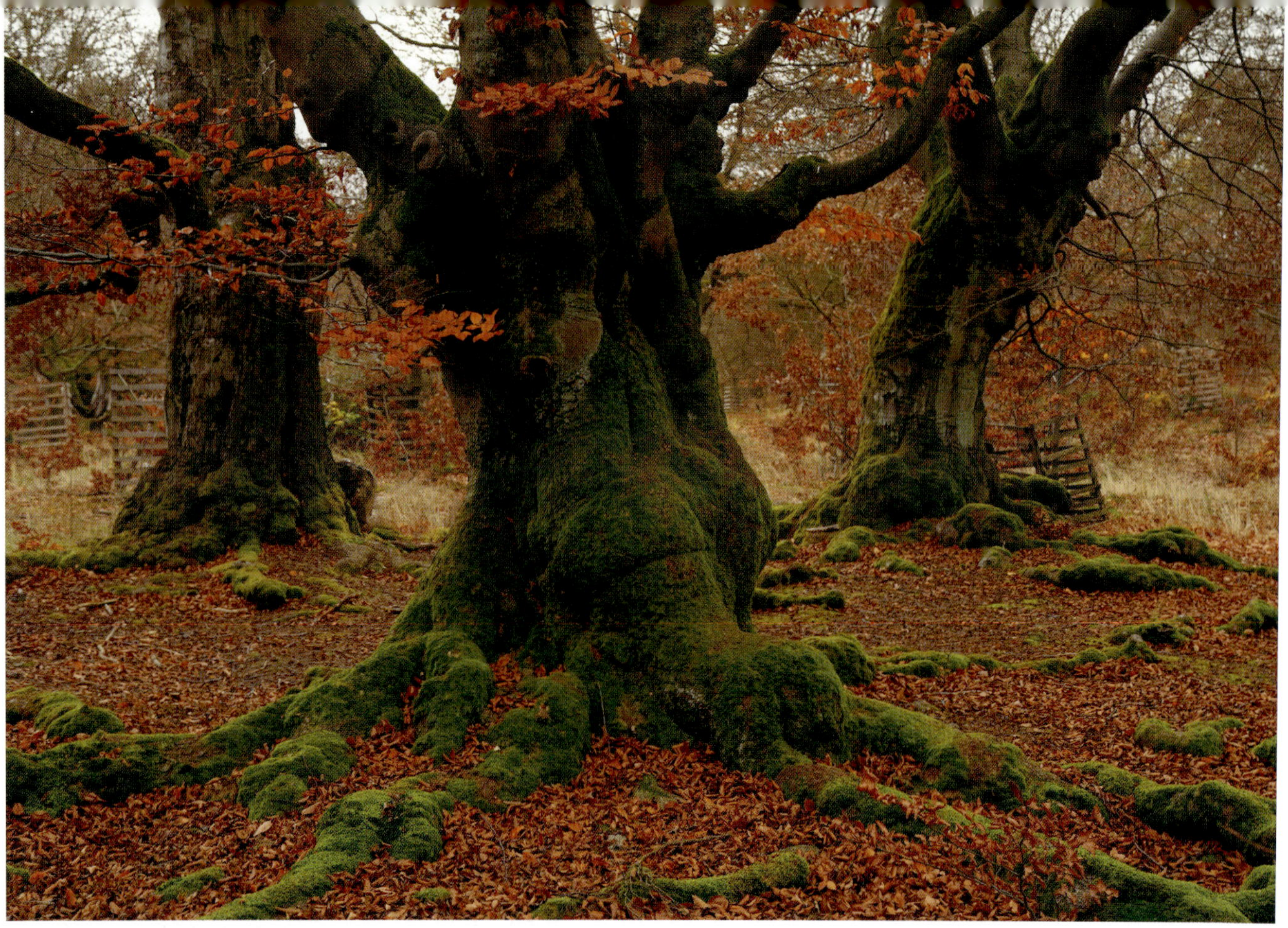

Uralte Buchen im ehemaligen Hutewald Halloh bei Albertshausen.

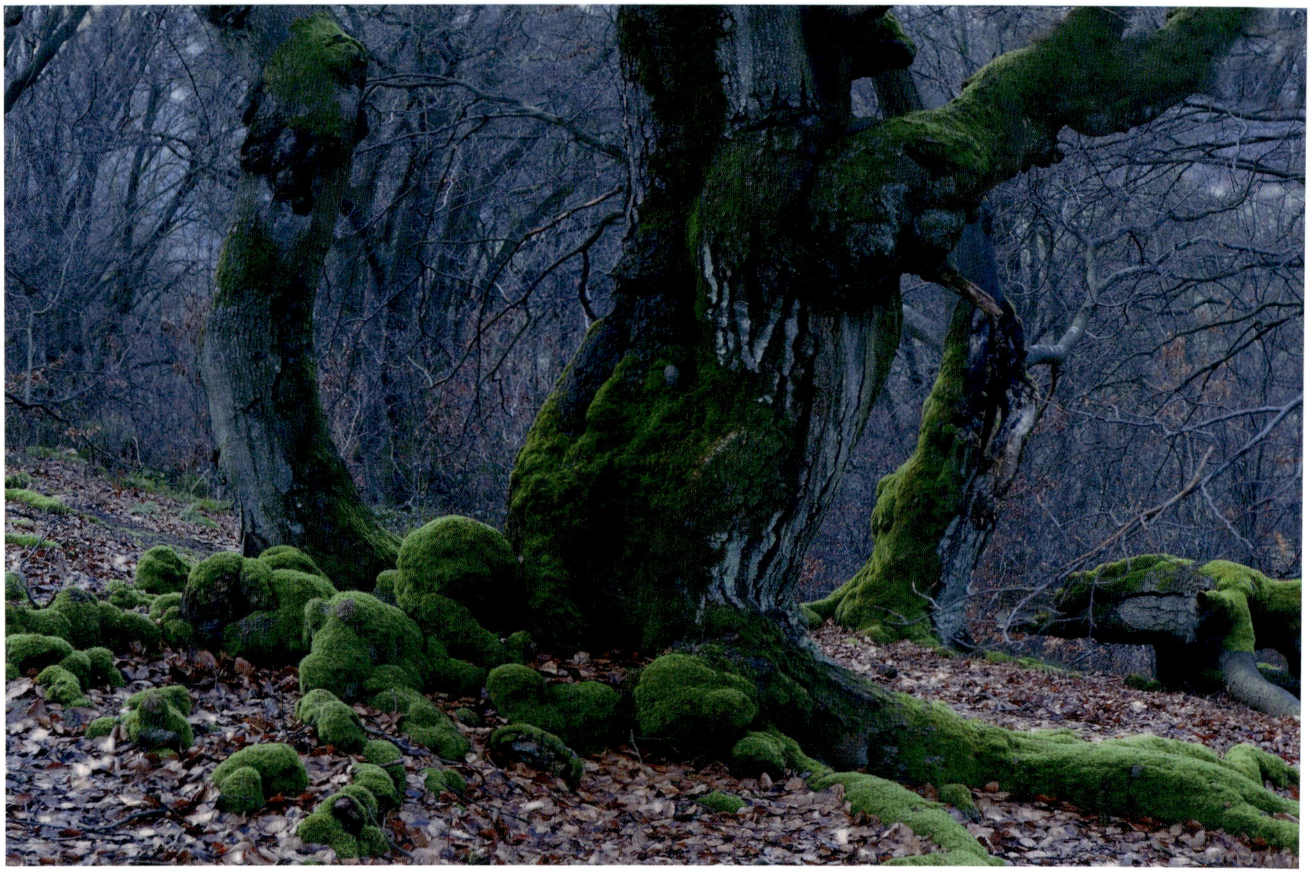

Fest verwurzelt sind diese alten Bäume.

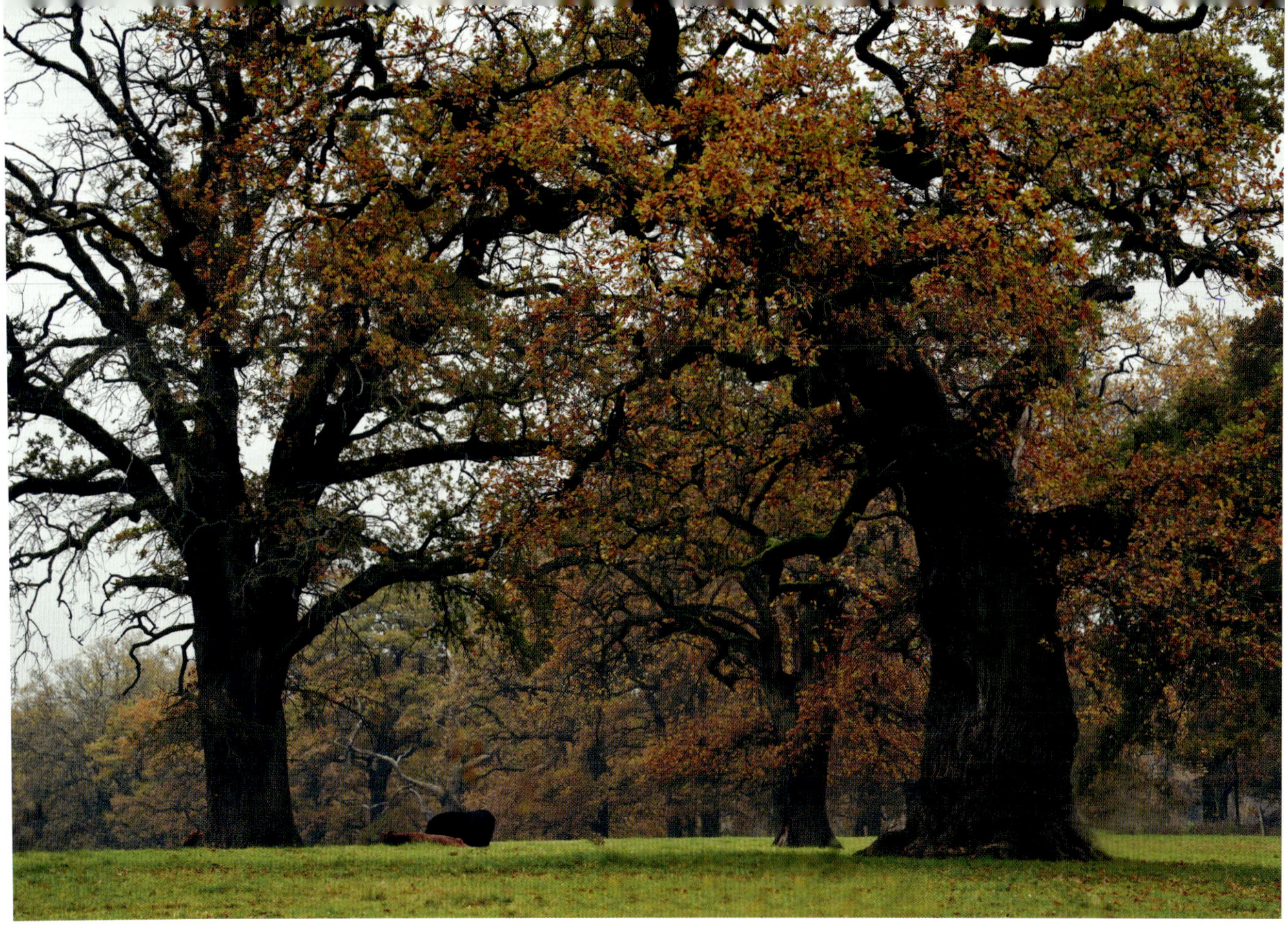

Huteweide im Reinhardswald bei Beberbeck.

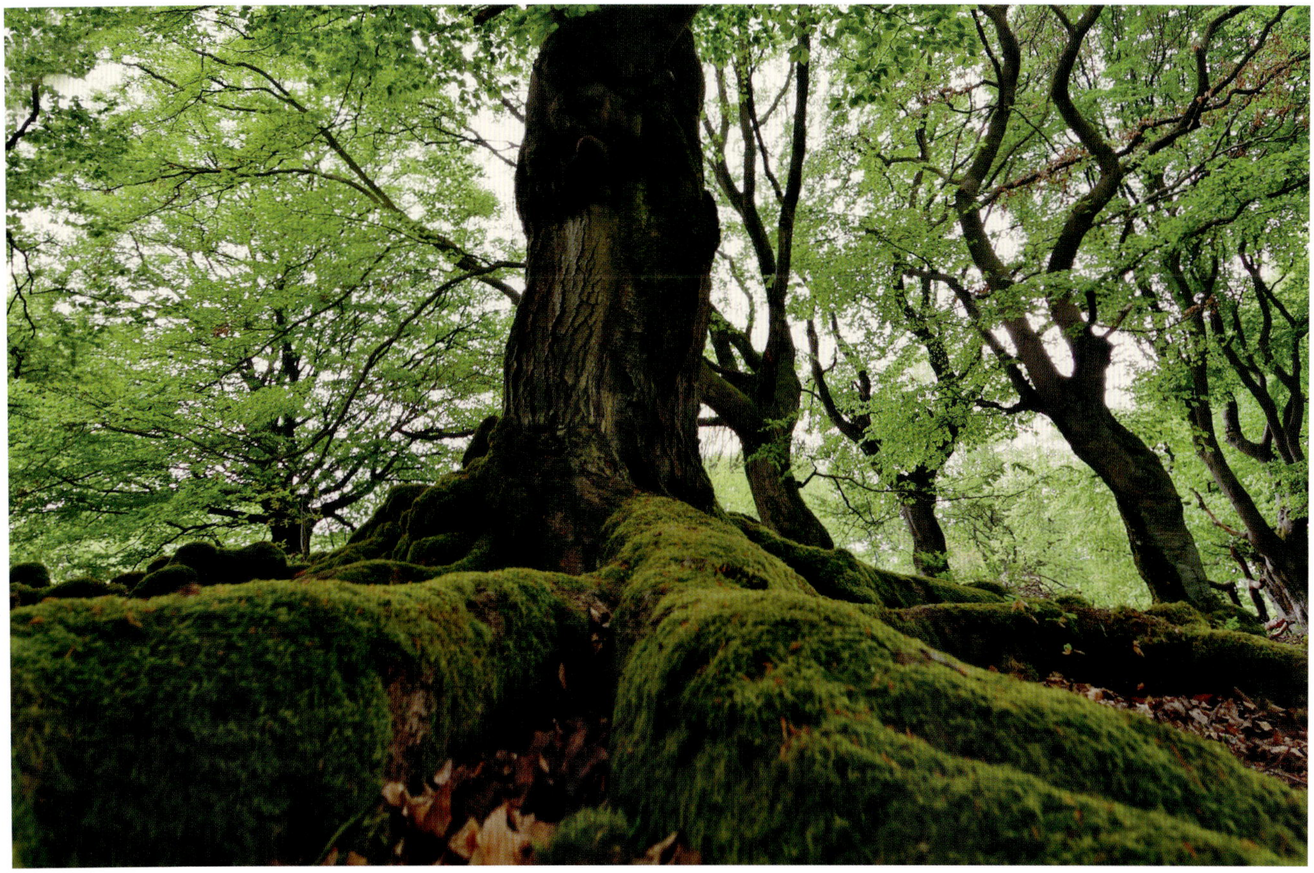

Frisches Blattgrün an den Bäumen im Hutewald.

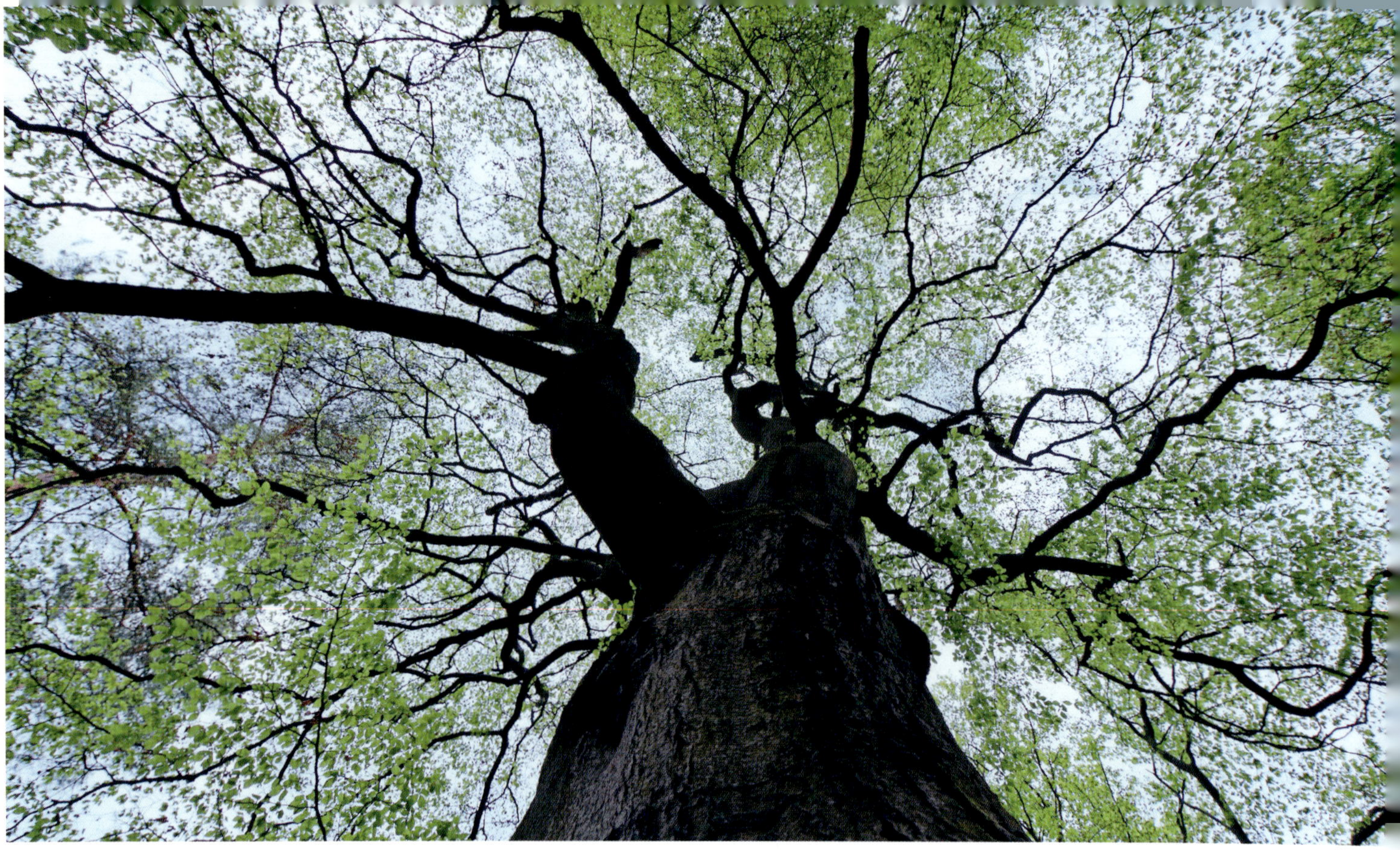

Blick nach oben in die feinen Verästelungen eines Baumes.

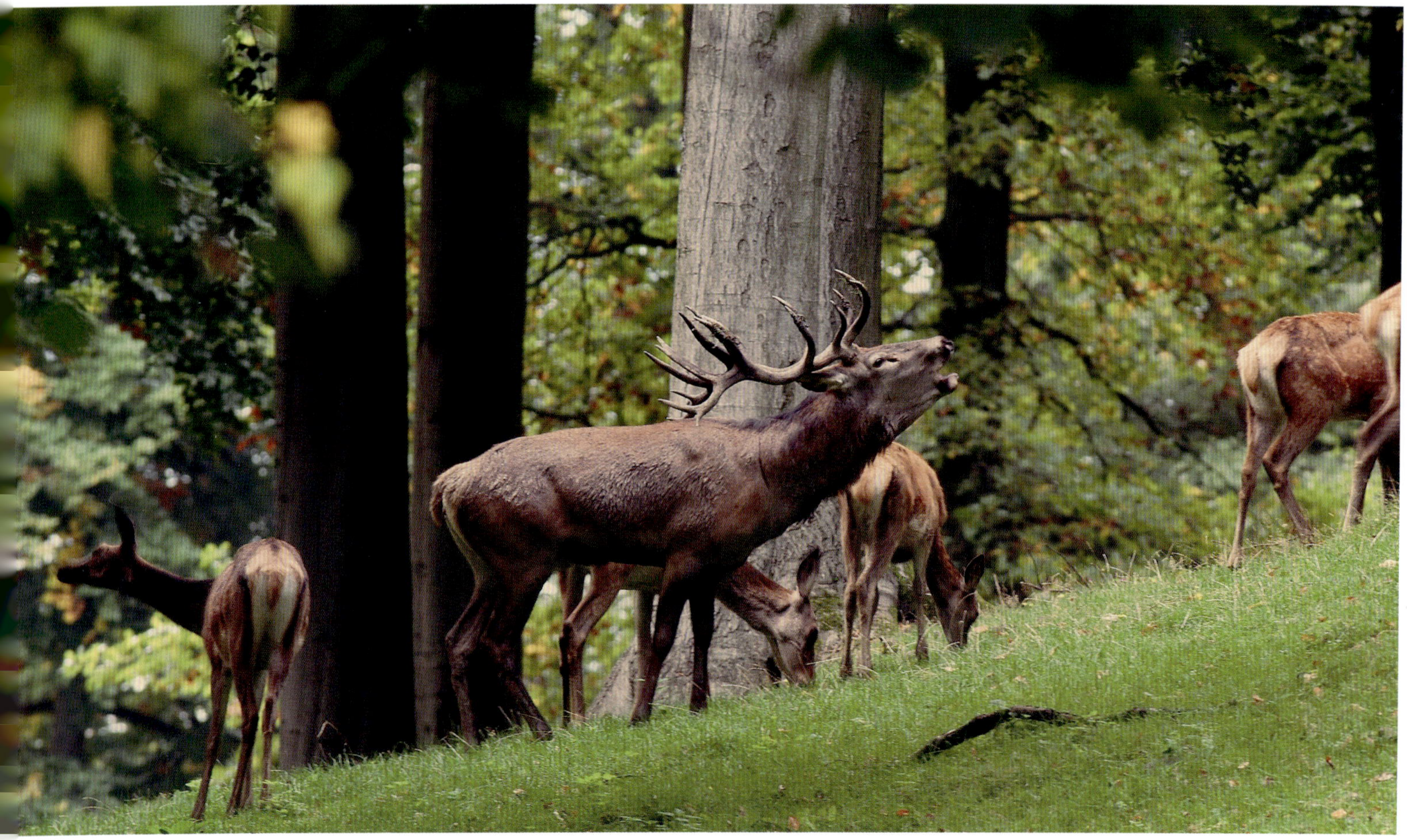

Hirschbrunft im Wildpark Knüll.

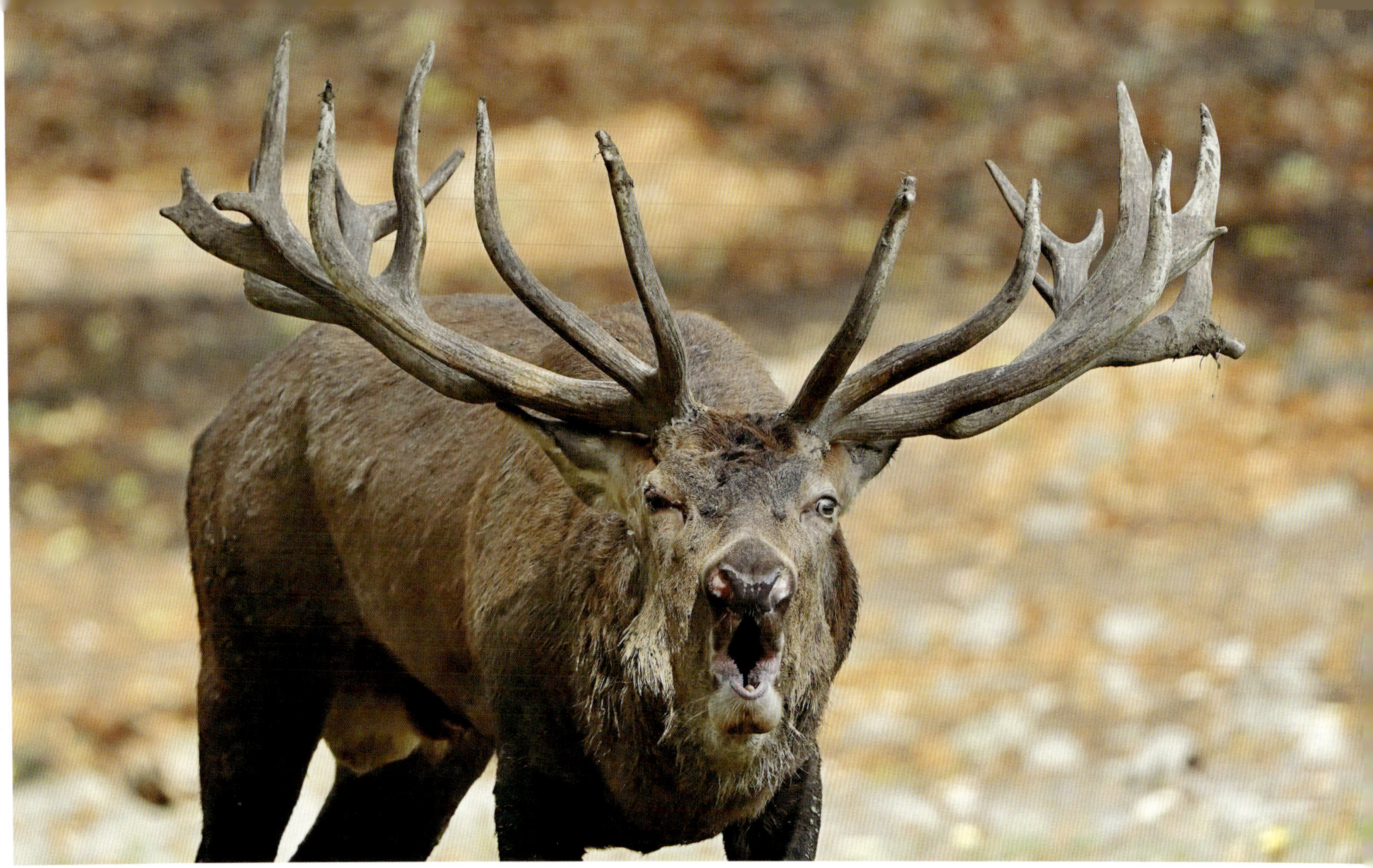

Ein stattlicher Rothirsch beansprucht sein Revier im Wildpark Knüll.

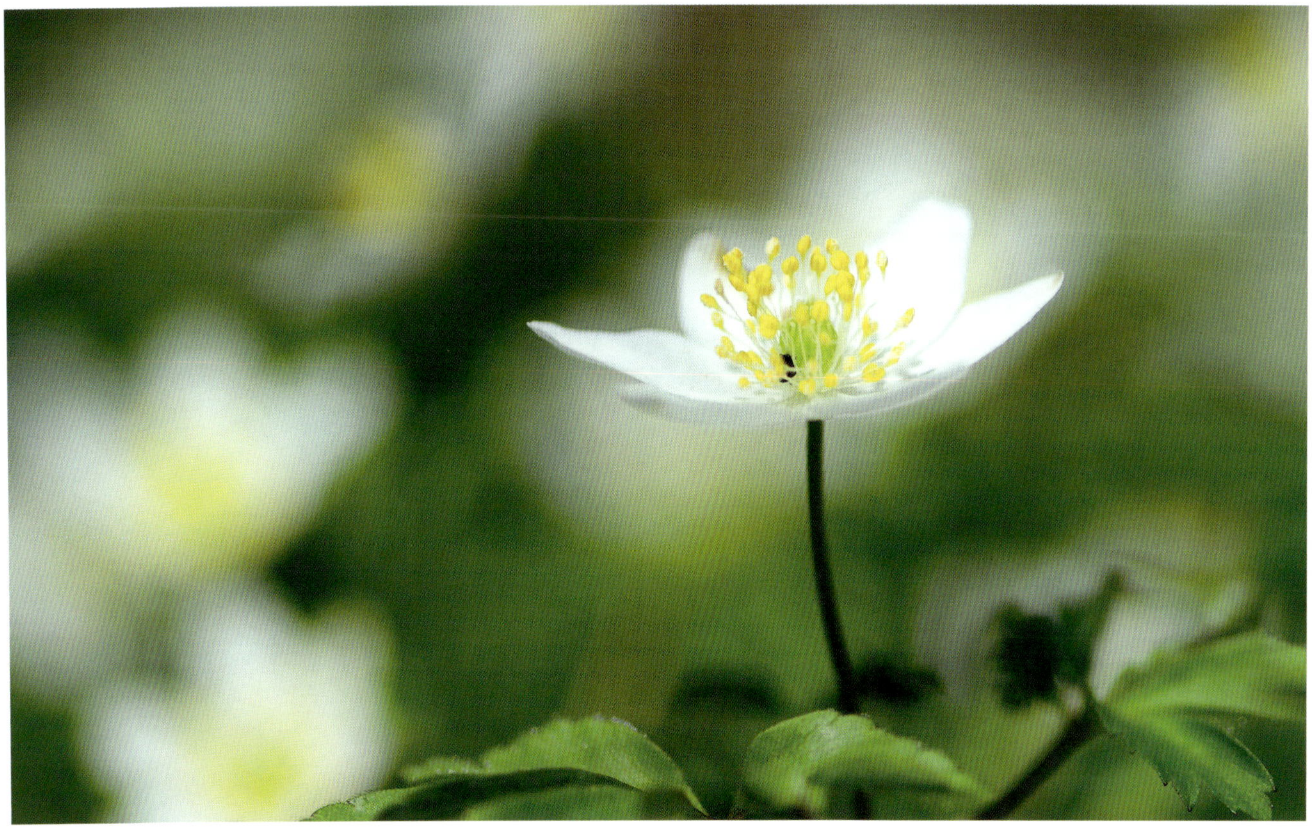

Blüte eines Buschwindröschens.

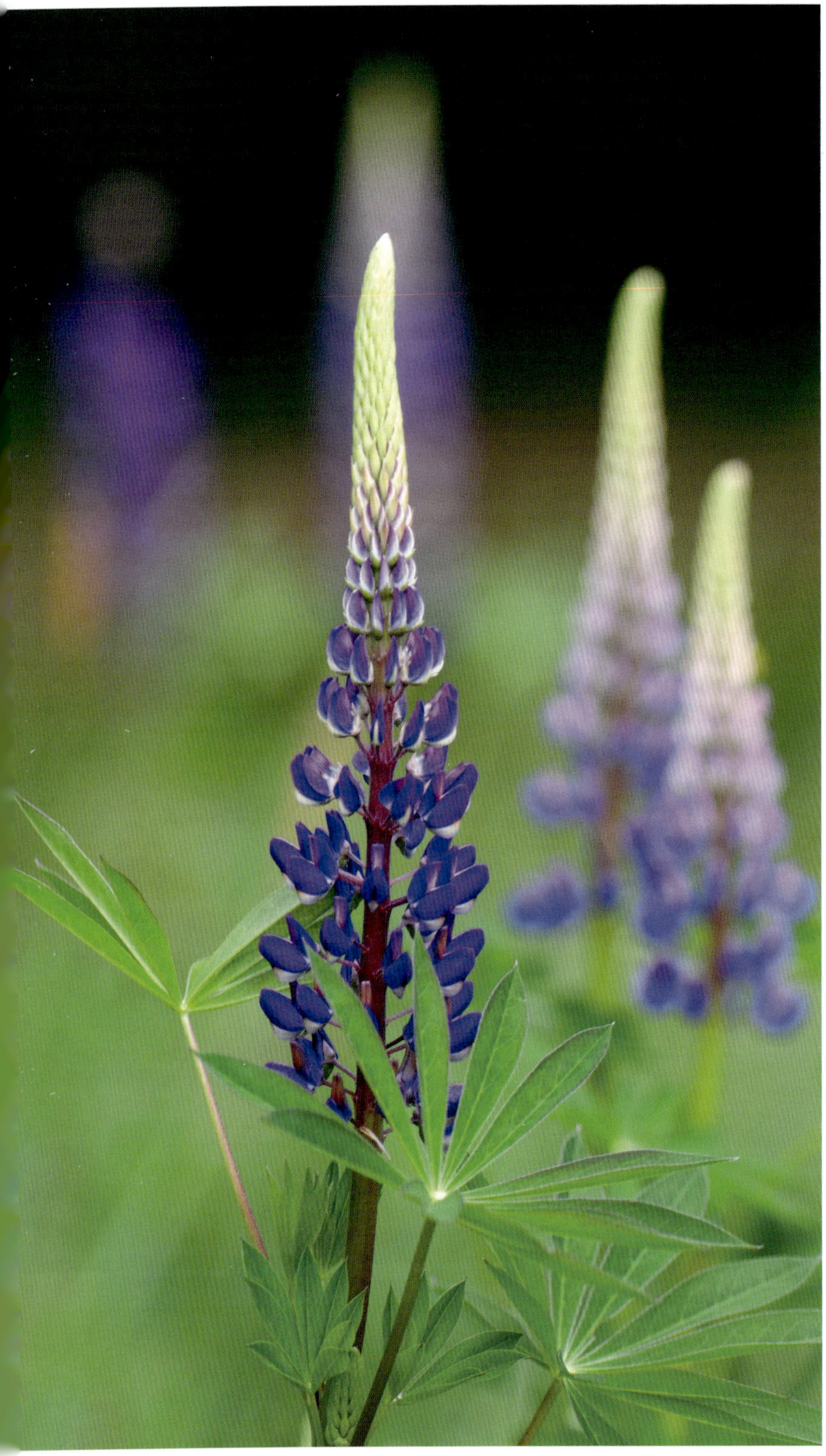

Auf der Waldlichtung die hübschen Lupinen.

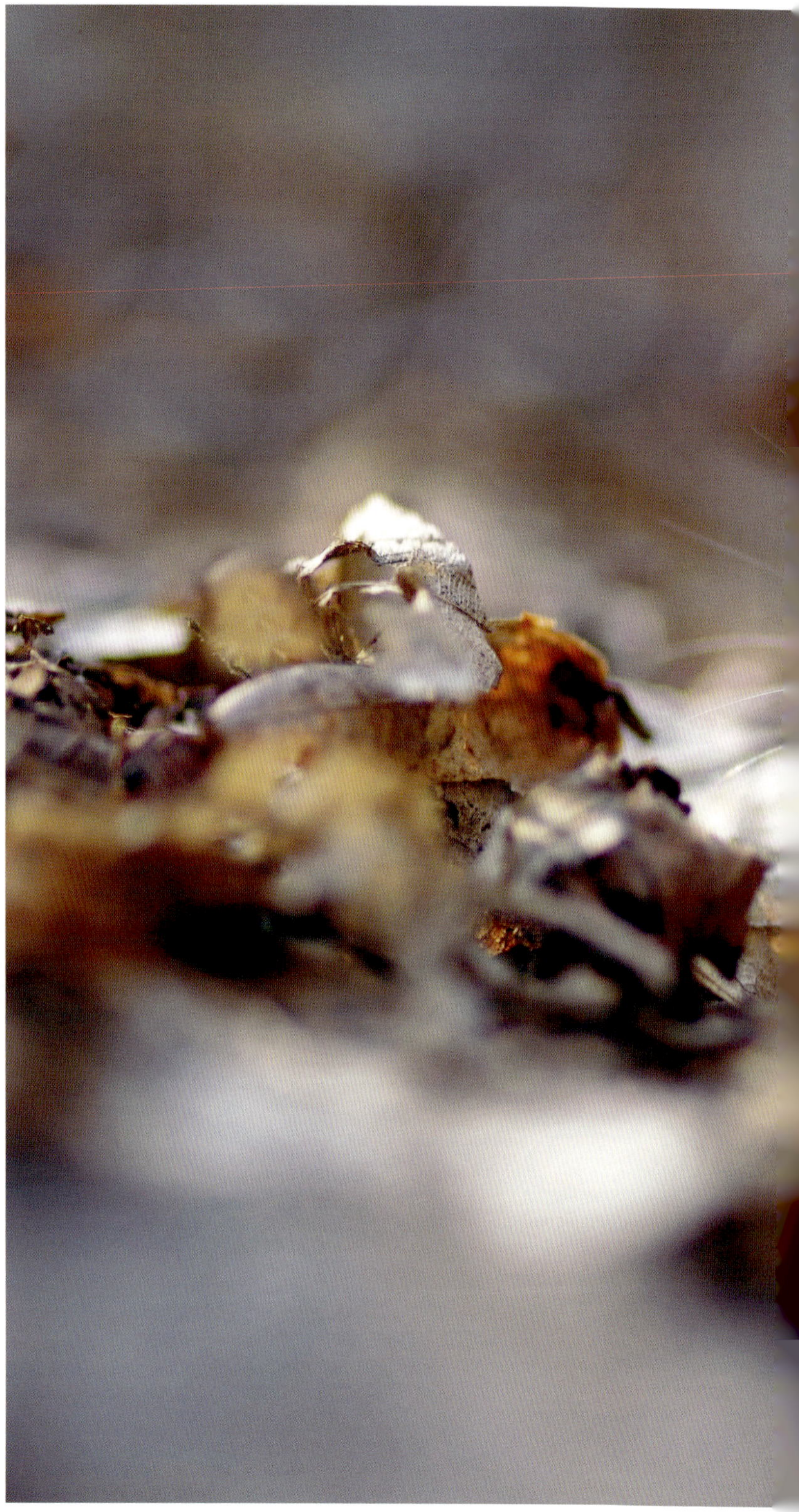

Die Waldmaus lässt sich die Eicheln schmecken.

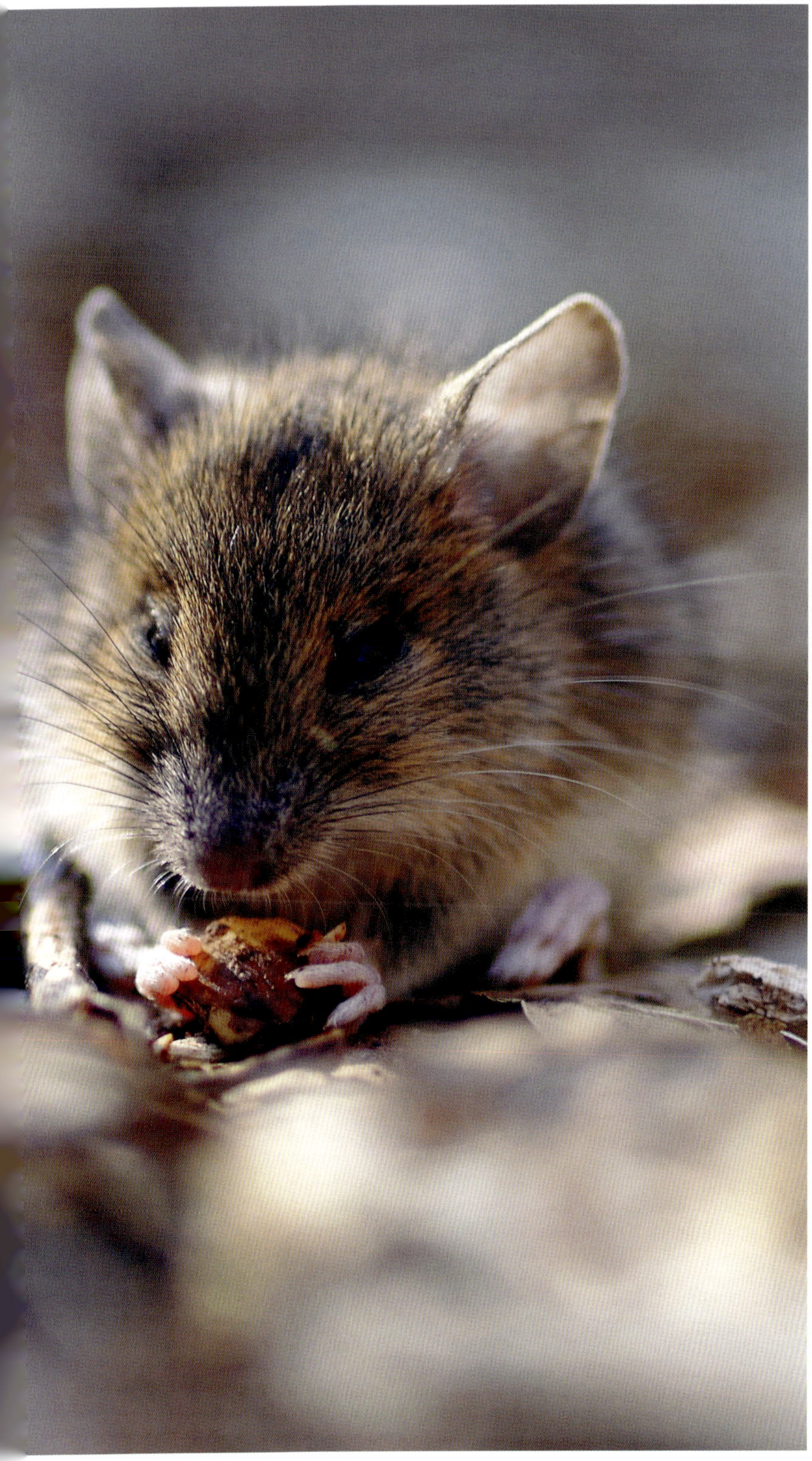

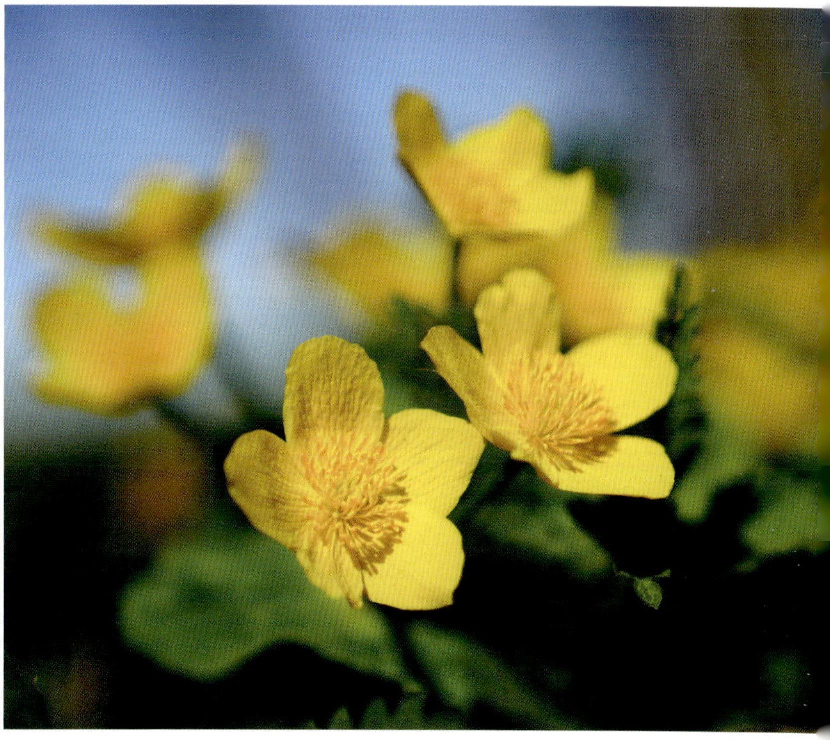

Durch Trockenheit auch auf dem Rückzug:
die Sumpfdotterblume.

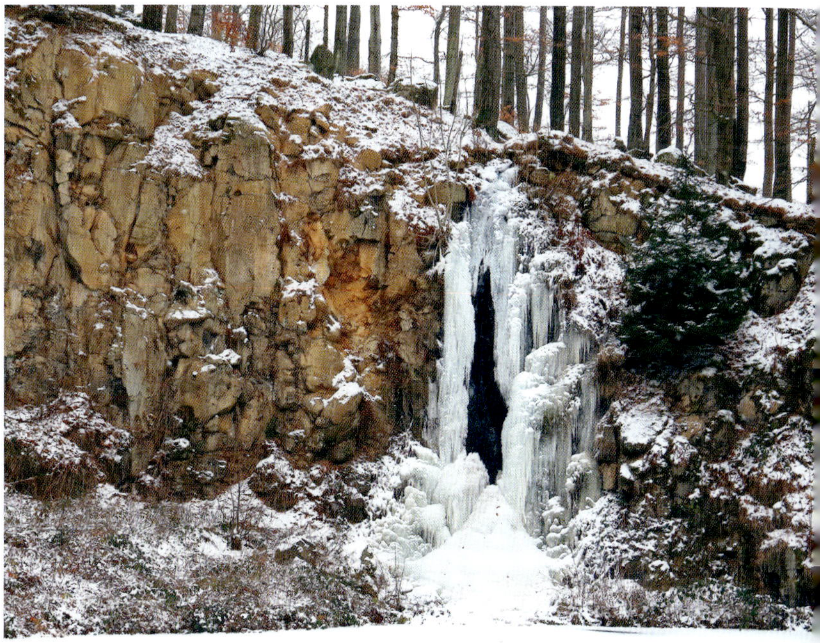

Der vereiste Wasserfall im Wald bei Christerode.

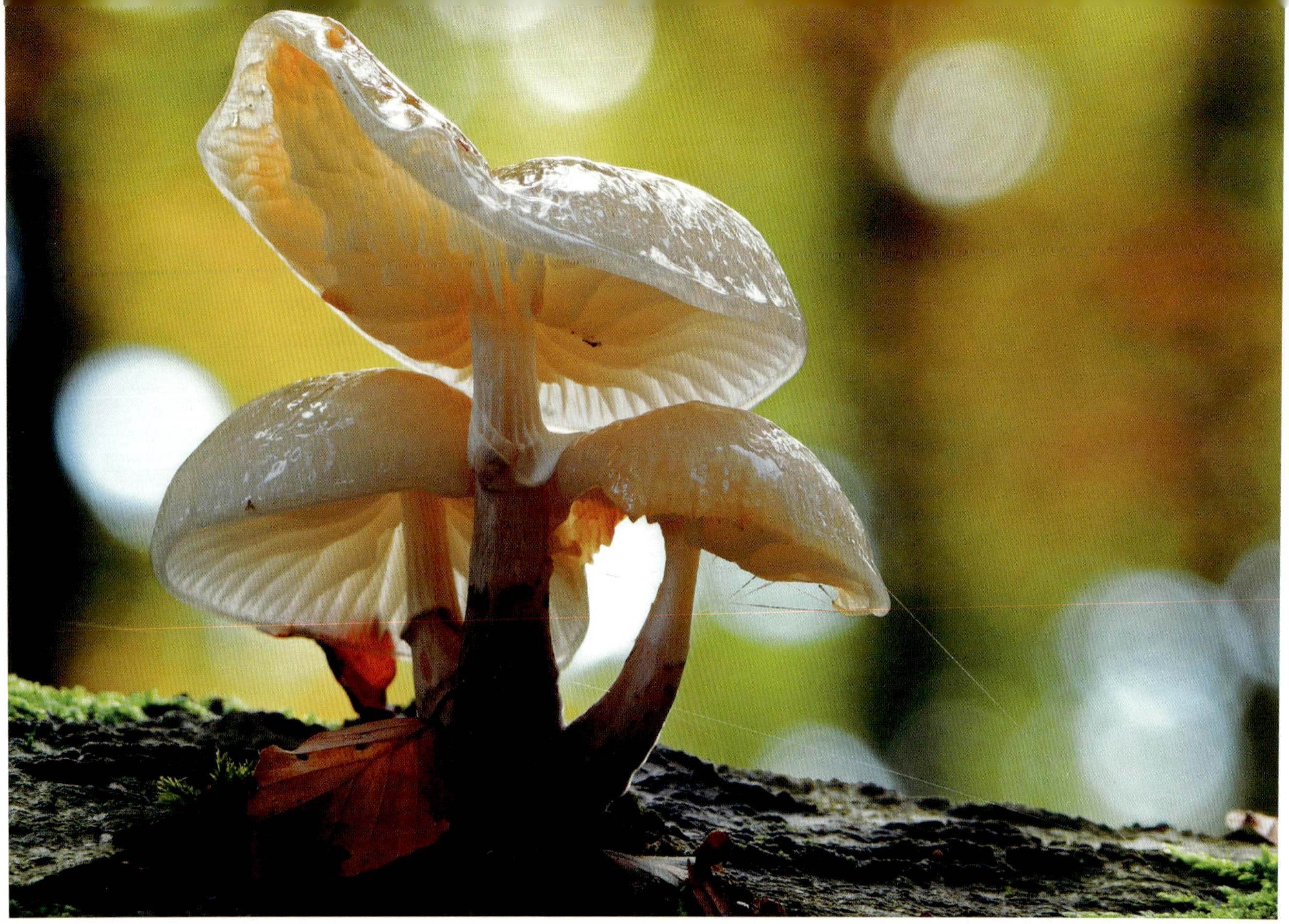

Der Buchenschleimling im Gegenlicht.

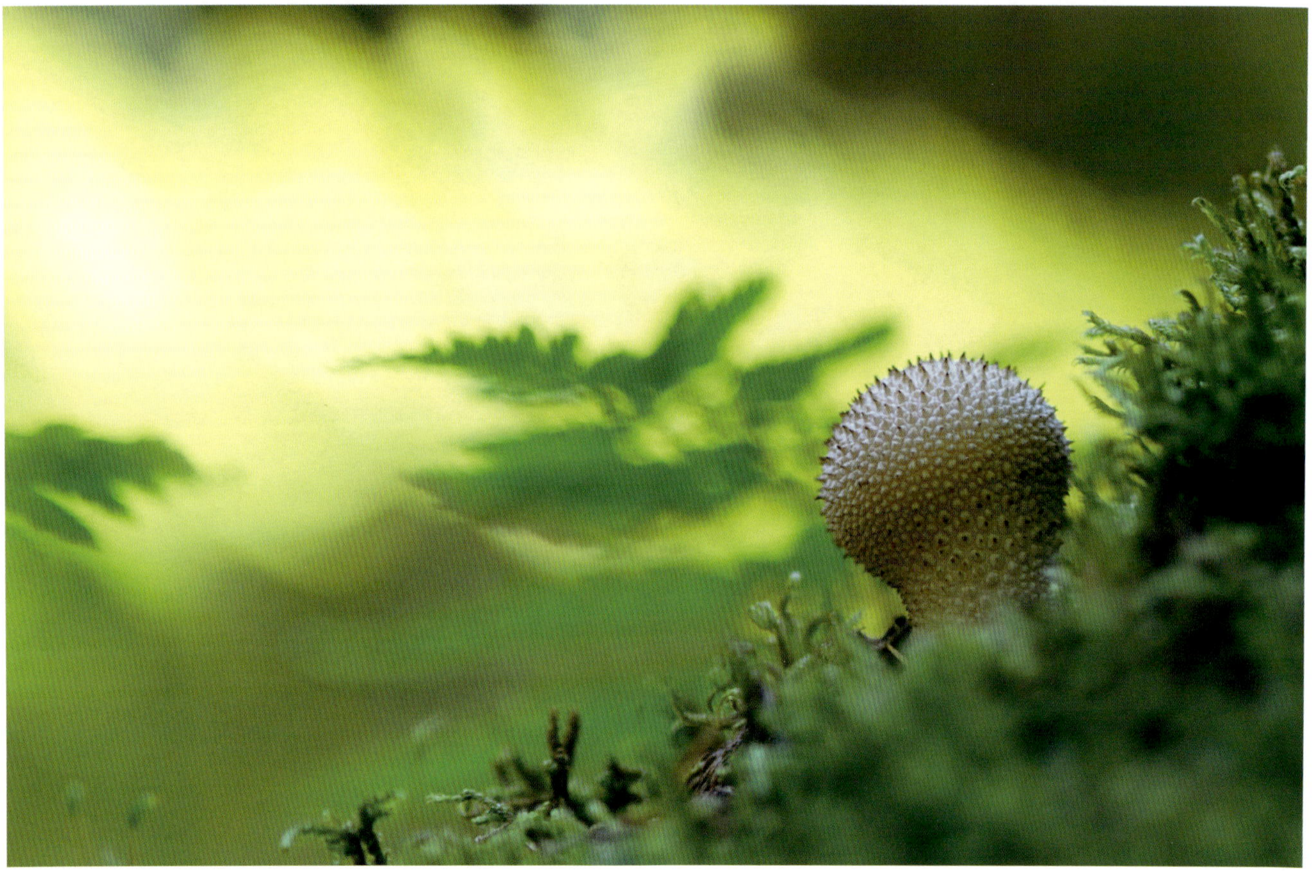

Der Flaschenhalsstäubling.

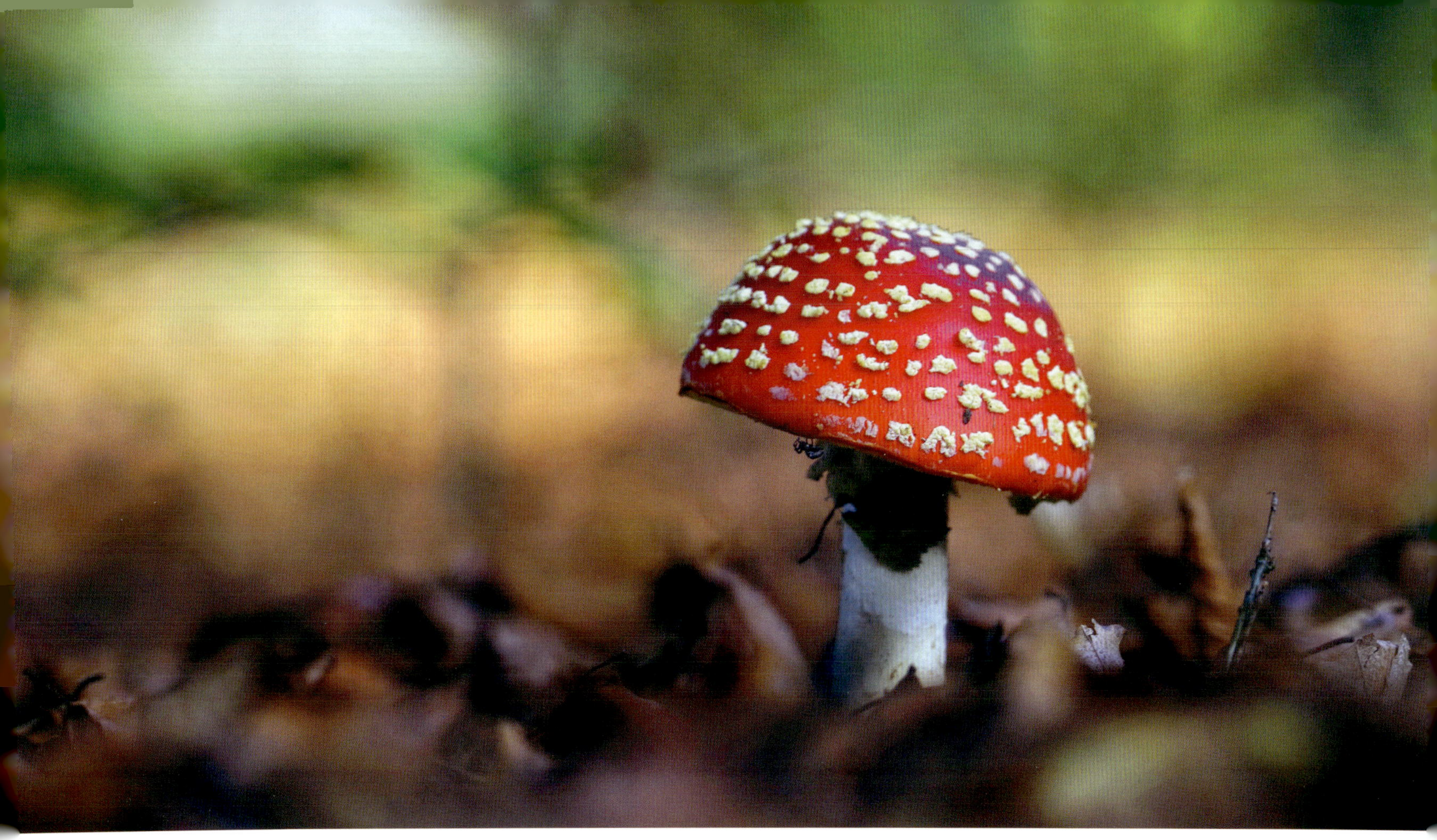

„Ein Männlein steht im Walde …“: der hübsche, aber giftige Fliegenpilz.

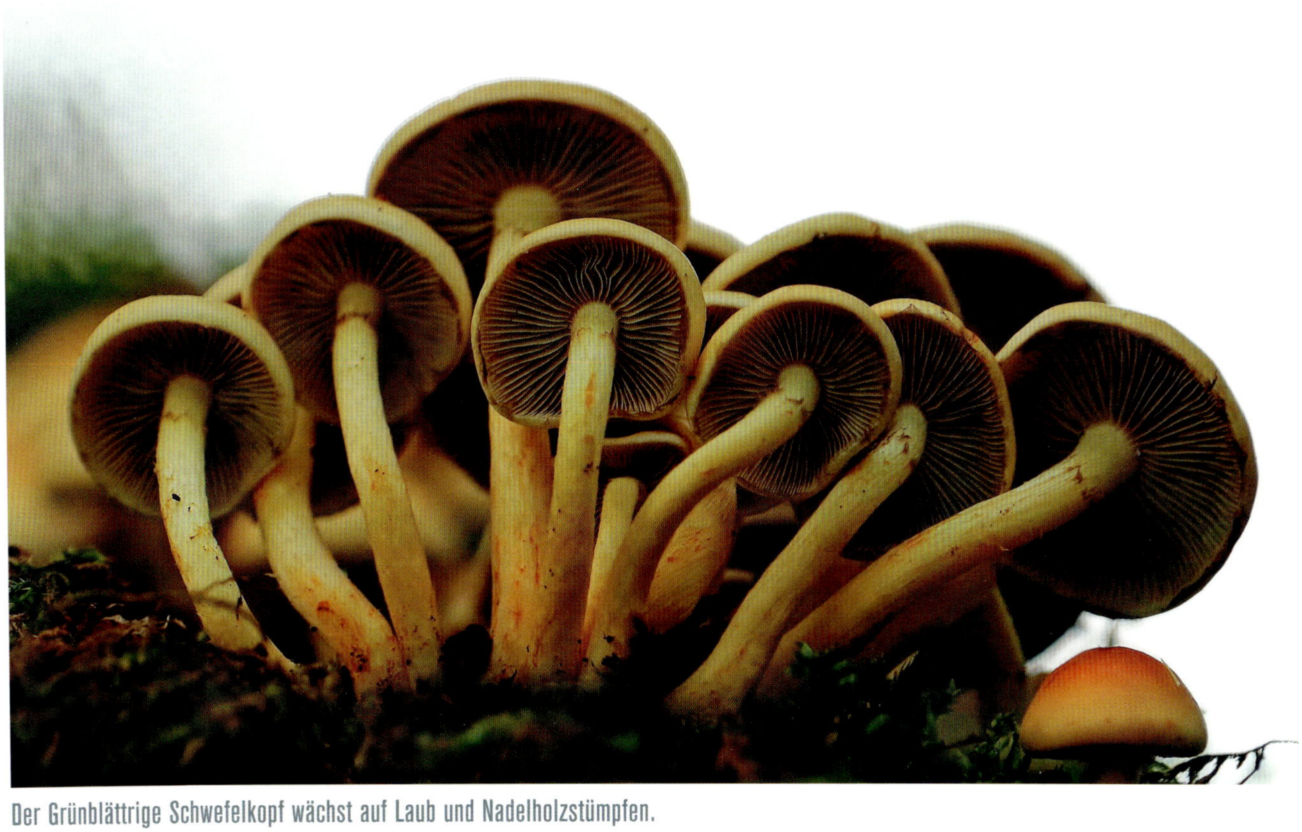

Der Grünblättrige Schwefelkopf wächst auf Laub und Nadelholzstümpfen.

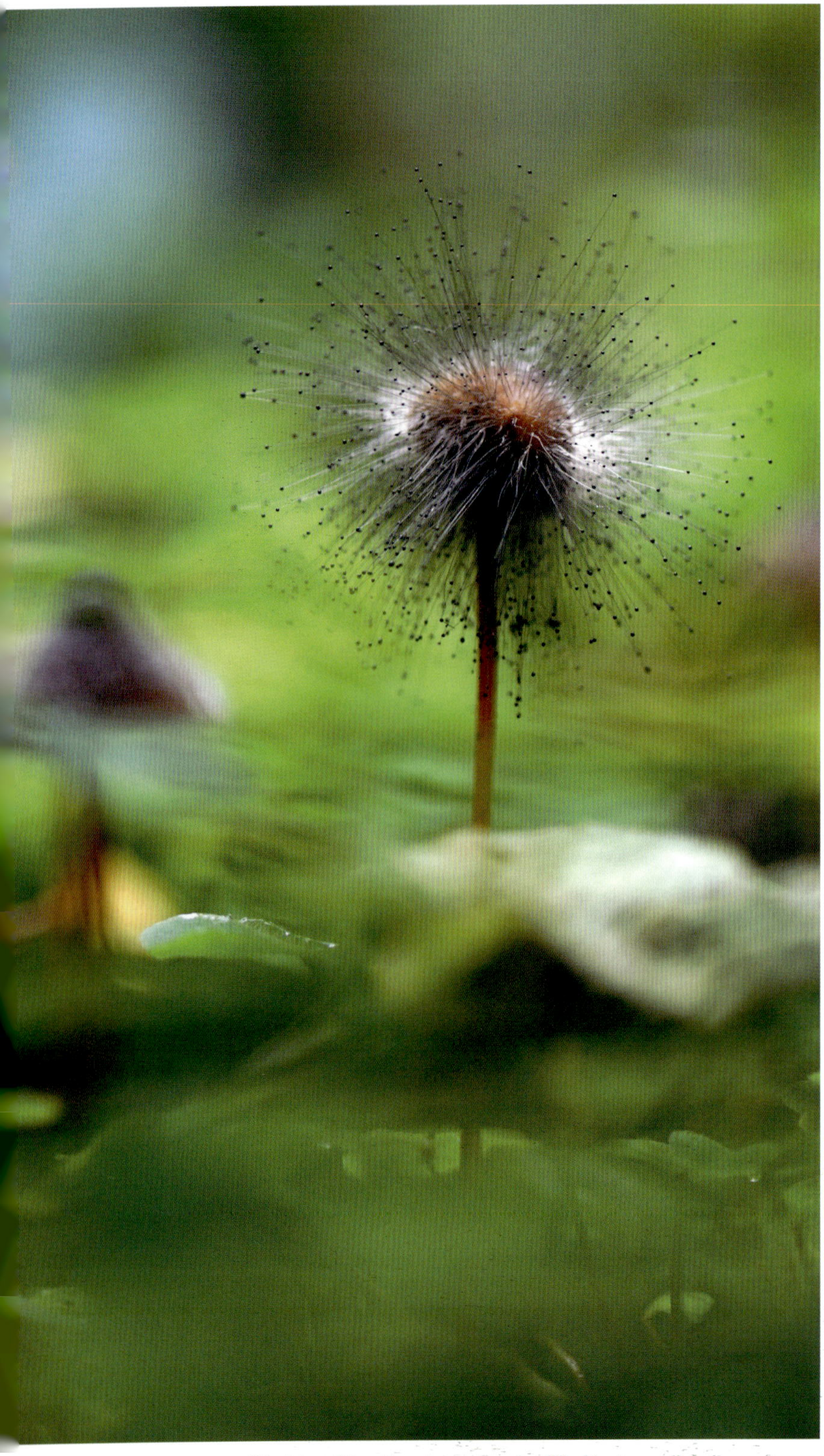

Pilz frisst Pilz: ein schmarotzender Pilz lässt vom Helmling nicht viel übrig.

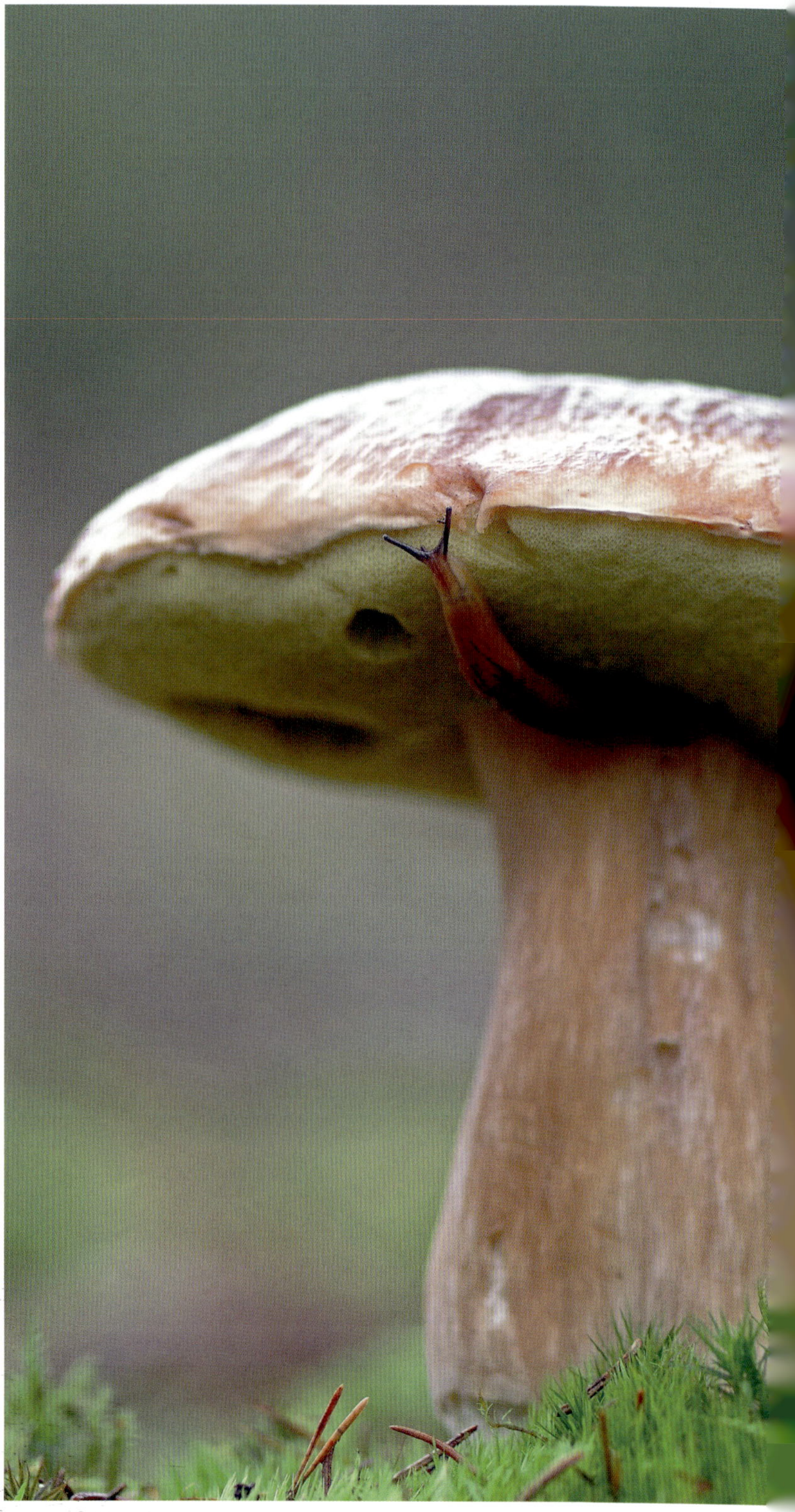

Waldbewohner unter sich: Der Schnecke scheint der Steinpilz zu schmecken.

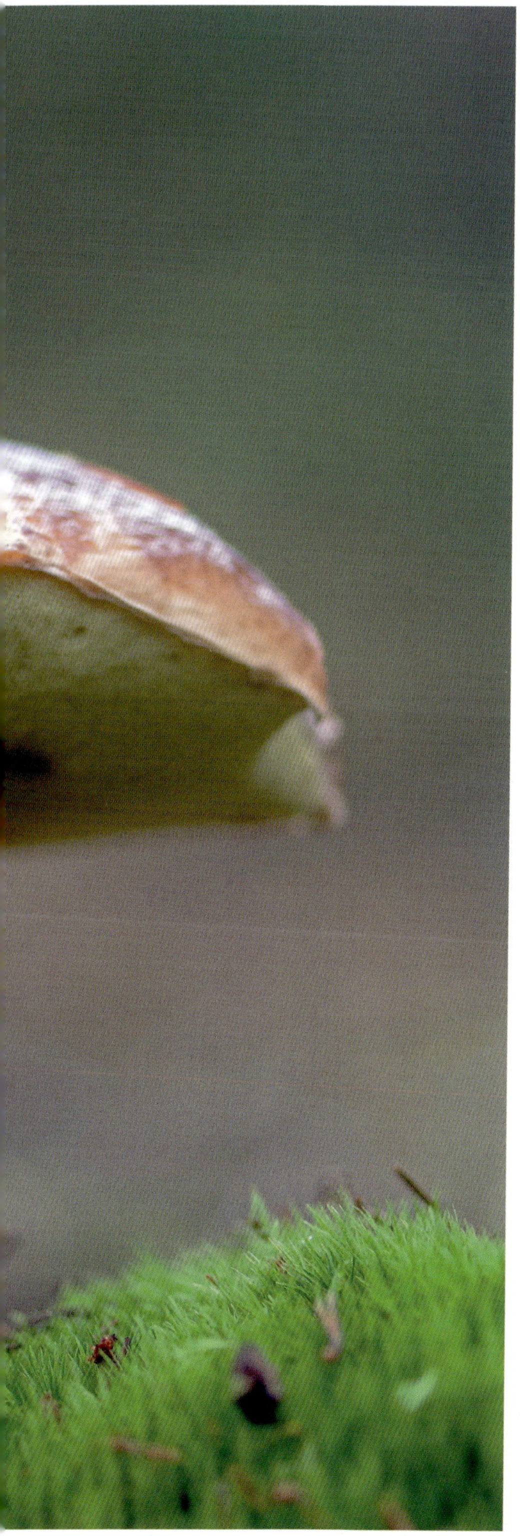

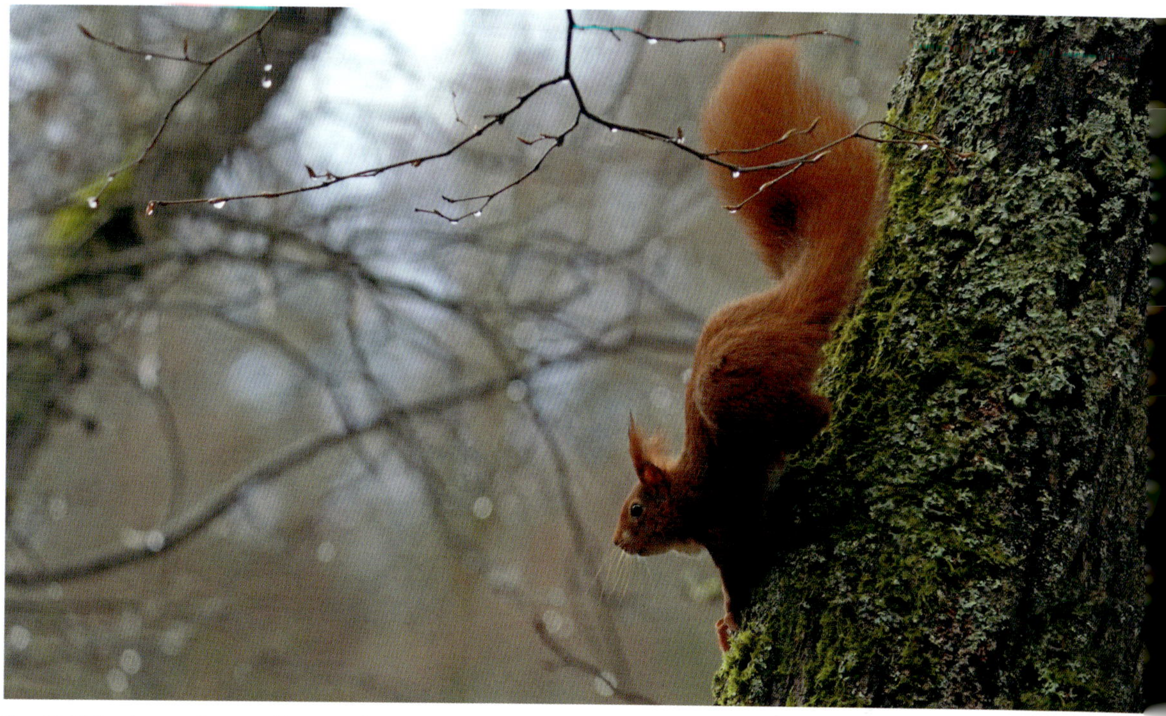

Das Eichhörnchen springt von Baum zu Baum.

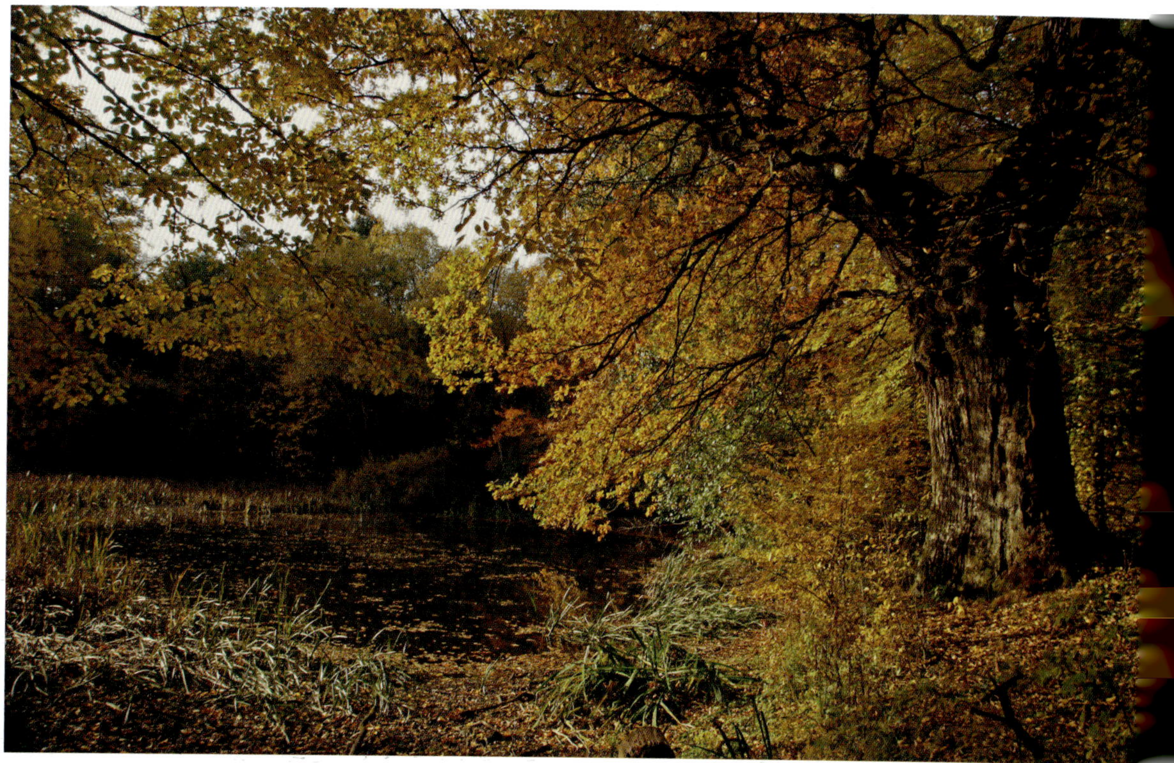

Waldteich im Herbst bei Wasenberg.

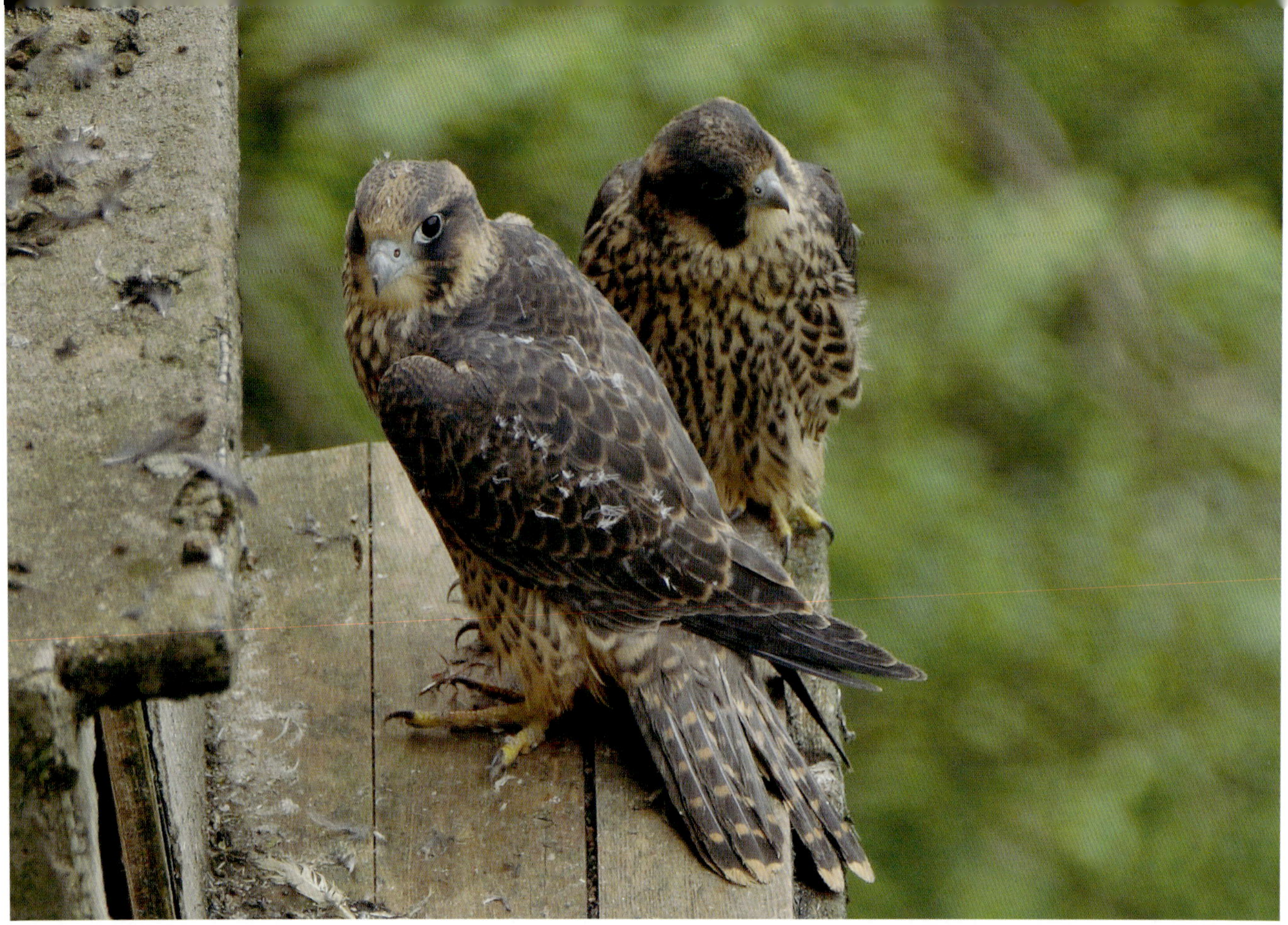

Zwei junge Wanderfalken warten auf Futter.

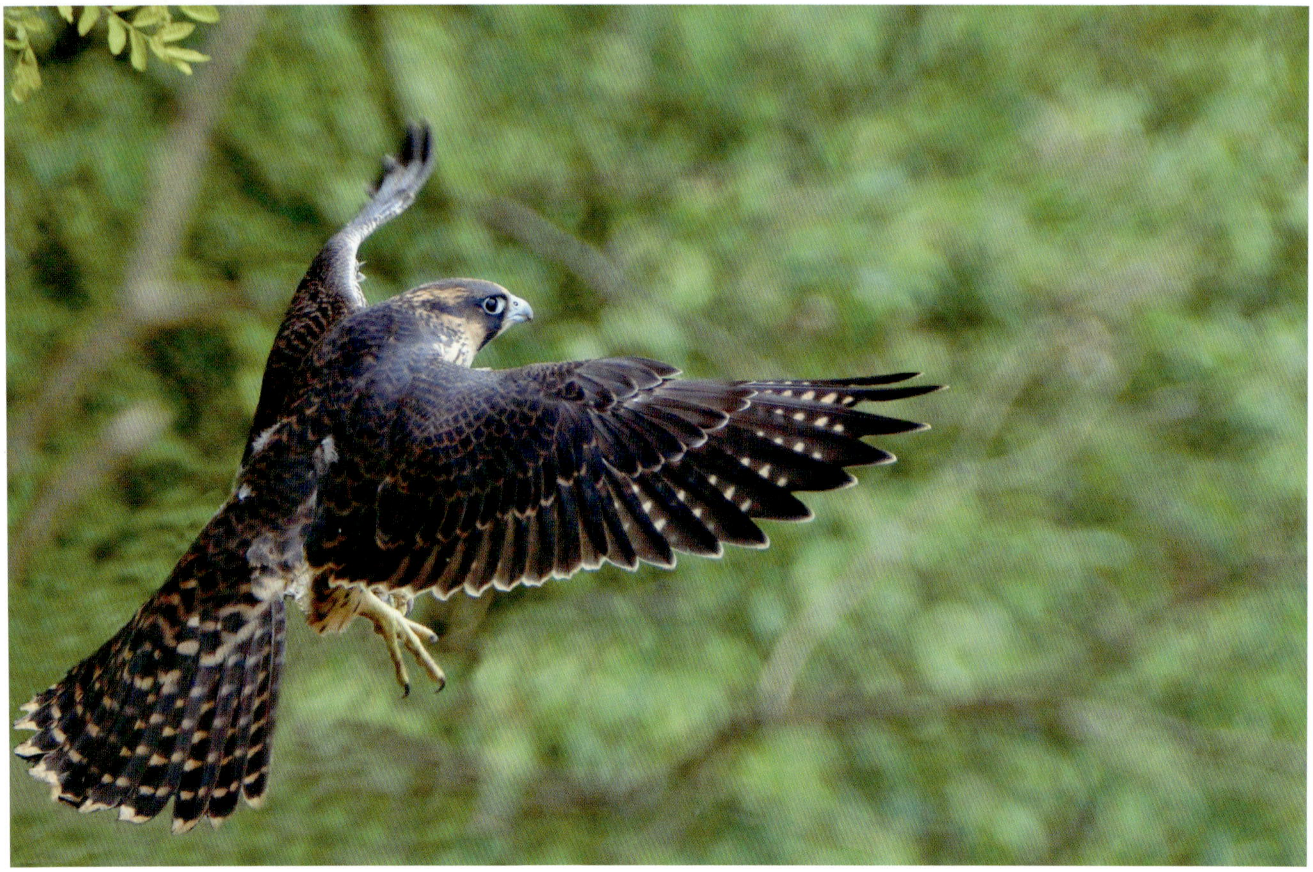

Flugübung eines jungen Wanderfalken.

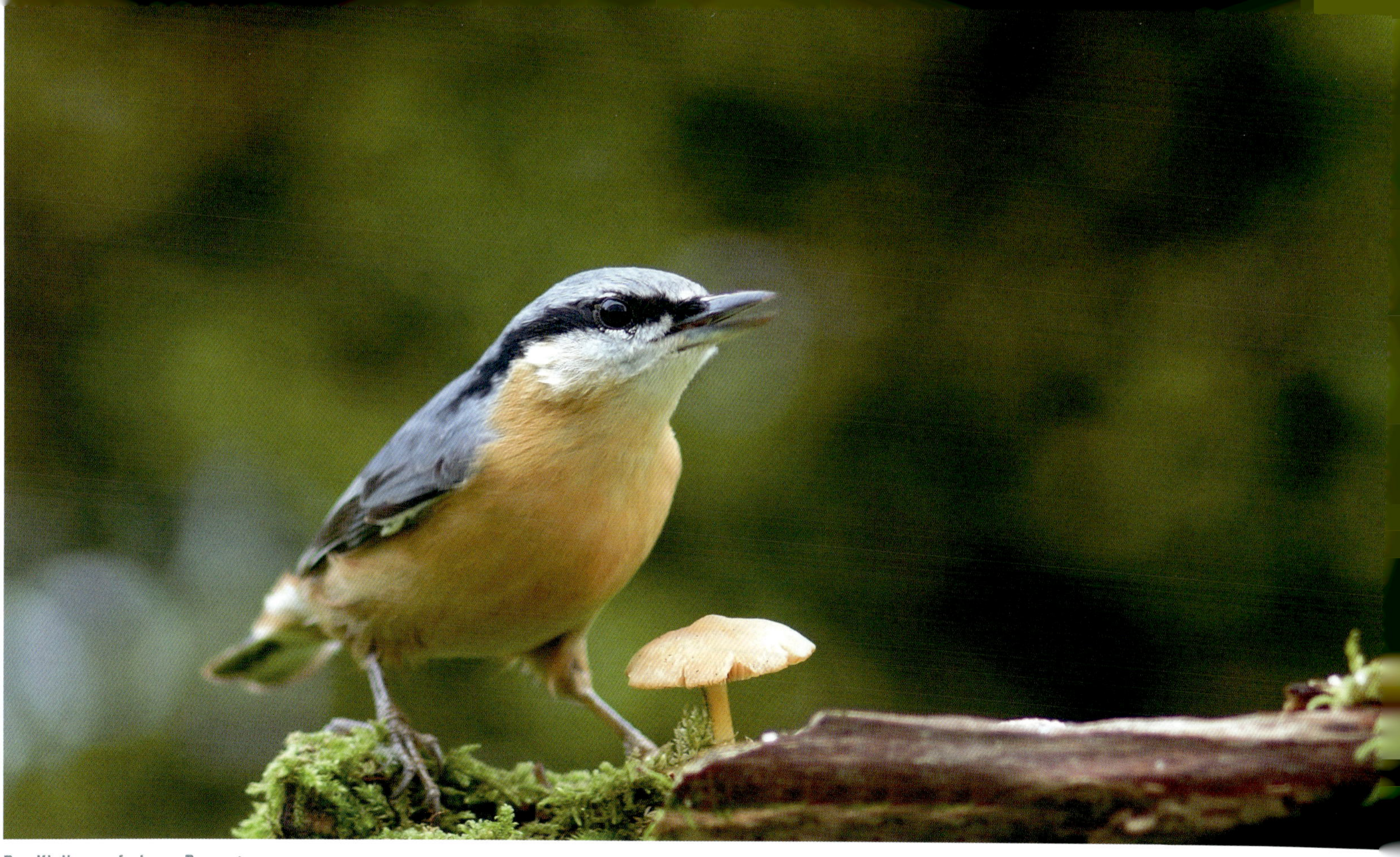

Der Kleiber auf einem Baumstamm.

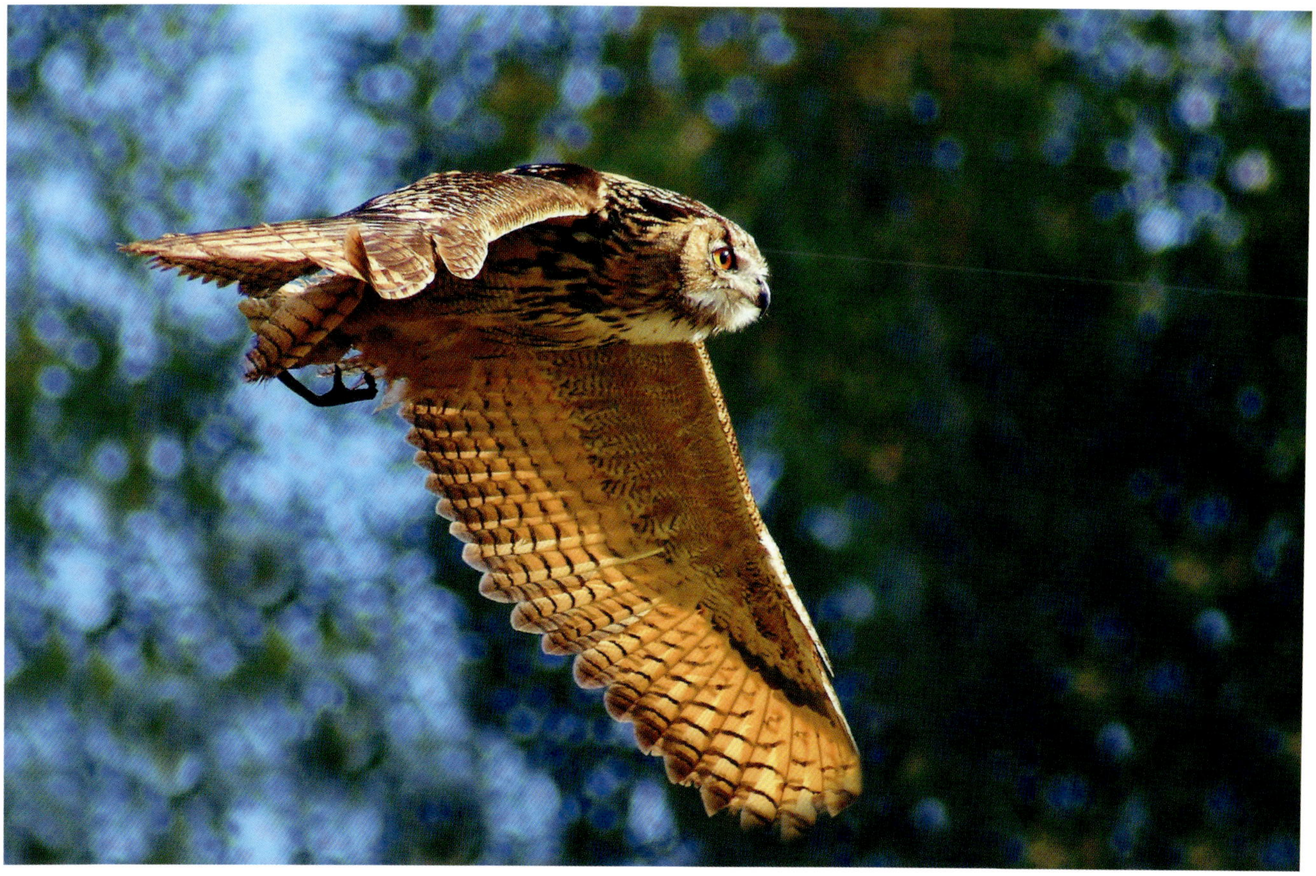

Der Uhu geht in den späten Abendstunden und in der Nacht auf Jagd.

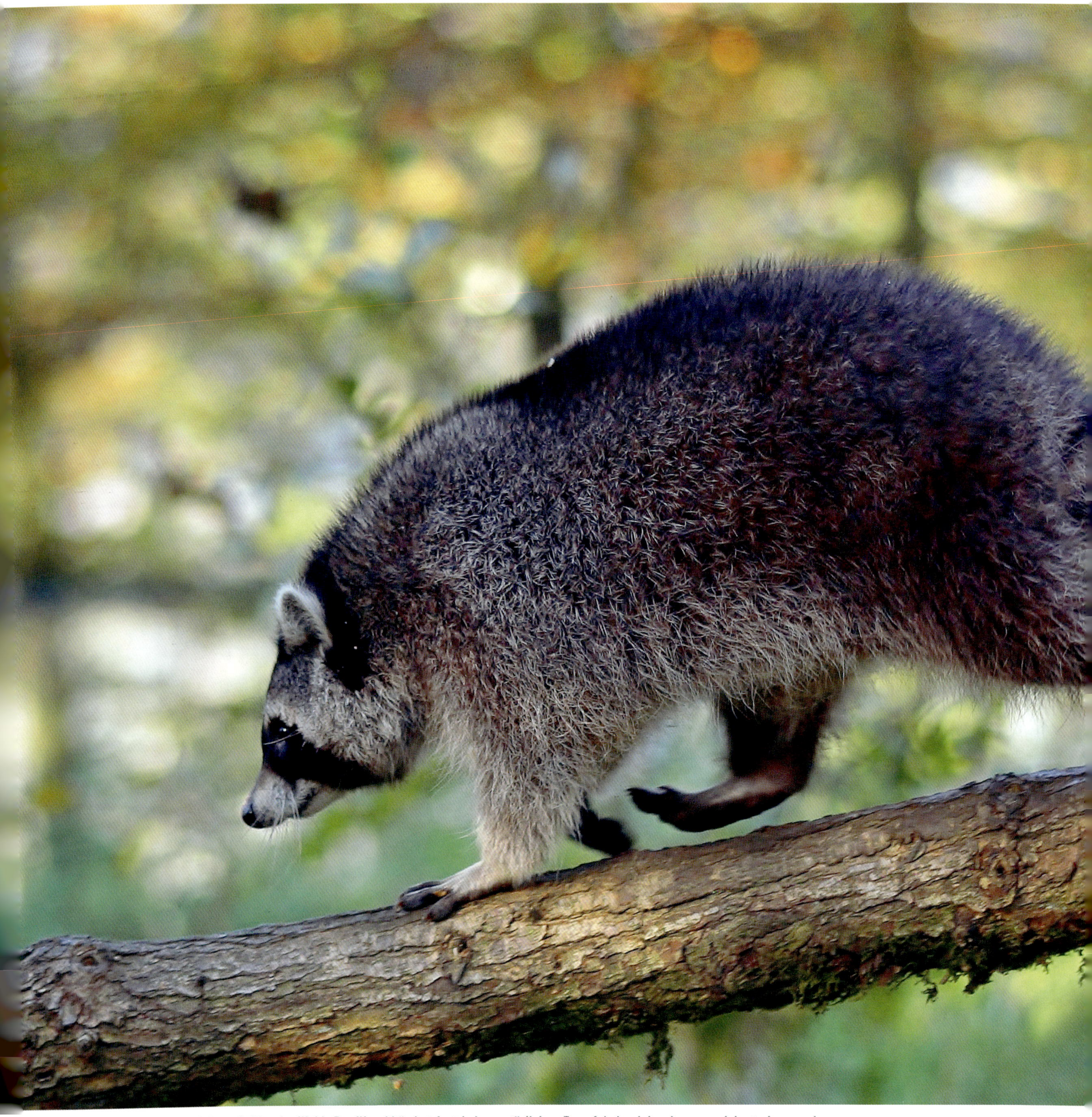

Auf leisen Sohlen im Wald: Der Waschbär hat fast keine natürlichen Fressfeinde, daher kann er sich stark vermehren.

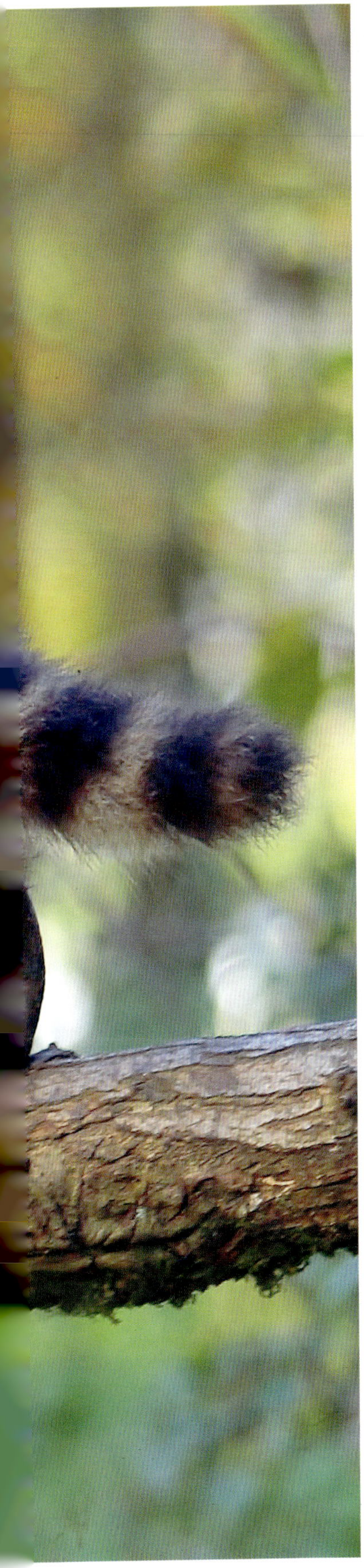

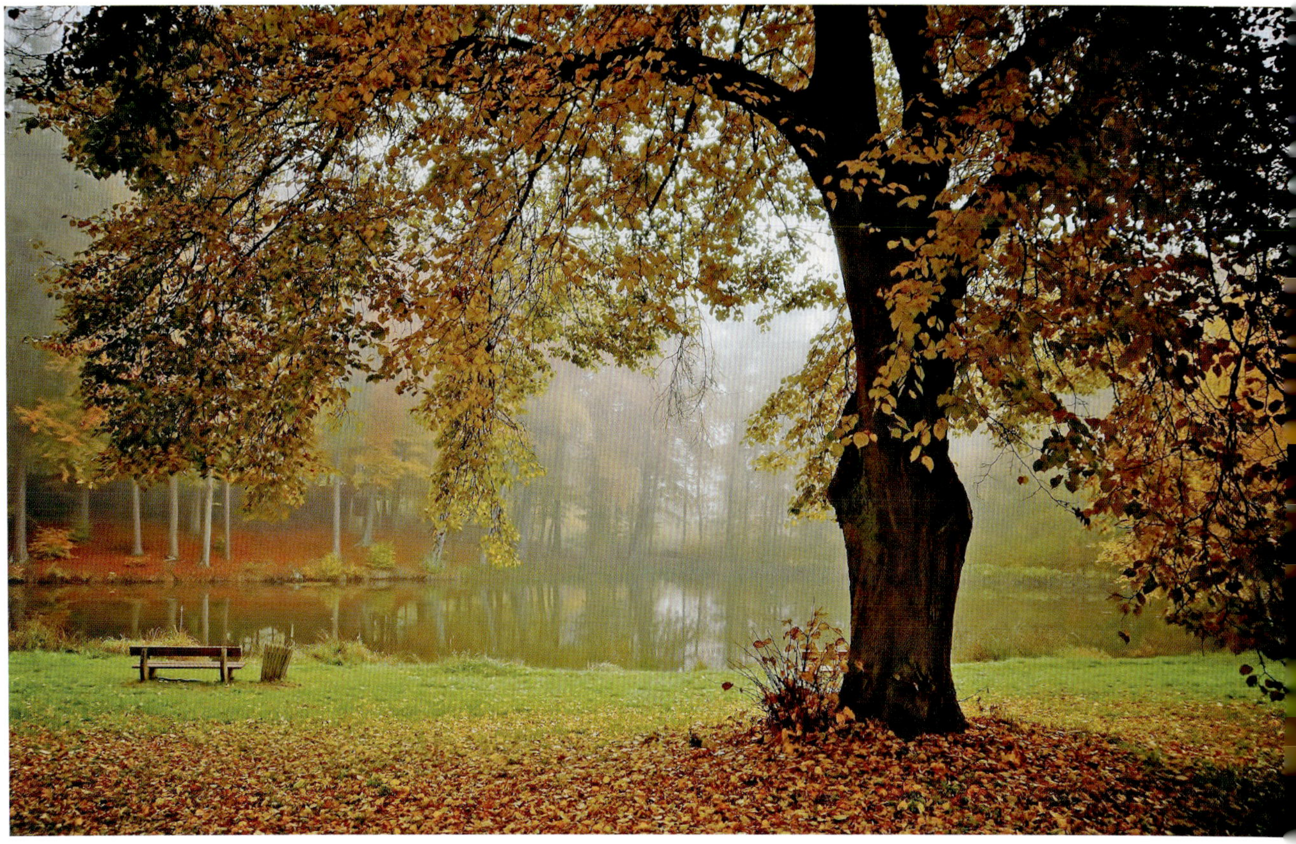

Herbst im Schützenwald bei Ziegenhain.

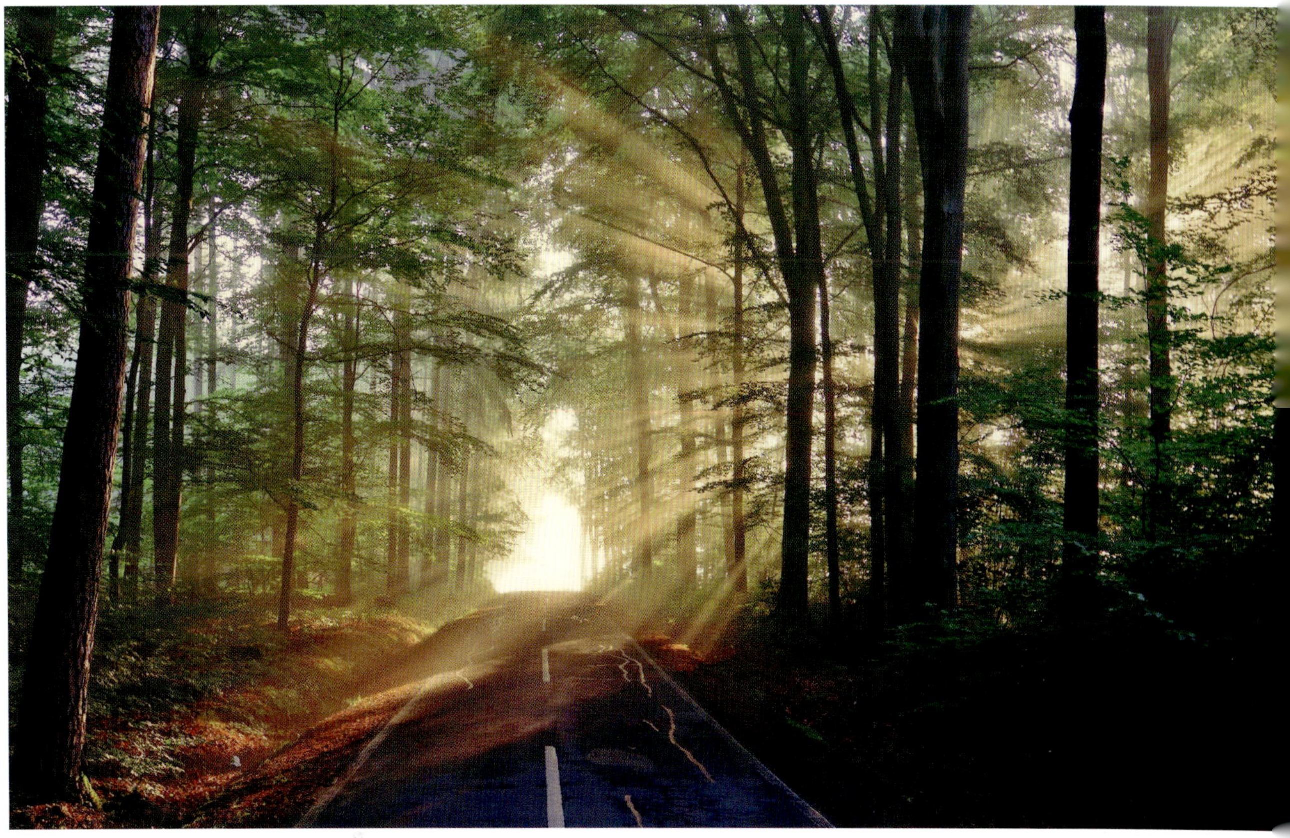

Frühe Sonnenstrahlen im Nebel zwischen Niedergrenzebach und Schönborn.

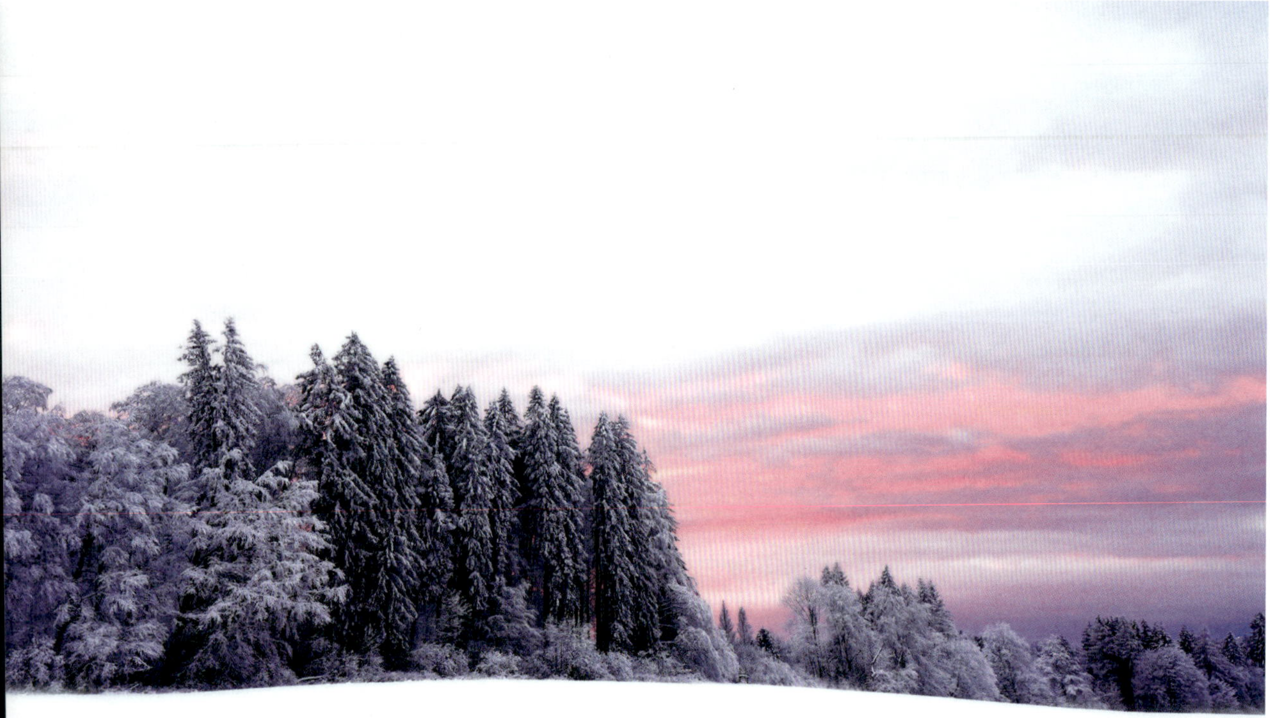

Winterwald auf dem Knüllgebirge.

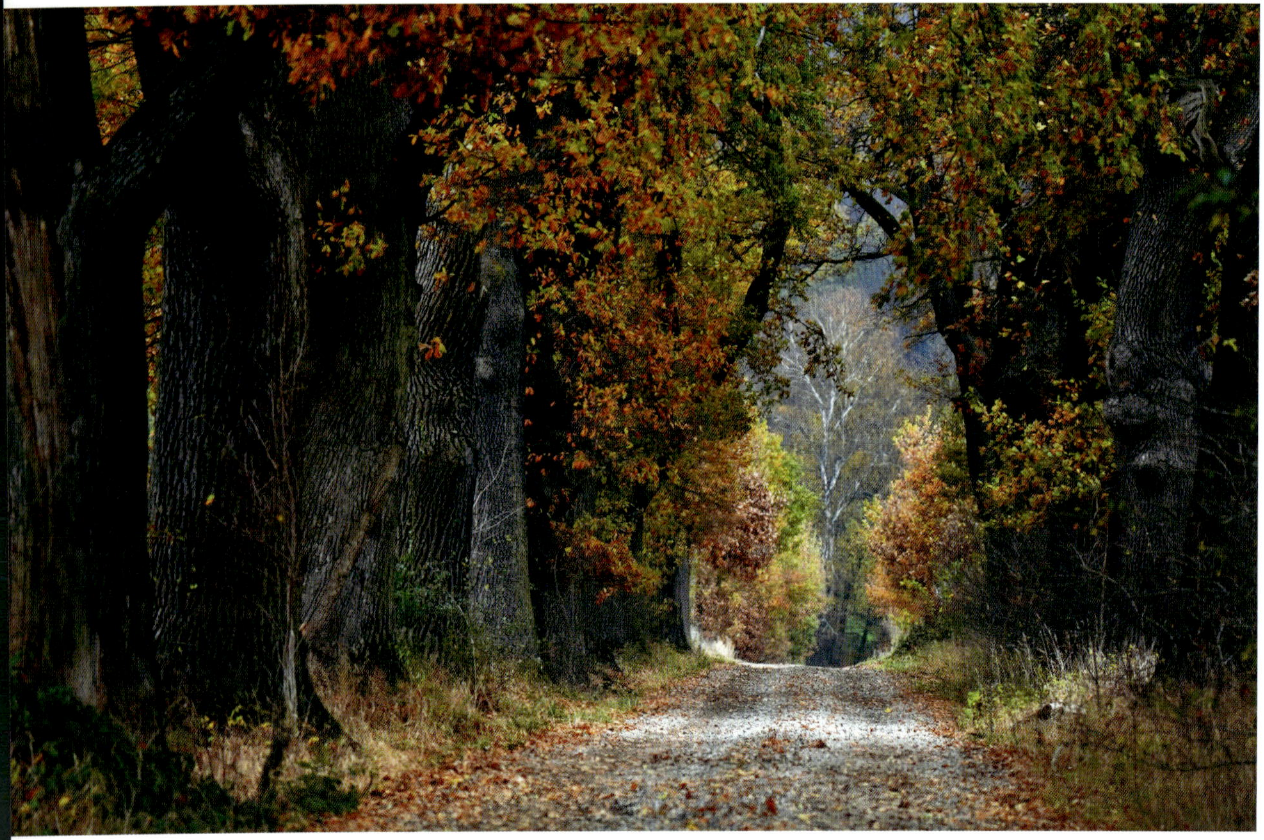

Eine alte Eichenallee bei Beberbeck im Reinhardswald.

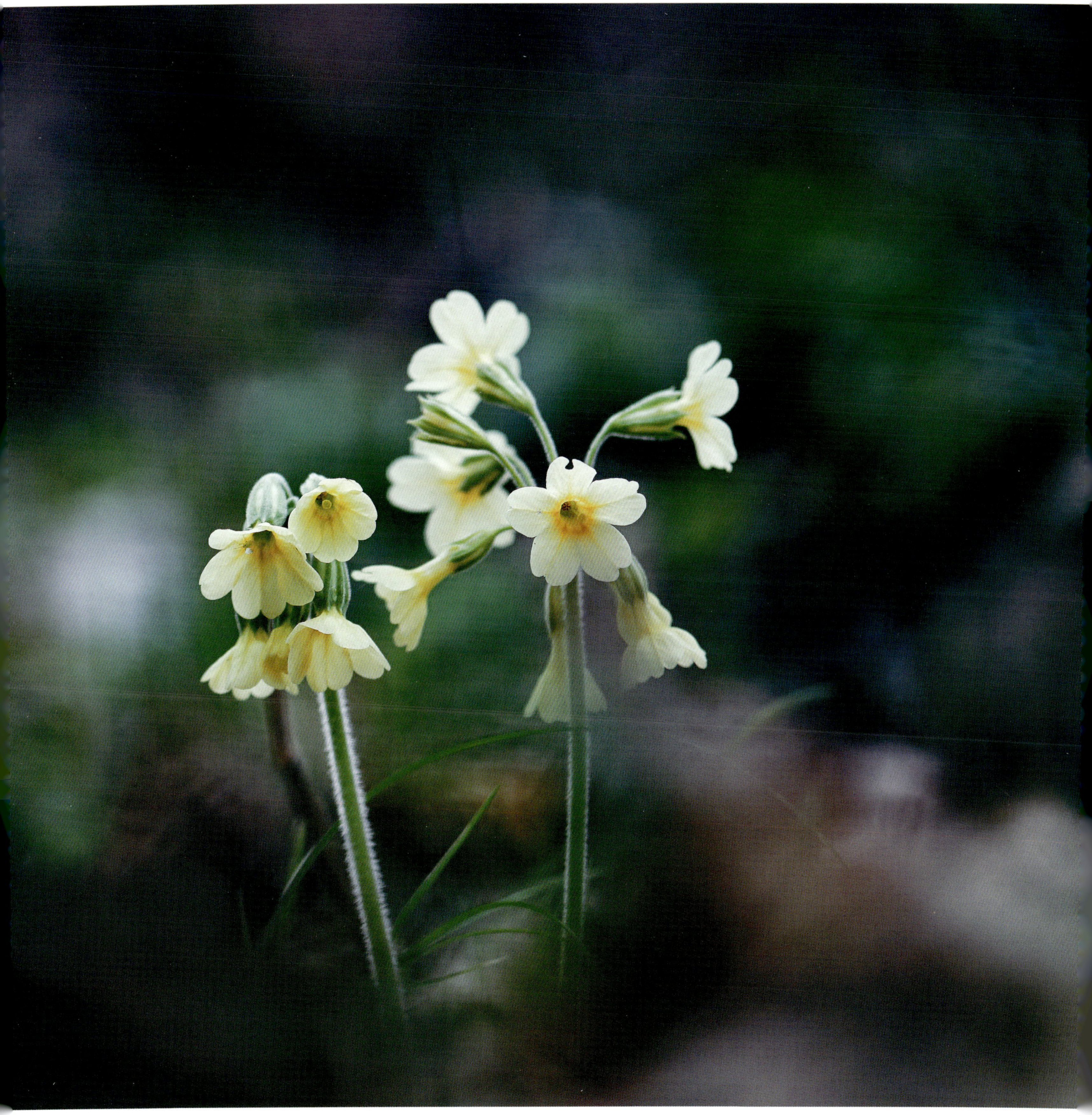

Die Hohe Schlüsselblume, entdeckt auf einem Waldweg.

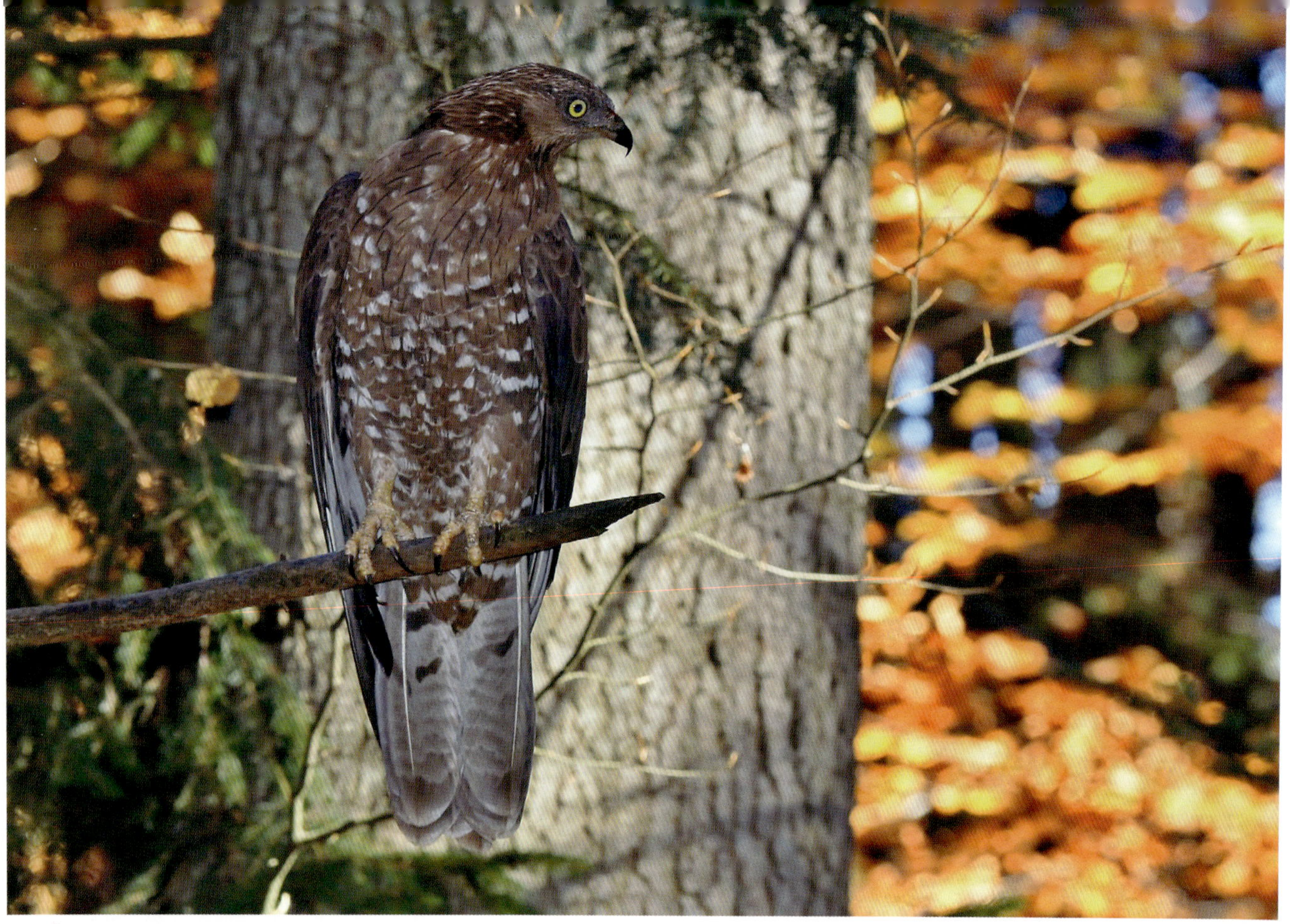

Ab und zu auch bei uns in Nordhessen zu beobachten: der Wespenbussard.

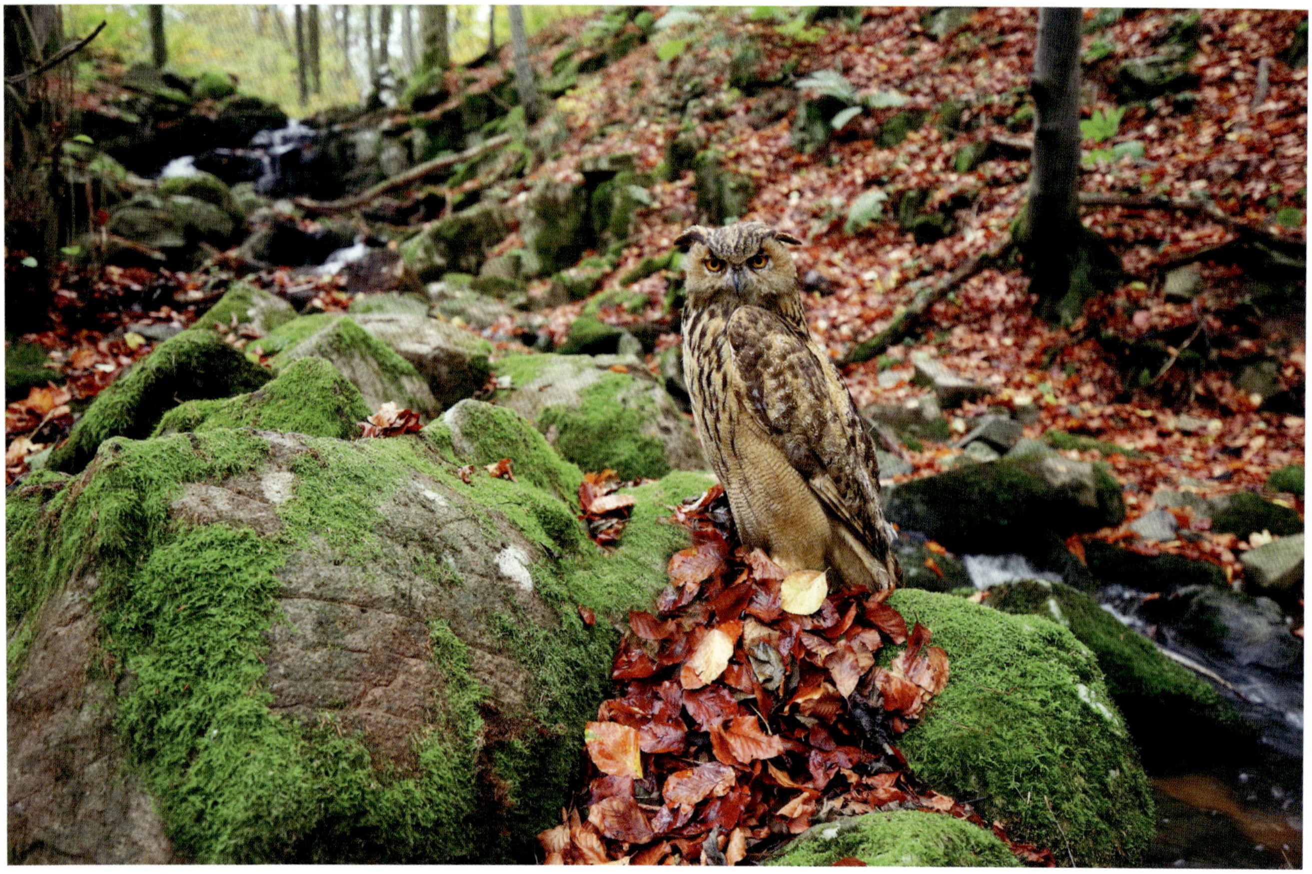

Der Uhu in seinem Jagdrevier am Buchenbach in der Nähe von Christerode.

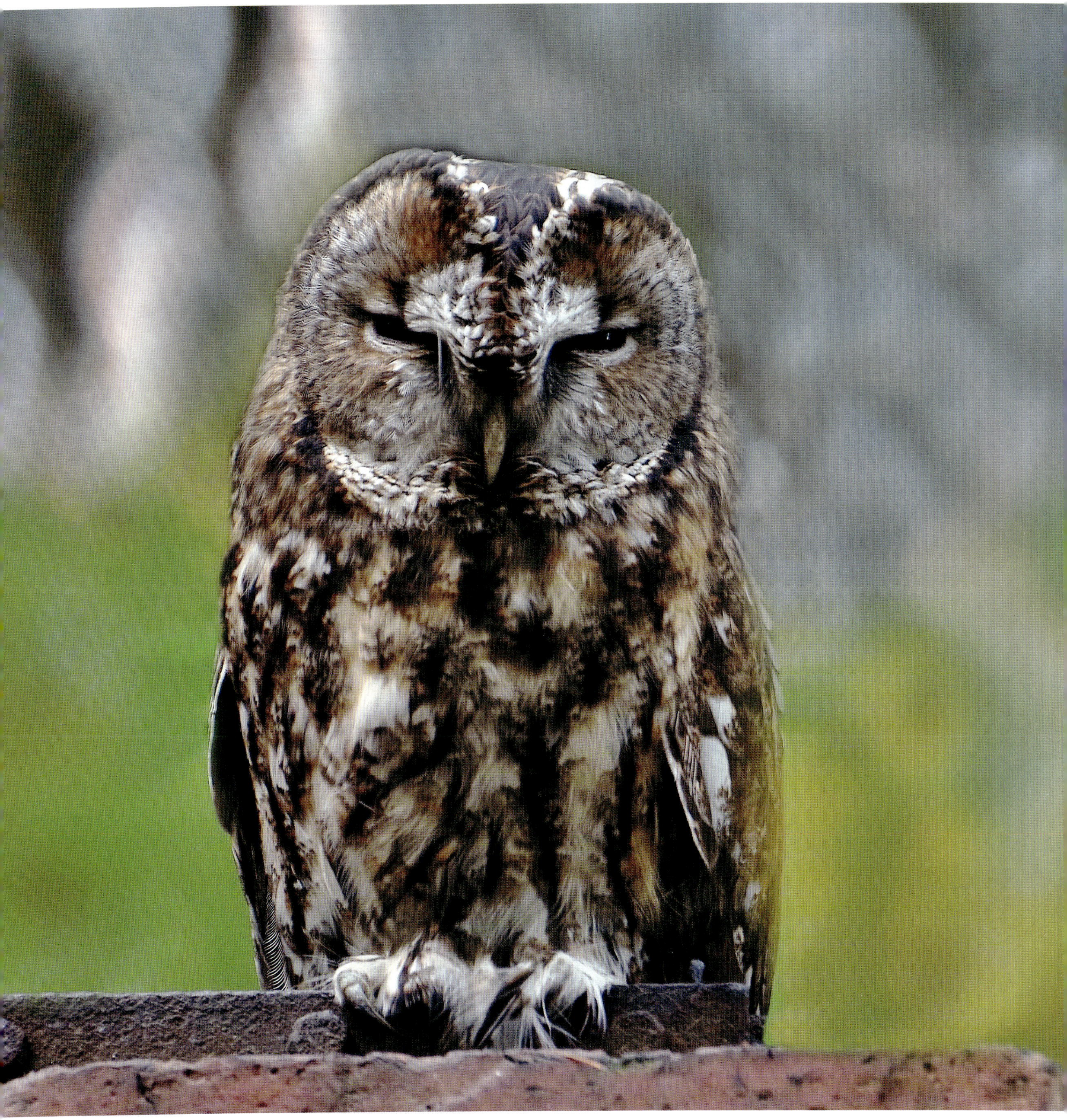

Der Waldkauz, entdeckt auf einer alten Waldhütte bei Trutzhain.

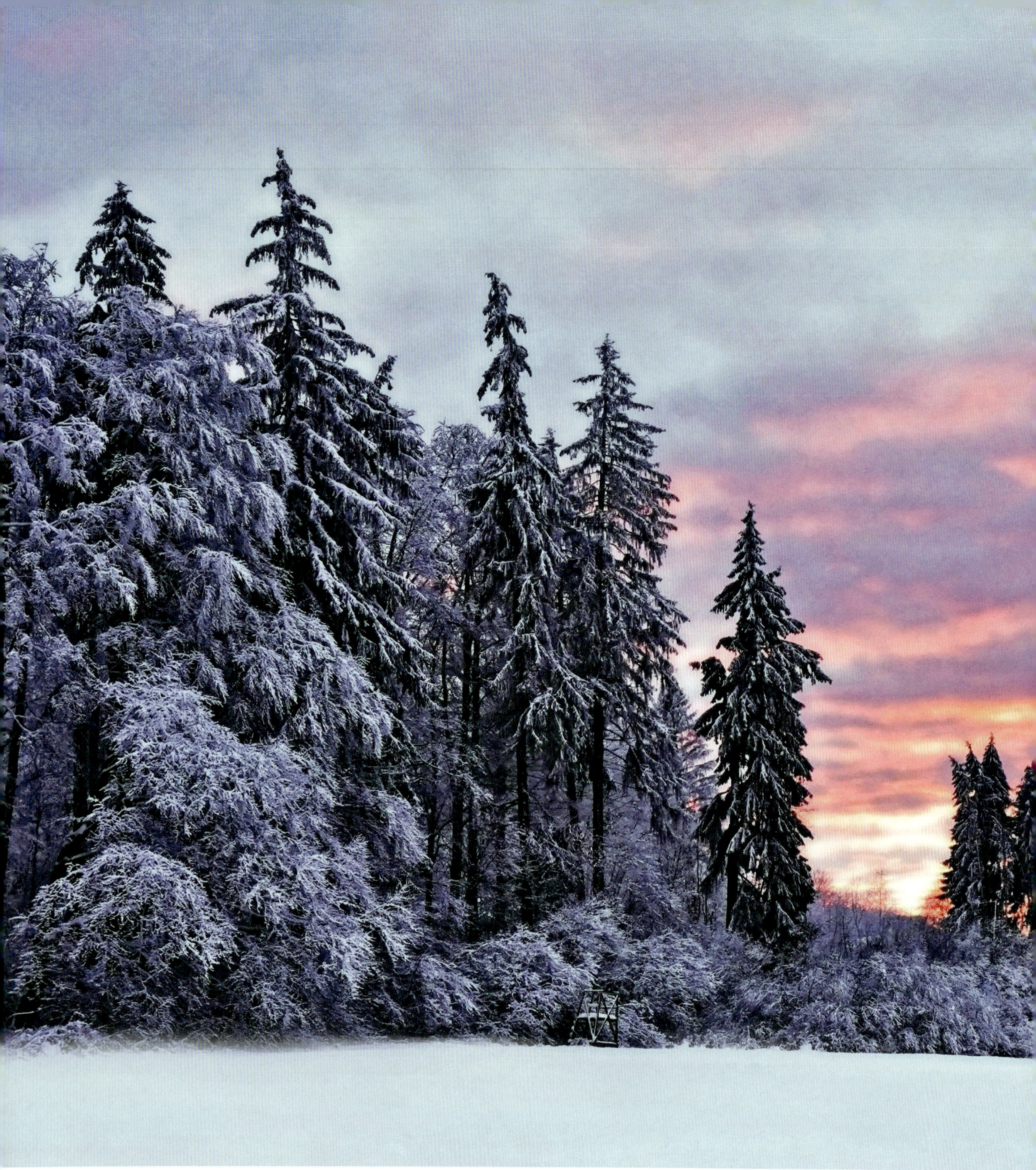

Abendrot über dem Knüllgebirge.

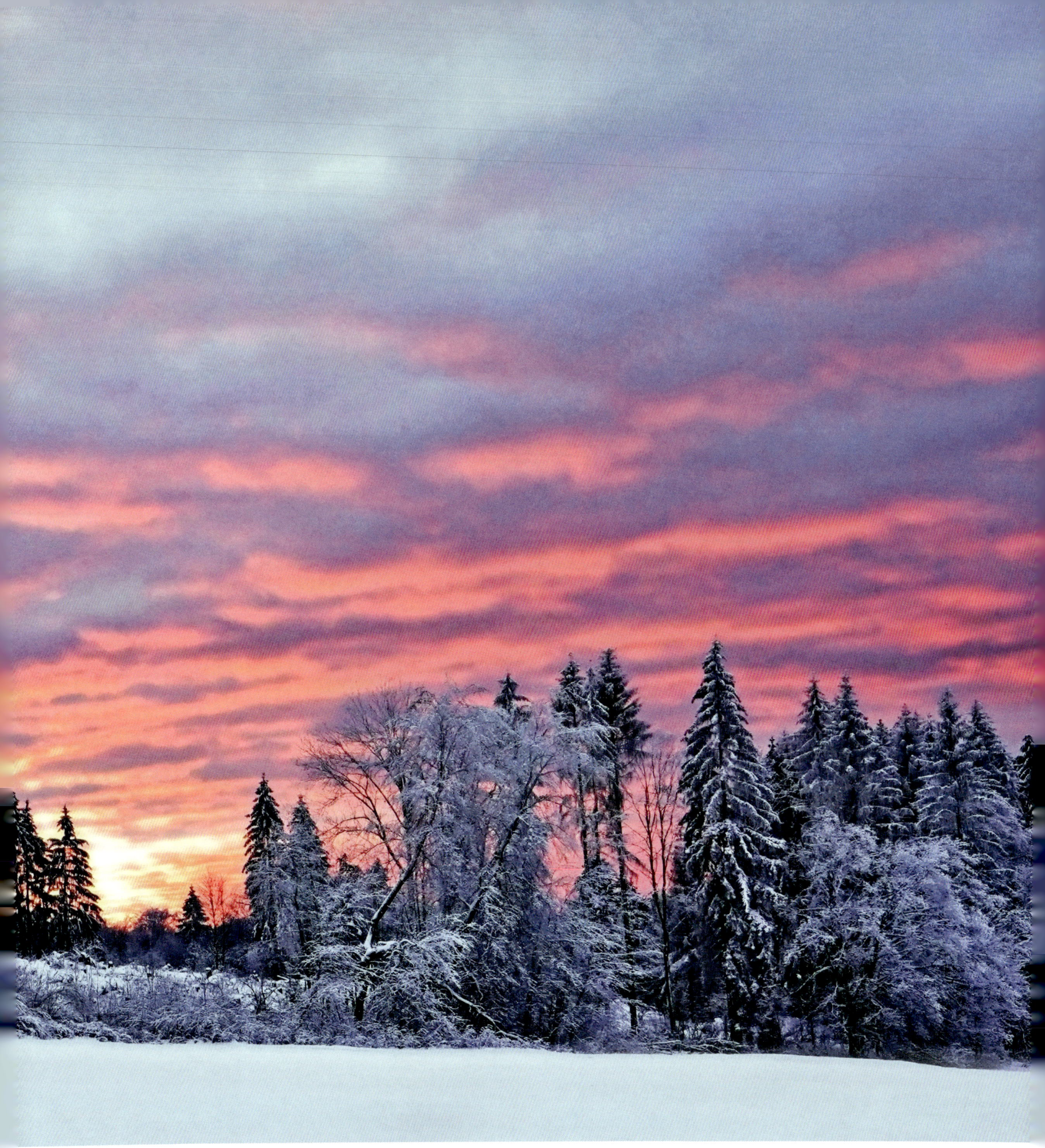

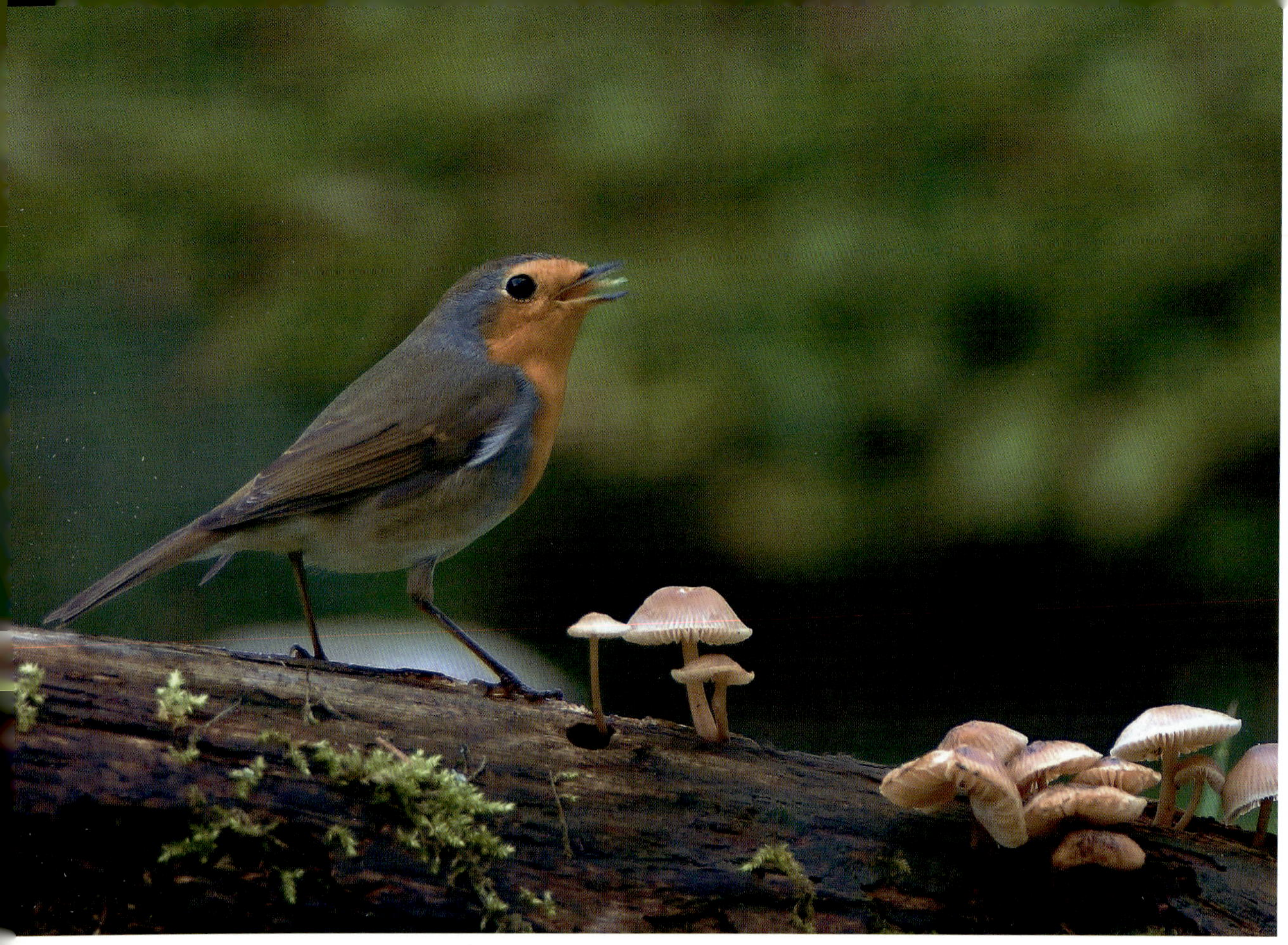

Ein Feinschmecker-Rotkehlchen auf einem alten Baumstamm mit Pilzen.

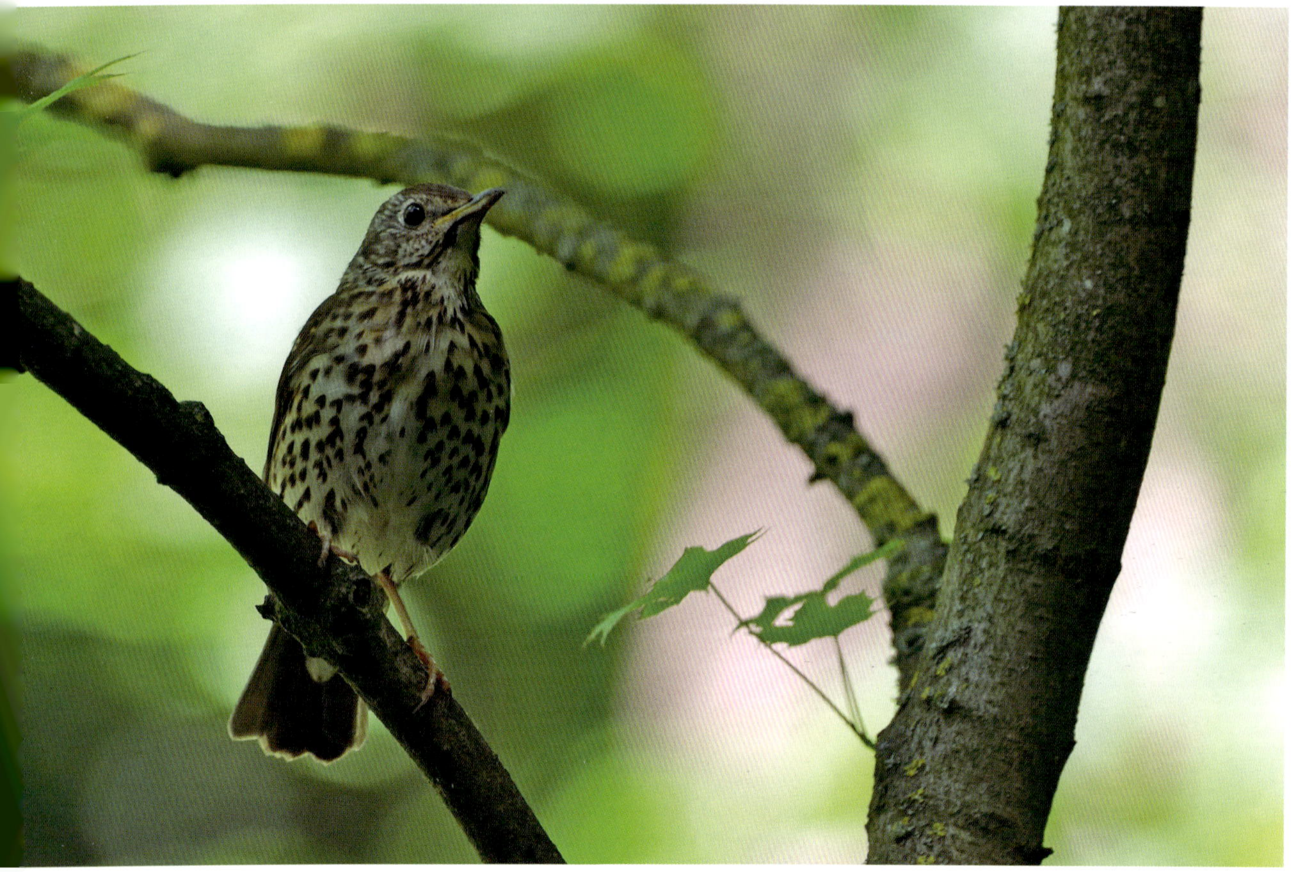

Die Singdrossel lebt an Gewässern im Wald.

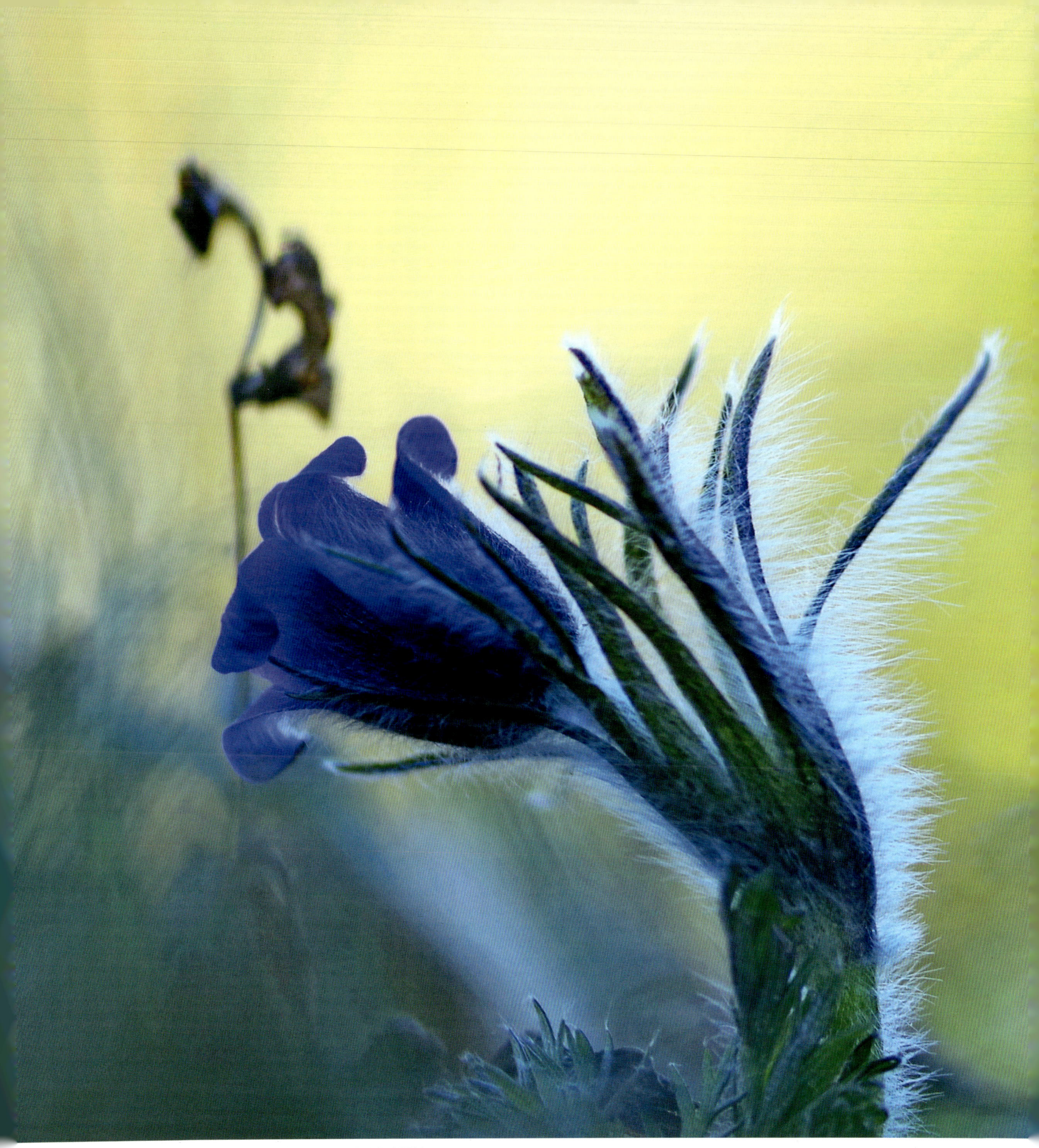

Die Gewöhnliche Küchenschelle am Sonderrain bei Bad Wildungen.

Weitere Bücher aus der Region

Manfred Delpho/Wolfgang Lübcke
Der Urwald Sababurg – Naturerlebnis Nordhessen
112 S., geb., zahlr. Farbfotos
ISBN 978-3-8313-2507-8

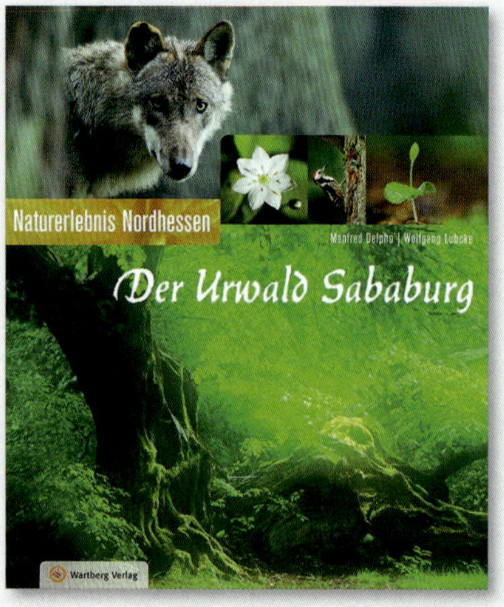

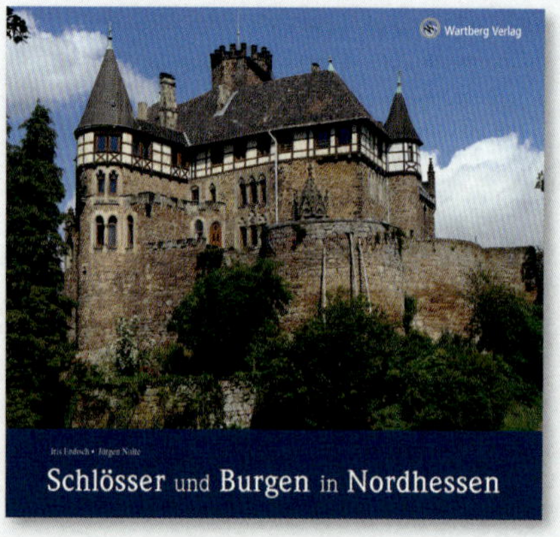

Jürgen Nolte/Iris Endisch
Schlösser und Burgen in Nordhessen
72 S., geb., zahlr. Farbfotos
ISBN 978-3-8313-2276-3

Jürgen Nolte
Nordhessen – 1000 Freizeittipps
184 S., broschiert, zahlr. Farbfotos
ISBN 978-3-8313-2897-0

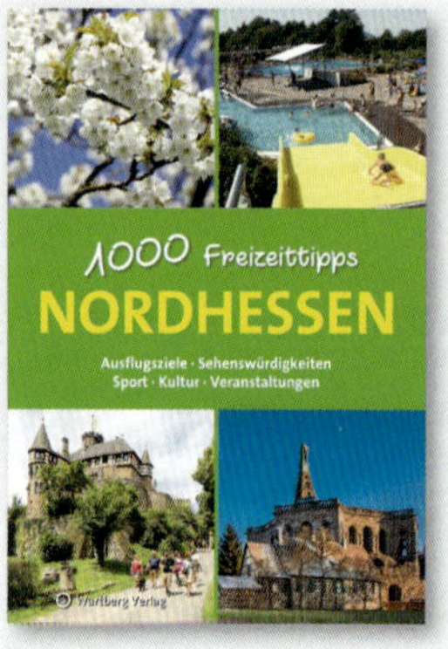

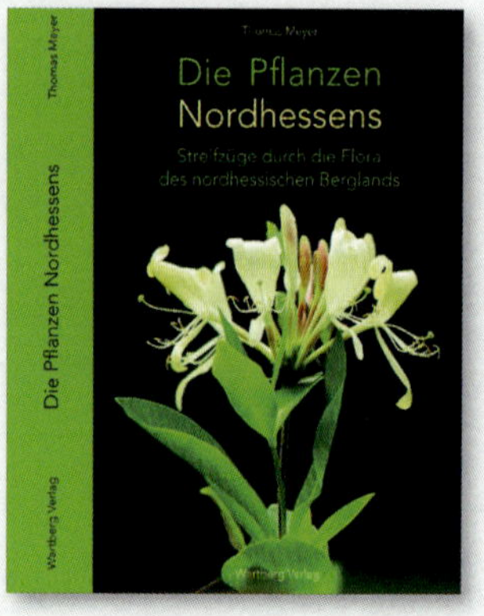

Thomas Meyer
Die Pflanzen Nordhessens
112 S., geb., zahlr. Farbfotos
ISBN 978-3-8313-2281-7

Wartberg-Verlag GmbH
Im Wiesental 1 | 34281 Gudensberg
www.wartberg-verlag.de

Bücher für Deutschlands Städte und Regionen
Tel. 0 56 03-93 05 0
Fax 0 56 03-93 05 28